侵犯知识产权行为的民刑界限

谭洋 著

QINFAN ZHISHI CHANQUAN XINGWEI DE
MIN XING JIEXIAN

图书在版编目（CIP）数据

侵犯知识产权行为的民刑界限/谭洋著.——北京：知识产权出版社，2023.12
ISBN 978-7-5130-9017-9

Ⅰ.①侵… Ⅱ.①谭… Ⅲ.①知识产权—侵权行为—研究—中国②侵犯知识产权罪—研究—中国 Ⅳ.① D923.404 ② D924.334

中国国家版本馆 CIP 数据核字（2023）第 240245 号

内容提要

本书旨在从理论层面确定侵犯知识产权行为的民事侵权和刑事犯罪的界限，以最大程度发挥知识产权司法保护的效用。本书首先对侵犯知识产权行为民刑界限的模糊情况予以类型化，然后从理论学说、哲学方法和原则层面确定了民刑界限的标准，最后利用上述界限标准对侵犯知识产权行为民刑界限的模糊类型予以解释适用和立法重塑。

本书适用于知识产权法学理论研究者和司法实务人员。

责任编辑：龚　卫	封面设计：乾达文化
执行编辑：吴　烁	责任印制：刘译文

侵犯知识产权行为的民刑界限
谭　洋　著

出版发行：知识产权出版社有限责任公司	网　　址：http://www.ipph.cn
电　　话：010-82004826	http://www.laichushu.com
社　　址：北京市海淀区气象路50号院	邮　　编：100081
责编电话：010-82000860转8768	责编邮箱：laichushu@cnipr.com
发行电话：010-82000860转8101	发行传真：010-82000893
印　　刷：天津嘉恒印务有限公司	经　　销：新华书店、各大网上书店及相关专业书店
开　　本：720mm×1000mm　1/16	印　　张：16.5
版　　次：2023年12月第1版	印　　次：2023年12月第1次印刷
字　　数：240千字	定　　价：88.00元

ISBN 978-7-5130-9017-9

出版权专有　侵权必究
如有印装质量问题，本社负责调换。

本书是 2022 年度教育部人文社会科学研究青年基金项目"知识产权刑事保护的规则构造研究"（22YJC820032）、广东省教育科学规划课题（高等教育专项）"广东省高校创新知识产权专业本科人才培养模式研究"（2022GXJK250）、中国版权保护中心研究课题"规避著作权技术措施的刑法规制"（BQ2022015）、广东技术师范大学人才引进科研项目"侵犯知识产权行为的民事侵权与刑事犯罪的界限研究"（2021SDKYB018）的阶段性研究成果。

引 言

在我国，自1997年《中华人民共和国刑法》（以下简称《刑法》）规定侵犯知识产权罪以来，直到2020年，全国人民代表大会常务委员会（以下简称"全国人大常委会"）通过《中华人民共和国刑法修正案（十一）》（以下简称《刑法修正案（十一）》），并首次修订该罪。自1997年至今，知识产权各部门法已历经多次修订，这使得知识产权各部门法与修订前的侵犯知识产权罪的刑法文本本身和刑事司法解释产生诸多冲突，导致实践中法院针对同一种侵犯知识产权的行为会作出仅构成民事侵权[1]或同时构成刑事犯罪[2]的不同判决。虽然《刑法修正案（十一）》的出台部分缓解了上述局面，但冲突依然存在。知识产权刑事保护和民事保护的隔阂并未引起研究者的关注，刑法学者侧重研究刑法总则和传统犯罪，较少关注侵犯知识产权罪；知识产权学者则集中研究知识产权各部门法，忽视了知识产权的刑事保护。这使得对同一种侵犯知识产权的行为何时仅属于民事侵权、何时属于刑事犯罪存在理论供给不足的问题。

针对同一种侵犯知识产权的行为而言，需要确定侵犯知识产权行为的民事侵权与刑事犯罪的界限。众多原因使得二者界限模糊，这给知识产

---

[1] 本书将知识产权各部门法上的违法行为视为广义上的侵犯知识产权的民事侵权行为。

[2] 本书主要从知识产权各部门法和侵犯知识产权罪的视角来讨论侵犯知识产权行为的民事侵权和刑事犯罪的界限，并不涉及侵犯知识产权罪以外的其他罪名，也不涉及侵犯知识产权罪和其他罪名的关系。

权利人、侵权人、犯罪嫌疑人和社会带来额外的成本。对知识产权权利人而言，针对侵犯知识产权行为，启动刑事诉讼及刑事附带民事诉讼需要其承担大量的时间和诉讼成本；对侵权人和犯罪嫌疑人而言，界限的模糊使得行为人无法依据规范指导自身的行为；对社会而言，界限的模糊增加了法律制度的运行成本。

所以，侵犯知识产权行为的民刑界限研究有其理论和实践意义。理论上，划清二者界限的理论为立法者科学立法提供参考，也可指导司法实践者正确适用法律。实践中，二者界限研究也可为统一裁判提供参照，以充分发挥知识产权司法保护的功效。

目 录

第1章 绪 论

1.1 研究背景与研究意义 …………………………………………001
 1.1.1 研究背景 ……………………………………………001
 1.1.2 研究意义 ……………………………………………004
1.2 研究综述 …………………………………………………………005
 1.2.1 国外研究现状 ………………………………………005
 1.2.2 国内研究现状 ………………………………………011
1.3 研究思路与研究方法 …………………………………………014
 1.3.1 研究思路 ……………………………………………014
 1.3.2 研究方法 ……………………………………………015
1.4 创新点与未来研究重点 ………………………………………015
 1.4.1 创新点 ………………………………………………015
 1.4.2 未来研究重点 ………………………………………016

第2章 界限模糊的类型化

2.1 类型一：同一概念的解释不一致 ……………………………018
 2.1.1 "复制发行"解释的不确定性 ……………………018
 2.1.2 规避技术措施入罪条款中禁止规避行为的不同界定 ………021

  2.1.3 "假冒他人专利"行为解释的滞后性或架空性 ············ 021

2.2 类型二：概念的判断标准争议 ························ 023
  2.2.1 "同一种商品"的认定争议 ······················ 023
  2.2.2 "相同商标"的判断争议 ······················ 026

2.3 类型三：附属刑法与《刑法》的分歧 ····················· 028
  2.3.1 《著作权法》与《刑法》不一致的规定 ············ 028
  2.3.2 《商标法》与《刑法》不一致的规定 ············ 029
  2.3.3 《专利法》与《刑法》不一致的规定 ············ 029

2.4 类型四：入罪数额和情节的争议 ······················ 030
  2.4.1 "非法经营数额"的计算方法存在问题 ············ 030
  2.4.2 侵犯商业秘密罪"损失数额"数额的合理性疑问和认定方式的模糊性 ·········· 031
  2.4.3 对同一商品上多个商标原样假冒的争议 ············ 033
  2.4.4 入罪门槛争议——以 2007 年中美知识产权争端和 2020 年中美贸易协议为例 ············ 034

2.5 类型五：争议的两个面向 ························ 039
  2.5.1 知识产权法有争议、刑法无视此争议 ············ 039
  2.5.2 知识产权法无争议、刑法有争议 ··············· 041

2.6 类型六：立法上将相关行为入罪的正当性考察 ··············· 044
  2.6.1 违反保密义务侵犯商业秘密的行为不应入罪 ·········· 044
  2.6.2 刑法上商标使用功能性缺失可能导致的合法行为入罪化 ······ 045

第 3 章 确定界限的标准：理论学说、哲学方法和原则

3.1 大陆法系下犯罪化的理论学说及在界分层面上存在的难题 ········ 047
  3.1.1 法益侵害说 ···························· 048
  3.1.2 规范违反说 ···························· 050

    3.1.3　社会危害性理论 ···052
3.2　英美法系下犯罪化的理论学说及在界分层面上存在的难题 ········054
    3.2.1　损害原则 ···054
    3.2.2　冒犯原则 ···056
3.3　确定界限应采理论学说："法益侵害说 + 损害原则" ···············058
    3.3.1　对象的确立：侵犯财产罪而非破坏市场经济秩序罪 ·······059
    3.3.2　对"法益侵害说 + 损害原则"作为界分学说质疑的回应 ···066
3.4　确定界限的哲学方法 ···067
    3.4.1　功利主义 ···067
    3.4.2　道义论 ···075
    3.4.3　确定界限应采哲学方法：功利主义 ························076
3.5　确定界限的原则 ···077
    3.5.1　原则一：侵犯知识产权罪的刑法解释方法 ··················077
    3.5.2　原则二：民刑适用规则——以侵犯知识产权行为为
           结合点 ···078
3.6　对现有界分理论的评价和过程评价方法 ···························078
    3.6.1　严重脱逸社会相当性理论 ··································079
    3.6.2　客体区分说和新结构犯罪构成说 ···························079
    3.6.3　普遍恐惧理论 ··080
    3.6.4　过程评价方法 ··081

第4章　确立界限的原则一：侵犯知识产权罪的刑法解释方法

4.1　理念选择 ···082
    4.1.1　形式解释论 ···083
    4.1.2　实质解释论 ···084
    4.1.3　坚持实质解释立场 ··086

4.2 实质解释论：以法益解释为中心 …………………………………089
4.2.1 法益的解释机能 ……………………………………………089
4.2.2 文义解释的障碍及克服 …………………………………090

4.3 类推解释与扩大解释的界分 …………………………………091
4.3.1 类推解释的禁止 ……………………………………………091
4.3.2 不禁止有利于被告人的类推 ……………………………093
4.3.3 界分标准："语义最远射程"和"国民的预测可能性" ……093

4.4 客观解释及与其他解释的冲突处理 …………………………095
4.4.1 主观解释的不可预测性 ……………………………………095
4.4.2 客观解释的贯彻 ……………………………………………096
4.4.3 客观解释与体系解释的冲突及处理规则 …………………097

4.5 对知识产权刑事司法解释的态度 ……………………………100

第5章 确立界限的原则二：民刑适用规则
——以侵犯知识产权行为为结合点

5.1 适用原则 …………………………………………………………102
5.1.1 独立性说与从属性说 ………………………………………103
5.1.2 相对独立性与相对从属性 …………………………………105

5.2 相对从属性说之提倡 ……………………………………………107
5.2.1 可罚违法性的承认 …………………………………………108
5.2.2 违法判断的相对性 …………………………………………110
5.2.3 主流意见规则 ………………………………………………111

5.3 同一概念的解释规则 ……………………………………………113
5.3.1 同一性解释 …………………………………………………113
5.3.2 相对性解释 …………………………………………………115
5.3.3 同一性解释的贯彻 …………………………………………118

5.4 附属刑法与刑法分歧的处理规则 ························· 120
5.4.1 以刑法规定为适用原则 ····························· 120
5.4.2 知识产权附属刑法的完善规则 ······················ 121

第6章 界限标准对界限模糊的类型化的适用

6.1 类型一：同一概念的同一性解释 ························ 125
6.1.1 刑法相对从属性说"复制发行"的解释 ············ 125
6.1.2 规避技术措施入罪条款中禁止规避行为的范围界定 ······ 128
6.1.3 "假冒他人专利"的适用规则 ······················· 129

6.2 类型二：判断标准的客观化 ······························ 134
6.2.1 "同一种商品"判断标准的明确化 ·················· 134
6.2.2 "相同商标"判定标准的选择及优化 ················ 141

6.3 类型三：附属刑法的改进处理 ··························· 145

6.4 类型四：对入罪数额或情节的改进 ····················· 147
6.4.1 非法经营数额计算方式的完善——以600份刑事裁判文书为例 ······································· 147
6.4.2 侵犯商业秘密罪中损失数额的优化 ················ 156
6.4.3 对多个商标原样假冒的处理 ······················· 161
6.4.4 入罪门槛的应有之义 ······························· 162

6.5 类型五：相对从属性之适用 ······························ 165
6.5.1 知识产权各部门法存在争议、刑法采纳主流意见规则 ······ 166
6.5.2 知识产权各部门法无争议，刑法应以无争议结论为适用前提 ······························· 168
6.5.3 相对从属性中"何时独立"的体现：以过失侵犯商业秘密的出罪化为例 ····························· 169
6.5.4 相对从属性中"何时从属"的体现 ················ 170

第7章 界限标准对知识产权刑事立法的指引

7.1 广度与深度的确立 ·············173
7.1.1 广度：谦抑性原则下刑事保护扩张的谨慎性 ·············173
7.1.2 深度：以侵犯核心利益为制裁中心和惩罚性赔偿限制各罪深度扩张 ·············175
7.1.3 影响因素：刑事保护应考虑对创新的影响 ·············177

7.2 刑事制裁在商标领域的范围和程度 ·············180
7.2.1 以侵犯注册商标专用权为刑事制裁范围 ·············180
7.2.2 潜在的刑事制裁对象的区别化对待 ·············181

7.3 刑事保护在侵犯专利权行为上的克制 ·············186
7.3.1 刑事保护介入侵犯专利权行为的理论争议 ·············186
7.3.2 刑事保护是否介入的不同立法例 ·············187
7.3.3 刑事保护由介入到废除——以我国台湾地区为考察对象 ···190
7.3.4 刑事保护由提议到废止——以欧盟的立法历程为参照 ·········192
7.3.5 历史资料梳理："侵犯专利权罪"在我国刑法修订草案中的出现及隐没 ·············196
7.3.6 我国将侵犯专利权的行为不纳入刑事保护的理由 ·············198

7.4 刑事保护在著作权领域的范围、坚持和改革方向 ·············201
7.4.1 侵犯著作权罪仅有极窄范围 ·············201
7.4.2 维持"以营利为目的"的犯罪构成要件 ·············202
7.4.3 美国版权法民事侵权和刑事犯罪界限的发展历程对我国的借鉴 ·············204
7.4.4 著作权刑事保护改革方向 ·············220

7.5 商业秘密刑事保护的规则再造 ·············222
7.5.1 刑事保护不应介入违约使用商业秘密的行为 ·············223

  7.5.2 细化对商业秘密的刑事保护 …………………………224

结　论……………………………………………………………225

参考文献…………………………………………………………227

第1章 绪 论

1.1 研究背景与研究意义

1.1.1 研究背景

在国际贸易日趋频繁的时代里，技术、品牌、创意和商业秘密正在不断提升商品的价值和竞争力，特别是在数字化时代，知识产权在贸易过程中的作用正在不断被放大。与此同时，与前互联网时代相比，侵犯知识产权的成本正在不断下降，案件数量不断增加。我国建立知识产权制度的时间不过40余年，通过刑法对知识产权提供刑事保护的时间也仅仅20余年。虽然目前我国已经围绕知识产权民事、行政和刑事保护建立了较为完整的法律保护体系，但三类保护之间的界限并非泾渭分明。特别是我国在1997年规定侵犯知识产权罪之后，直到2020年立法者才首次修订该罪，但侵犯知识产权罪和知识产权各部门法的不协调仍然存在。这就导致同一种侵犯知识产权的行为会出现定性不同的问题，有些法院将该行为仅认定为民事侵权，有些法院却将该行为认定为刑事犯罪。

自20世纪90年代以来，随着互联网技术的发展和各国贸易联系的不断加强，权利人越发要求对知识产权提供更强的保护，知识产权刑事保护逐渐出现在双边、多边和区域性的国际条约中。当缔约国将国际条约中的知识产权刑事条款转化为国内法时，其不仅面临着与自身刑法体系的兼容问题，而且面临着如何与民事保护相协调，以形成统一、连贯的知识产权司法保护体系问题。1994年，美国、加拿大和墨西哥签订的《北美自由贸易协定》（North American Free Trade Agreement，NAFTA）生效，该协定第6部分第17章规定了知识产权的内容，该章第1717条规定了刑事程序和刑罚❶，该条最终被1994年的《与贸易有关的知识产权协定》（以下简称《TRIPS协定》）第61条❷所吸收。《保护工业产权巴黎公约》和《保护文学和艺术作品伯尔尼公约》对于侵犯知识产权行为没有规定刑事措施，在拥有广泛成员国的知识产权协议背景下，《TRIPS协定》第61条是独一无二的创立了知识产权刑事执行程序的国际基准。❸

同时，我国在加入世界贸易组织（WTO）后，通过制定和实施知识产权刑事司法解释等方式来履行《TRIPS协定》中关于知识产权刑事保护的义务，但随后，中国与美国围绕知识产权刑事犯罪门槛首次在WTO交锋。2007年，美国向WTO提交了四个涉及中国知识产权的问题，以寻求在WTO框架下得到解决，其中两个问题涉及侵犯知识产权罪，分别为中国侵犯知识产权罪的门槛和刑罚，以及未经授权复制或发行版权作品不能受到刑事制裁的问题。❹最终，WTO专家组并未采纳美国对《TRIPS协定》第61条中商业规模的解释。但是，中美在WTO的争端暴露了《TRIPS协定》的弱点，为之后《反假冒贸易协定》（Anti-Counterfeiting Trade Agreement，

---

❶ North American Free Trade Agreement［EB/OL］.［2023-04-28］https：//tcc.export.gov/Trade_Agreements/All_Trade_Agreements/NAFTA_Part6_Chapter17.asp#A1717.Article 1717.

❷ 《TRIPS协定》第61条规定，各成员至少应当对具有商业规模的、故意假冒商标或盗版的行为提供刑事救济；刑罚包括监禁或罚金；可对侵权物品进行扣押、没收和销毁；也可规定适用于其他知识产权侵权案件的刑事程序和处罚，特别是蓄意并具有商业规模的侵权案件。

❸ GEIGER C. Towards a balanced international legal framework for criminal enforcement of intellectual property rights［J］. Springer Berlin Heidelberg，2016.DOI：10.1007/978-3-662-48107-3.

❹ China – Measures Affecting the Protection and Enforcement of Intellectual Property Rights.Request for Consultations by the United States. WT/DS362/1，IP/D/26，G/L/819.16 April 2007.PP.1-6.

ACTA）的出台起到了相应的作用。❶ 2010 年，美国等国签订了《反假冒贸易协定》，《反假冒贸易协定》在第 4 部分刑事执行的第 23 ~ 26 条分别规定了刑事犯罪、刑罚、没收、扣押和销毁，以及依职权进行的刑事执行❷，对侵犯知识产权罪作了较为全面的规定，刑事犯罪门槛进一步明确化。❸《反假冒贸易协定》使得美国实现了知识产权刑事保护的"零起刑点"，数量门槛被架空，《跨太平洋伙伴关系协定》(Trans-Pacific Partnership Agreement，TPP）也延续了《反假冒贸易协定》的做法。❹ 2016 年，日本等环太平洋国家签订《跨太平洋伙伴关系协定》，《跨太平洋伙伴关系协定》第 18 章第 77 条规定了刑事程序和刑罚，第 78 条为商业秘密提供刑事保护。❺ 其中，《跨太平洋伙伴关系协定》第 77 条与《反假冒贸易协定》的刑事执行条款在很多方面都类似。在刑事执法等领域，《跨太平洋伙伴关系协定》的保护标准高于《反假冒贸易协定》，《跨太平洋伙伴关系协定》也是目前涉及知识产权领域保护水平最高的国际协定。❻ 2018 年，美国、墨西哥和加拿大签订《美国—墨西哥—加拿大协定》(United States-Mexico-Canada Agreement，USMCA）❼，该协定基本上照搬了《跨太平洋伙伴关系

---

❶ BITTON M. Rethinking the Anti-Counterfeiting Trade Agreement's Criminal Copyright Enforcement Measures [J]. Journal of Criminal Law and Crimindogy，2012，102：101.

❷ Anti-Counterfeiting Trade Agreement [EB/OL]. [2023-04-28]. https://www.mofa.go.jp/policy/economy/i_property/pdfs/acta1105_en.pdf.

❸ 《反假冒贸易协定》第 23 条第 1 款指出，以商业规模所实施的假冒商标或盗版行为至少包括为直接的或间接的（direct or indirect）经济或商业利益目的的商业活动。

❹ 曹博. 侵犯知识产权行为的非罪化研究 [M]. 北京：中国社会科学出版社，2018：89-92.

❺ Trans-Pacific Partnership Agreement [EB/OL]. [2023-04-28]. https://ustr.gov/sites/default/files/TPP-Final-Text-Intellectual-Property.pdf.

❻ 韩立余.《跨太平洋伙伴关系协定》全译本导读：上册 [M]. 北京：北京大学出版社，2018：413.

❼ United States-Mexico-Canada Agreement [EB/OL]. [2023-04-28]. https://ustr.gov/trade-agreements/free-trade-agreements/united-states-mexico-canada-agreement.

协定》中刑事责任条款的规定。❶2020年，中国与美国签订第一阶段经济贸易协议，该协议指出，中国应当实质性降低启动刑事执行的所有门槛。❷当美国在WTO发现《TRIPS协定》的知识产权刑事条款无法提供更高的刑事保护后，美国开始放弃通过多边协定的方式来提高知识产权刑事保护标准，进而通过区域性和双边的协定来实现其目的。2020年，中国与美国达成的关于知识产权刑事保护的协议即为此策略的结果。为切实履行此协议，我国再次面临如何调整知识产权刑事犯罪门槛的问题，犯罪门槛的降低意味着原本属于民事侵权的行为将被纳入刑事制裁的范畴。

所以，国内现实发展的需要和国际形势的变化，要求研究者从理论上厘清侵犯知识产权行为的民事侵权和刑事犯罪的界限。

1.1.2 研究意义

在知识产权司法保护体系内部，民事保护和刑事保护的界限较为模糊，这导致知识产权入罪、出罪存在诸多混乱，知识产权入罪和出罪事关自由、声誉等重大人身利益，因此有必要从理论和实践上对知识产权民事保护和刑事保护的界限作出回答。但是，理论界和实务界并未对此给予足够的重视。在我国理论界，随着研究的细化，大部分学者的研究视域仅在本学科内部。例如，刑法学者研究的重点往往是刑法总则，对于分则则关注较少；若到分则，刑法学者往往关注传统的犯罪，如人身犯罪和传统财

---

❶ Agreement between the United States of America, the United Mexican States, and Canada［EB/OL］.［2023-05-24］.https：//ustr.gov/sites/default/files/files/agreements/FTA/USMCA/Text/20-Intellectual-Property-Rights.pdf.

❷ Economic and Trade Agreement Between the Government of the United States and the Government of the People's Republic of China.Article 1.7［EB/OL］.［2023-05-24］.https：//ustr.gov/sites/default/files/files/agreements/phase%20one%20agreement/Economic_And_Trade_Agreement_Between_The_United_States_And_China_Text.pdf. 针对"中国应当实质性降低启动刑事执行的所有门槛"是针对侵犯商业秘密罪，还是针对所有的侵犯知识产权罪，在解释上还存在疑问，本书6.4.4.3将展开论述。

产犯罪，对知识产权类犯罪关注较少。在知识产权法学界，学者的研究重在各部门法。

对于知识产权刑事保护而言，刑法学者很少关注，认为知识产权本身较为特殊、不易掌握，应由知识产权法学者提供知识供给；而知识产权法学者则很少研究刑事保护，导致在理论层面知识产权刑事保护存在较多问题。鉴于知识产权民事保护和刑事保护的界限存在众多模糊之处，有必要予以厘清，此问题有着重大的理论和实践价值。本书通过对二者界限的研究，以期减少规范之间的冲突，在解释论上使得现有知识产权司法保护体系尽可能协调，也为未来的立法者提供相应的立法建议。

1.2　研究综述

1.2.1　国外研究现状

国外学者对知识产权刑事保护的研究集中在 20 世纪 90 年代以后，这与《TRIPS 协定》规定刑事责任的时间一致。

关于依据何种范式将侵犯知识产权的行为纳入刑事制裁的问题，斯图亚特·P. 格林（Stuart P. Green）从刑法与关于知识产权挪用的规范之间、从显著隔阂出发以探讨刑事制裁是否以及何时应适用于知识产权违法行为，如盗窃和强奸的禁止性规范颇多，但涉及知识产权的规范却寥寥无几，原因在于公众未将未经许可使用他人作品、专利或商标的行为内化于道德，公众认为这些利益主体是特别的利益集团。[1] 该研究指出，涉及知识产权的规范并不多，如知识产权挪用的禁止性规范，使得刑事制裁使用上的效果存疑。埃里克·葛德曼（Eric Goldman）指出《美国反电子盗窃法》

---

[1] GREEN S P, Plagiarism, Norms, and the Limits of Theft Law: Some Observations on the Use of Criminal Sanctions in Enforcing Intellectual Property Rights [J]. Hastings Law Journal, 2002, 54: 237-239.

代表版权法的重大变化,因为它巧妙地转换了版权刑事犯罪的范式。在近百年时间里,版权法惩罚以他人版权作品为基础而营利的侵权人,但通过《美国反电子盗窃法》,美国国会采取了一种新范式,即版权刑事犯罪的范式更像实体空间的盗窃(physical-space theft),特别是商店内行窃(shoplift),由此该法案显著地延伸了版权刑事犯罪的界限。❶ 该研究指出,《美国反电子盗窃法》转换了版权刑事犯罪的范式,即从惩罚营利行为转换为惩罚类似于实体空间的盗窃,延伸了版权刑事犯罪的界限。

布瑞恩·M.霍夫施塔特(Brian M. Hoffstadt)指出,理论上对侵犯知识产权的行为施加刑事制裁更为合理的方法是侵入范式(trespass paradigm)而非盗窃范式(theft paradigm),侵入范式集中于被告干涉所有者的排他性使用以及对知识财产的享用,该范式表明审慎地甄别财产的各种形式的细微差别是重要的。❷ 该研究指出,对侵犯知识产权的行为施加刑事制裁的范式是侵入范式而非盗窃范式。格雷斯·平恩(Grace Pyun)以2008年《美国知识产权优先资源和组织法》为例,指出该法案中的两种刑事执行工具——没收和赔偿(forfeiture and restitution),模糊了民事和刑事诉讼的界限,通过在刑事诉讼中采用民事调查工具从而危及司法部起诉的法定职责,已有财产权范式在威慑侵犯知识产权行为上是无效的,为了建立一种针对侵犯知识产权罪的平衡和持续的基础,有必要构建包括公众声音(public voice)在内的新的范式。❸ 该研究指出,已有财产权范式在威慑侵犯知识产权上是无效的,应建立包括公众声音的新范式。

---

❶ GOLDMAN E. A Road to No Warez: The No Electronic Theft Act and Criminal Copyright Infringement [J]. Oregon Law Review, 2003, 82: 369-370.

❷ BRIAN M. Hoffstadt, Dispossession, Intellectual Property, and the Sin of Theoretical Homogeneity [J]. Southern California Law Review, 2007, 80: 916.

❸ PYUN G. 2008 Pro-IP Act: The Inadequacy of the Property Paradigm in Criminal Intellectual Property Law and Its Effect on Prosecutorial Boundaries [J]. Dēpaul Jourond of Art Technology and Intellectual Property Law, 2009, 19: 396.

埃尔达·哈伯（Eldar Haber）通过研究美国著作权刑事立法和起诉的数据发现，侵犯著作权罪在立法和起诉上存在分歧。具体而言，在技术不发达阶段[1]和模拟技术的开端阶段（1955—1971）的时间段内，著作权刑事起诉案件稀少，自1974年著作权刑事起诉案件开始上升。模拟技术（1970年）之后，著作权刑事立法和起诉开始不断增长，但数字技术（1990年）之后，特别是《美国反电子盗窃法》通过后，著作权刑事起诉并没有上升。这种侵犯著作权罪的立法和起诉上的分歧源于：著作权刑事立法可能是源于国际压力，但不必然使立法得到实施；著作权刑事立法可能在最初会由利益集团发起，但利益集团很少有能力影响立法的执行；著作权刑事起诉虽未增加，并不必然表明刑罚的失败；著作权刑事犯罪并不追求消灭所有的侵权行为，而是将其降低到一个利润水平（a profitable level）；尽管政府正尽力加强著作权刑事保护，但实际执行中因数字环境带来很多问题，如侦查、确认嫌疑人、跨司法管辖区、海外侵权者和对未成年人提起著作权刑事犯罪起诉。单独的立法无法导致范式转换，这正如著作权刑事犯罪执行在著作权犯罪的典型转变中所扮演的重要角色，所以，著作权法现在不是犯罪导向的（criminal-oriented）。尽管如此，如果在接下来的时间里对侵犯著作权的行为的执行落在实处，那么对侵犯著作权罪的范式转换将发生。[2]该研究通过实证数据表明：侵犯著作权罪的立法和起诉上存在分歧，现在的著作权法不是犯罪导向的，但若切实执行侵犯著作权罪，侵犯著作权罪的新的范式将发生。

关于对知识产权各领域的侵权行为进行刑事制裁的考察，伊琳娜·D.曼塔（Irina D. Manta）从道德主义、功利主义和公众选择理论（public choice rationale）的角度解释了刑事制裁在著作权、商标和专利领域的不

---

[1] 以1897年《美国著作权法》规定刑事保护为起点，时间段为1897—1955年。

[2] ELDAR H. The Criminal Copyright Gap [J]. Stanford Technology Law Review, 2015, 18: 272-288.

同适用情况，美国法对侵犯著作权和商标权的行为提供刑事制裁但不对侵犯专利权的行为提供刑事制裁，此种差异源于客体的差异，对不同类型的知识产权客体施加刑事制裁会导致不同的影响，以及利益群体在此三种不同领域也存在分化。❶ 该研究指出，刑事制裁在著作权、商标和专利领域有着不同的适用情况。杰拉尔丁·索特·莫尔（Geraldine Szott Moohr）利用损害—道德框架分析了对个人使用而导致的知识产权侵权行为施加刑事制裁的问题，谴责个人使用行为的道德一致性远非完善，损害原理对于刑事化仅提供模棱两可的基础，考虑到现行共同体的观点，将个人的侵权使用作为刑事犯罪对保护版权人的利益或实现版权政策目标并不是有效的方式。❷ 该研究指出，在损害—道德框架下，对个人使用作品进行刑事制裁的道德一致性并不完善。诺埃尔·门德斯（Noel Mendez）针对在美国是否应当对侵犯专利权的行为提供刑事制裁，其指出若进行刑事制裁，至少存在以下问题：刑事法庭无法胜任审理专利刑事案件；由于一项权利要求的技术特征可能会有很多等同特征，导致任何一个给定的专利可能会覆盖许多其他"发明"；对于侵犯专利的行为而言，对专利进行无效宣告是典型的抗辩；对于专利执法机关而言，由其决定特定的产品是否构成侵权产品在本质上是不可能的；专利诉讼费用昂贵；在专利诉讼中，有相当比例的专利被宣告无效；等等。基于以上众多原因，其认为美国不应当对专利侵权提供刑事制裁。❸ 杰拉尔丁·索特·莫尔指出在颁布《美国经济间谍法》时，美国国会通过利用财产法和刑法这两大强有力的法律工具来保护创意的信息产品，但是在商业秘密上已提高的财产权和刑事制裁的强有力的威

---

❶ MANTA I D, The Puzzle of Criminal Sanctions for Intellectual Property Infringement [J]. Harvard Journal of Law & Technology, 2011, 24: 517-518.

❷ MOOHR G S. The Crime of Copyright Infringement: An Inquiry Based on Morality, Harm, and Criminal Theory [J]. Boston University Law Review, 2003, 83: 783.

❸ MENDEZ N. Patent Infringers, Come Out with Your Hands Up: Should the United States Criminalize Patent Infringement [J]. Buffalo Intellectual Property Law Journal, 2008 (6): 42-47, 66.

胁，可能会产生意外的结果，即腐蚀鼓励竞争的公共政策、员工的流动和有效利用信息产品。我们需要的是如下的商业秘密的观念，即能够维持公共领域的活跃、承认使用由他人创造出来的信息的长远利益，而不是通过刑罚来执行商业秘密的这样一种宽泛的财产观念。❶ 该研究指出，使用刑事制裁保护商业秘密会带来负面效果，刑罚应当有所限制。

关于知识产权至少应当与有形财产权获得刑事保护，劳伦·E. 奥古斯盖（Lauren E. Abolsky）针对美国联邦政府最近优先关注知识产权犯罪领域和起诉违法者的现实，指出不能对侵犯知识产权行为给予少于有形财产权的保护，坚决的起诉和教育能够威慑侵犯知识产权的犯罪行为，并使财富流回到合法的创新者手中。❷

关于立法者应考虑采用成本收益分析法来制定著作权犯罪条款，杰拉尔丁·索特·莫尔将成本收益分析法适用于著作权刑事犯罪，对侵犯著作权的行为进行刑事制裁的收益包括阻止损害和发挥教育公众功能等，成本包括减少公众对享有著作权的作品进行接触等，对成本和收益分析表明对侵犯著作权行为进行刑事制裁的威慑效益可能是有限的，但对执行著作权政策和维持刑法的长期有效性的成本却是庞大的，此种评价方法不是最终的，识别成本和收益有助于政策制定者来比较和平衡它们。当立法者在考虑一项刑事执行措施时，对成本和收益的评价以及对影响的确认和界定将是有用的。❸

关于美国等发达国家应在国际条约中推动知识产权刑事条款的变革，

---

❶ MOOHR G S. The Problematic Role of Criminal Law in Regulating Use of Information: The Case of the Economic Espionage Act [J]. North Carolina Law Review, 2002, 80（3）: 920-921.

❷ ABOLSKY, LAUREN E. Operation Blackbeard: Is Government Prioritization Enough to Deter Intellectual Property Criminals [J]. Fordharn Intellectual Property, Meida and Entertainment Law Journal, 2004, 14: 602.

❸ MOOHR G S. Defining Overcriminalization through Cost-Benefit Analysis: The Example of Criminal Copyright Laws [J]. American University Law Review, 2005, 54: 792-805.

米里亚姆·比顿（Miriam Bitton）指出，考虑到自签订《TRIPS 协定》以来重大的技术变革，《TRIPS 协定》确实已经过时了，对于知识产权的刑事保护应当采用新的方式，更好的路径应集中于以下变化，如考虑降低著作权刑事保护的门槛，实施综合的教育举措，对《反假冒贸易协定》作出更为明确的阐释和指引，以及发达国家应对发展中国家采取财政帮助计划。[1]

国外的研究大致可以分为三类：第一类，依据何种范式将侵犯知识产权的行为纳入刑事制裁；第二类，对知识产权各领域的侵权行为施加刑事制裁的考察；第三类，其他类研究。在本书所归纳的国外现有研究中，包括知识产权至少应当与有形财产权获得类似的刑事保护，立法者应考虑采用成本收益分析法来制定著作权犯罪条款，以及美国等发达国家应在国际条约中推动对知识产权刑事条款的变革。

第一类研究的重心实质在于刑事制裁介入侵犯知识产权行为的正当性问题，以及立法者应采用何种范式（如盗窃、侵入、挪用等）在知识产权上建立刑罚规则。刑法能够顺利介入传统物权的重要原因在于刑法与自然法的结合。以盗窃罪为例，自然法禁止偷盗行为，公众已将此类规范内化于自身的行为之中，即使没有相关法律，公众也认为偷盗他人财物是不道德的、违背自然戒律的，立法者在"禁止偷盗"的观念上建立民事和刑事规范显得顺理成章。但在知识产权上，立法者遇到了极大的阻碍，距最早的现代意义上的知识产权部门法（1624 年《英国垄断法案》）的历史接近 400 年，在只有小部分人能够成为知识产权权利人且智力成果的创造是建立在前人的基础之上的情况下，与传统物权相比，公众认为未经许可的使用在道德上并非错误的行为。因此，刑法凭借何种范式介入侵犯知识产权的行为的研究有着重要的意义，但此种正当性问题在当下并未得到有效解决。第二类研究着眼于刑事保护在知识产权各领域的适用情况，此类研究

---

[1] BITTON M. Rethinking the Anti-Counterfeiting Trade Agreement's Criminal Copyright Enforcement Measures [J]. Journal of Criminal Law and Criminology, 2002, 102: 115.

有助于准确地把握知识产权各罪名的适用条件和范围，也间接地界定了罪与非罪的界限。第三类研究从同等保护、方法论和在国际条约中推动知识产权刑事变革等不同角度来界定知识产权刑事犯罪。

以上从刑事保护介入侵犯知识产权行为的正当性、刑事保护在知识产权各领域的适用，以及不同角度来界定知识产权刑事犯罪等方面，为后续研究者作出了重要贡献。但不足的是，国外现有研究对于侵犯知识产权行为的民事侵权和刑事犯罪的界限没有进行系统性的划分。

1.2.2 国内研究现状

自1997年刑法规定侵犯知识产权罪后，国内研究者围绕该罪的研究逐渐增多。其中，将侵犯知识产权罪作为研究对象之一的主要研究如下。马克昌教授在其主编的论著中对侵犯知识产权各罪进行了探讨，包括从四要件出发来确定犯罪构成，讨论了侵犯知识产权罪与非罪、罪与他罪的界限。❶ 高铭暄教授在其主编的论著中将侵犯知识产权罪作为犯罪领域新型的经济犯罪进行了探讨。❷ 此类关于侵犯知识产权罪的研究成果减少了司法适用的困惑，为后续研究者的研究奠定了基础，并提供重要的指引。

将侵犯知识产权罪作为唯一研究对象的主要研究如下。赵秉志教授从比较法的角度论述了世界上主要发达国家和地区对知识产权的刑法保护，同时从刑法角度对我国的侵犯知识产权个罪进行了深入剖析，最后重点比较了我国大陆地区和台湾地区的知识产权刑法保护。❸ 随后，赵秉志教授和田宏杰教授从比较法的角度进一步深化了对侵犯知识产权罪的研究。❹

---

❶ 马克昌.经济犯罪新论：破坏社会主义经济秩序罪研究[M].武汉：武汉大学出版社，1998：483-549.

❷ 高铭暄.新型经济犯罪研究[M].北京：中国方正出版社，2000：730-846.

❸ 赵秉志.侵犯知识产权犯罪研究[M].北京：中国方正出版社，1999.

❹ 赵秉志，田宏杰.侵犯知识产权犯罪比较研究[M].北京：法律出版社，2004.

从比较法的角度深入剖析侵犯知识产权个罪,对于立法者和后续研究者从全球视野把握侵犯知识产权罪极为重要。应当指出,此类专门论著对于深刻理解侵犯知识产权罪作出了重要贡献。

从不同侧面对知识产权刑事保护展开研究,主要研究如下。王志广从知识产权刑事保护的立法与执法、保护意识、法律体系和诉讼程序等理论层面探讨了我国知识产权刑事保护问题❶,进而具体到各罪的定罪量刑❸。皮勇教授着重从各罪的疑难问题出发分析侵犯知识产权罪的适用问题。❹ 黄洪波从多维视角来论证知识产权刑法保护的正当性,以及我国知识产权刑法保护应持的基本立场和基本原则。❺ 雷山漫从知识产权保护的国际化角度来考察我国知识产权的刑法保护。❻

从罪与非罪角度进一步明确刑法的边界,或称罪与非罪的研究,或称刑事不法与民事不法的界限研究,或称刑法的边界研究,主要研究如下。王作富教授在其主编的著作中对经济活动中的失范行为罪与非罪的界限作了系统研究,从犯罪构成和特征等方面界定了注册商标类犯罪、假冒专利罪与非罪的界限。❼ 于改之教授对已有的刑民分界标准进行了批判,进而提出了严重脱逸社会相当性理论,并利用该标准来适用侵犯知识产权行为与侵犯知识产权罪的界分问题。❽ 杨春然教授从证立刑法禁止的根据、方法论和惩罚性赔偿层面探讨了刑法和民法的边界。❾ 此类研究进一步廓清

---

❶ 王志广.中国知识产权刑事保护研究(理论卷)[M].北京:中国人民公安大学出版社,2007.
❸ 王志广.中国知识产权刑事保护研究(实务卷)[M].北京:中国人民公安大学出版社,2007.
❹ 皮勇.侵犯知识产权罪案疑难问题研究[M].武汉:武汉大学出版社,2011.
❺ 黄洪波.中国知识产权刑法保护理论研究[M].北京:中国社会科学出版社,2012.
❻ 雷山漫.中国知识产权刑法保护[M].北京:法律出版社,2014.
❼ 王作富.经济活动中罪与非罪的界限[M].北京:中国政法大学出版社,1993:204-232.
❽ 于改之.刑民分界论[M].北京:中国人民公安大学出版社,2007.
❾ 杨春然.刑法的边界研究[M].北京:中国人民公安大学出版社,2013.

了刑事犯罪和民事侵权的界限。

还有一类研究指出，对于侵犯知识产权行为应当进行非罪化处理，主要代表如下。曹博博士指出了将侵犯知识产权行为入罪的理论困境，并从学理上论证了对侵犯知识产权行为的非罪化安排，但曹博博士也在该著作的后记中坦言，刑法的介入有较强的政策和工具意味，纯粹理论推演很难经得起推敲，"我开始思考是否有必要修改论文，放弃将侵犯知识产权行为完全非罪化的理论预设……划定民事保护、行政保护和刑事保护的边界"[1]。即便如此，该著作也为后续研究者贡献了其独有的研究视角和理论价值。

就将侵犯知识产权罪作为研究对象之一的研究而言，此类研究兴起于1997年之后，在当时刑法规定侵犯知识产权罪之后，此类研究将侵犯知识产权罪作为一类新型犯罪对待，为理论和司法实践提供了重要的参考和启示。随着研究的深入和实践的积累，将侵犯知识产权罪作为唯一研究对象的研究逐渐增多，此类研究从刑法原理出发对侵犯知识产权各罪进行了详细论述，通过比较法研究使得国内其他研究者能够了解域外国家和地区的立法现状。同时，也有多位研究者从不同侧面研究侵犯知识产权罪，如从知识产权保护意识、产业政策、立法与执法、程序法、正当性和国际化角度对侵犯知识产权罪作了更为全面的讨论。应当说，以上三类不同角度的研究对理解和适用侵犯知识产权罪起着重要的积极作用，但是对侵犯知识产权行为的民事侵权和刑事犯罪的界限关注不够。事实上，此三类研究至多是在研究过程中附带将某些侵犯知识产权行为的民事侵权排除在刑事保护范畴之内。

另外一类研究从罪与非罪的角度来研究刑法边界，此类研究主要从民法和刑法这两大重要法律部门出发，并不着眼于具体个罪，对于侵犯知识

---

[1] 曹博.侵犯知识产权行为的非罪化研究[M].北京：中国社会科学出版社，2018：275.

产权行为的民事侵权和刑事犯罪的界分往往是点到为止。最后一类研究从根本上反对对侵犯知识产权的行为提供刑事制裁,但从国际协调、各国或地区的立法现实来看,知识产权非罪化将面临极大困难。与此同时,此类研究者数量较少,且正如该类研究的某些研究者所言,其也在反思是否应转入对知识产权行为的民事保护、刑事保护和行政保护的研究中去,能够看出,侵犯知识产权罪的非罪化研究面临着脱离实践的困境。

应承认,前三类研究为本书在界定侵犯知识产权个罪上提供了帮助。就后两类研究而言,从罪与非罪的角度来研究刑法边界的研究为本书提供了重要的切入点;而侵犯知识产权罪的非罪化则时刻提醒笔者,对侵犯知识产权行为作入罪处理时,应当充分论证其正当性并保持相当的谨慎性。

综上可知,关于侵犯知识产权的民事侵权和刑事犯罪的界限,只是非常零散地出现在国内现有研究中,从整体上把握侵犯知识产权行为的民事侵权和刑事犯罪的界限的研究几乎不存在。

1.3 研究思路与研究方法

1.3.1 研究思路

本书采用"(类型化的方式)提出问题—构建理论分析框架—(运用理论分析框架)分析和解决问题"的研究思路。简言之,在第 2 章提出问题,在第 3～5 章构建理论分析框架,运用该理论分析框架解释第 2 章提出的前面 5 个类型问题,形成第 6 章;运用该理论分析框架解决第 2 章提出的第 6 个类型问题,并作立法展望,形成第 7 章。

具体而言,首先,通过对侵犯知识产权罪的刑法文本、刑事司法解释、知识产权各部门法和相关案例等,归纳出侵犯知识产权行为的民事侵权和刑事犯罪界限模糊的类型,前 5 种类型侧重于解释论层面,第 6 种类型侧重于立法论层面，此为第2章。其次，在第3章中提出了界限确定的标准，此标准包括理论学说、哲学方法和原则，就原则而言包括两种，分别是：原则一，侵犯知识产权罪的刑法解释方法；原则二，民刑适用规则——以侵犯知识产权行为为结合点。原则一构成第4章，原则二构成第5章。再次，运用第3章、第4章和第5章的理论框架解释第2章的前5种类型，此为第6章。最后，运用第3章、第4章和第5章的理论框架解决第2章第6种类型提出的问题，并进一步为知识产权刑事立法提出指引，此为第7章。

1.3.2 研究方法

本书采用的研究方法包括类型归纳法、典型案例法、实证研究法和比较研究法。就类型归纳法而言，从侵犯知识产权罪的刑法文本、刑事司法解释、知识产权各部门法、相关案例和现有研究中归纳出界限模糊的不同种类型。就典型案例法而言，通过典型案例引入或说明争议的焦点，从而更直观地体现现行规范中的冲突和矛盾。就实证研究法而言，通过600个案例探讨侵犯知识产权罪中非法经营数额的计算方式问题。就比较研究方法而言，通过对域外立法和司法的考察，深入了解域外国家和地区对侵犯知识产权罪的处理，为划定界限提供域外视角。

1.4 创新点与未来研究重点

1.4.1 创新点

采取过程评价的方法确定界限，即以法益侵害说和损害原则为理论学说，在功利主义哲学方法的指导下，以侵犯知识产权罪的刑法解释方法和民刑适用规则为原则，为侵犯知识产权行为的民事侵权和刑事犯罪划分界限。以侵犯知识产权罪的刑法解释方法为原则来确定界限，坚持实质解释立场，发挥法益解释机能，在侵犯知识产权罪下，贯彻客观解释而非主观解释，当其与体系解释相冲突时应采客观解释，对创设新的刑罚规范的知识产权刑事司法解释，司法适用者应当拒绝适用。以民刑适用规则为原则确定界限，提倡相对从属性规则，承认可罚的违法性，刑事违法判断具有相对性，刑事司法适用者应尊重知识产权部门法中的主流意见。同时，贯彻同一概念同一解释的原则，并优化知识产权附属刑法。

重新确定侵犯知识产权罪的法益，即侵犯知识产权罪侵害的法益是权利人享有的知识产权的市场价值，并将侵犯知识产权罪从"破坏社会主义市场经济秩序罪"移至"侵犯财产罪"下。将侵犯知识产权罪定位于"破坏社会主义市场经济秩序罪"是我国市场经济早期阶段的产物，基于知识产权的私权属性及其与普通财产权的共性特征，应将侵犯知识产权罪所侵害的法益认定为单一法益，即权利人享有的知识产权的市场价值，而非社会主义市场经济秩序。同时，将该罪纳入侵犯财产罪之后，能够围绕盗窃、占有、挪用和毁坏等概念建立道德规范，以及重构侵犯知识产权罪的入罪范式。另外，立法资料也表明，当年部分刑法起草专家也认可侵犯知识产权罪和侵犯财产罪存在某些关联。❶

1.4.2 未来研究重点

本书最终为确立侵犯知识产权行为的民事侵权和刑事犯罪的界限找到了一个过程评价的方法，为大部分侵犯知识产权的行为的界限划分提供了有益的借鉴意义，也能够使知识产权民事保护和刑事保护形成较为完美的衔接，有助于释放司法保护体系在保护知识产权方面的价值。

对知识产权提供刑事保护还受到国际知识产权刑事保护实践以及与

---

❶ 高铭暄，赵秉志. 新中国刑法立法文献资料总览[M]. 2版. 北京：中国人民公安大学出版社，2015：405.

发达国家之间的贸易状况等因素的影响，因而还需要从社科法学和法政策学等多学科角度来研究知识产权的刑事保护，从而准确界定侵犯知识产权行为的民事侵权和刑事犯罪的界限，这也是本书之后需要进一步完善的地方。

在我国国情下，若要使得知识产权保护体系发挥最大效用，需要民事保护、行政保护和刑事保护形成合力，本书未来进一步的研究重点将是探讨我国知识产权行政保护的正当性问题、行政保护介入知识产权违法行为的条件与界限、知识产权行政保护和刑事保护的界限，以及知识产权司法和行政保护体系如何服务于我国的知识产权保护问题。❶

---

❶ 本书讨论的对象是针对侵犯知识产权的民事侵权行为，民事保护和刑事保护的界限问题，所以暂不讨论行政保护。

第 2 章　界限模糊的类型化

对同一种侵犯知识产权的行为而言，司法实践中有将其作为民事侵权处理的情况，也有将其作为民事侵权处理的同时将其作为刑事犯罪处理的情况。为从理论上厘清侵犯知识产权行为的民事侵权和刑事犯罪的界限，本章将对界限模糊的情形进行类型化分析。

2.1　类型一：同一概念的解释不一致

2.1.1　"复制发行"解释的不确定性

2.1.1.1　"销售盗版《十七大报告辅导读本》案"中的罪与非罪

2007年，张某等人大量购买盗版的《十七大报告辅导读本》等书籍，并向国家发改委、北京市劳教局等单位销售，上述侵权复制品后被公安机关查获。针对被告人销售盗版《十七大报告辅导读本》且数量超过500册的行为，北京市朝阳区人民法院庭审中有两种观点：一种观点认为，达到500册入罪标准，构成侵犯著作权罪；另一种观点认为，被告仅实施"销售"行为，而"销售"非"复制发行"，因数额未达到10万元的入罪标准，故不构成犯罪。❶最终法院判决认为，可将"销售"认定为"发行"，并

---

❶《刑事审判参考》2011年第1集（总第78集），第680号：张某等人侵犯著作权案——销售他人享有专有出版权的图书是否构成侵犯著作权罪。

认为侵犯著作权罪的定罪标准低于销售侵权复制品罪，从而导致后者司法适用范围缩小。《刑法》第217条规定："以营利为目的，有下列侵犯著作权或者与著作权有关的权利的情形之一，违法所得数额较大或者有其他严重情节的，处三年以下有期徒刑，并处或者单处罚金；违法所得数额巨大或者有其他特别严重情节的，处三年以上十年以下有期徒刑，并处罚金：（一）未经著作权人许可，复制发行、通过信息网络向公众传播其文字作品、音乐、美术、视听作品、计算机软件及法律、行政法规规定的其他作品的……"该案由于达到500册的入罪门槛，符合《最高人民法院、最高人民检察院关于办理侵犯知识产权刑事案件具体应用法律若干问题的解释（二）》第1条的规定，属于《刑法》217条中的"有其他严重情节"，所以应以侵犯著作权罪论处。北京市高级人民法院研究室也撰文表示该案一审正确。❶

该案中，司法人员得出罪与非罪对立结论的根本原因在于对"复制发行"的不同解释，"复制发行"的解释不仅关涉侵犯著作权罪和销售侵权复制品罪的界分，也关涉罪与非罪的界定。

2.1.1.2 "复制发行"含义的多变性

"复制发行"最早出现在1990年《中华人民共和国著作权法》（以下简称《著作权法》）中❷，并构成了侵犯著作权罪中使用"复制发行"的渊源。❸1994年，全国人民代表大会常务委员会新设侵犯著作权罪和销售侵权复制品罪❹，在侵犯知识产权罪中首次使用了"复制发行"的概念，1997

---

❶ 北京市高级法院研究室.侵犯著作权罪与销售侵权复制品罪的相关认定问题[EB/OL].（2012-05-09）[2023-05-04]. https://bjgy.bjcourt.gov.cn/article/detail/2012/05/id/886017.shtml.

❷ "复制发行"出现在1990年《著作权法》第39条、第42条和第46条等规定中，但该法并未界定"复制发行"的内涵。在随后历次的修法中，《著作权法》再未使用"复制发行"的措辞。

❸ 于志强.网络知识产权犯罪制裁体系研究[M].北京：法律出版社，2017：33.

❹ 1994年《全国人大常委会关于惩治侵犯著作权的犯罪的决定》第1条。

年《刑法》予以采用并沿用至今。1998年，最高人民法院（以下简称"最高院"）指出，"复制发行"包括复制、发行或既复制又发行的行为。❶ 2004年《最高人民法院、最高人民检察院关于办理侵犯知识产权刑事案件具体应用法律若干问题的解释》（以下简称《侵犯知识产权刑事案件解释》）第11条第3款将信息网络传播行为解释为"复制发行"。2007年《侵犯知识产权刑事案件解释（二）》对"复制发行"的解释沿用前文1998年最高院的规定，同时该解释第2条第2款指出，通过广告、征订等方式推销侵权产品的，属于《刑法》第217条规定的"发行"。2011年《最高人民法院、最高人民检察院、公安部关于办理侵犯知识产权刑事案件适用法律若干问题的意见》（以下简称《侵犯知识产权刑事案件意见》）第12条第1款指出，"发行"包括总发行、批发、零售、信息网络传播、出租和展销六种行为。

由此观之，"复制发行"包括复制、发行、既复制又发行，发行则包括通过广告、征订等方式推销、总发行、批发、零售、通过信息网络传播、出租和展销行为。在著作权法语境下，1990年《著作权法》虽使用了"复制发行"措辞，但并没有明确"复制发行"的含义，而在此之后"复制发行"再未出现在《著作权法》中，2001年《著作权法》明确了复制权和发行权的含义，其特征在于，复制行为应在有形物质载体上再现作品，并产生新的复制件，发行行为应使作品原件或复制件的有形物质载体的所有权发生转移。❷

在侵犯著作权罪语境下，"复制发行"含义多变，没有核心特征，并在不断扩张。所以，如何确定和解释"复制发行"的含义，涉及被诉行为是构成民事侵权还是刑事犯罪。

---

❶ 1998年《最高人民法院关于审理非法出版物刑事案件具体应用法律若干问题的解释》第3条。

❷ 王迁. 著作权法［M］. 2版. 北京：中国人民大学出版社，2023：203-220.

2.1.2 规避技术措施入罪条款中禁止规避行为的不同界定

《刑法修正案（十一）》将规避技术措施条款纳入侵犯著作权罪中，但如何理解该条款中的规避行为，有较大争议。从内容来源来看，虽然《刑法修正案（十一）》通过时间晚于2020年《著作权法》，且2020年《著作权法》对于技术措施予以全面修订，但《刑法修正案（十一）》未从中借鉴相关内容，该规避技术措施入罪条款来源于2010年《著作权法》。即使如此，该规避技术措施入罪条款与2010年《著作权法》第48条第（六）项也存在区别，即缺少"法律、行政法规另有规定的除外"。事实上，该著作权法上的引致条款具体指向的是《信息网络传播权保护条例》，结合该条例，在2010年《著作权法》下，禁止规避技术措施的行为包括以下4种：禁止规避接触控制措施、禁止规避著作权保护措施、禁止提供用于规避接触控制措施的手段和禁止提供用于规避著作权保护措施的手段。前两种行为称为直接规避行为，后两种行为称为间接规避行为或提供规避手段行为。

从《刑法》第217条第（六）项的规避技术措施入罪条款来看，该技术措施入罪条款禁止直接规避行为，并不禁止提供规避手段的行为。而2023年《最高人民法院、最高人民检察院关于办理侵犯知识产权刑事案件适用法律若干问题的解释（征求意见稿）》（以下简称《侵犯知识产权刑事案件解释（征求意见稿）》）第9条第2款作出了相反的解释，对提供规避手段的行为给予刑事制裁，而未提及是否禁止直接规避行为。在著作权法和侵犯知识产权罪领域，对于规避技术措施中规避行为的范围存在不同的界定。

2.1.3 "假冒他人专利"行为解释的滞后性或架空性

假冒专利罪的实行行为是假冒他人专利，但是在2010年之后，在《中华人民共和国专利法》（以下简称《专利法》）中已无"假冒他人专利"的提法，也无"冒充专利"的概念，《专利法》及其实施细则将之前的"假冒他人专利"和"冒充专利"的行为统称为"假冒专利"。同时应指出，2010年《中华人民共和国专利法实施细则》（以下简称《专利法实施细则》）第84条规定的"假冒专利行为"不仅包括了扩大解释后的假冒他人专利（2001年《专利法实施细则》第84条），还包括了冒充专利行为，而《侵犯知识产权刑事案件解释》关于假冒他人专利的行为完全吸收了2001年《专利法实施细则》第84条的规定。

2010年《专利法》和《侵犯知识产权刑事案件解释》的矛盾带来以下问题。①假冒专利罪中"假冒他人专利"是应当以刑事司法解释为准，还是应当参照《专利法》？②如果不参照《专利法》，在事实上，2010年之后《专利法》及其实施细则已无"假冒他人专利"的规定，作为二次保障法的《刑法》对假冒他人专利的保护岂不变成"无源之水、无本之木"？③如果参照《专利法》，该如何处理"假冒他人专利"与《专利法》以及实施细则中的"假冒专利"的关系？是将《刑法》中的"假冒他人专利"与《专利法》以及实施细则中的"假冒专利"中的扩大了的假冒他人专利作同一解释，还是将"假冒他人专利"与"假冒专利"作同一解释？

《刑法》和《专利法》都未对此作出处理，使得对假冒他人专利这一同一概念的解释出现矛盾。若依据刑事司法解释，则其欲规范的行为在专利法中已然不存在；若依据专利法解释，则将架空刑事司法解释。解释的模糊性、不确定性使得行为界限也随之模糊不清，专利法领域的罪与非罪的界限也很难厘清。

2.2 类型二：概念的判断标准争议

2.2.1 "同一种商品"的认定争议

2.2.1.1 争议案例

在针对假冒注册商标的犯罪中，"同一种商品"的认定是构成犯罪的重要要件，刑事司法实践中对"同一种商品"的认定存在争议。此种争议有多种原因，如民事认定、行政认定和刑事认定的现实约束条件不同，行政认定属于事前认定，审查员基于审查效率和权利人提供的信息进行认定；民事认定属于个案认定，民事认定相对于刑事认定较为宽松，即使无法认定为"同一种商品"，也可以将其认定为类似商品，从而规范侵犯商标权的行为；刑事认定既要追求准确，也应当对规避商标犯罪的行为予以有效打击。如行政认定、民事认定和刑事认定在标准上有不同程度的差异。本节将以实践中的案例为基础，引出使刑事司法实践产生困惑的焦点问题。

多米诺公司核准注册的商标使用在《商标注册用商品和服务国际分类表》第9类的商品上，包括喷墨打印装置、喷墨打印机等。2008—2012年，杜高公司未经多米诺公司授权，生产、销售与多米诺公司 A200 相似的喷码机，该喷码机无商标，但开机会显示涉案商标；并且购入多米诺公司原装 E50 型喷码机后改装予以销售，该喷码机上有涉案商标。一审判决被告人谢某周等 14 人假冒注册商标罪。被告不服一审判决提起上诉，二审认为，"喷码机"非《类似商品和服务区分表》中所列商品名称，应从商品的功能、用途、主要原料和相关公众的意见等综合分析，该"喷码机"与注册商标核定使用的商品并非"同一种商品"，最终被判定无罪。❶

---

❶ （2014）穗中法知刑终字第 21 号刑事判决书。详细案情可参见：广州市中院知识产权庭．广州法院 2014 年知识产权十大案例［J］．法治论坛，2015（4）：239-240．

被告人缪某某于 2011 年在淘宝开设网店，以几十元的价格购进假冒爱马仕、卡地亚等商标的项链、手镯等饰品对外销售，截至 2012 年，销售金额 24 万余元。一审法院判决被告人构成销售假冒注册商标的商品罪。被告人缪某某不服一审判决提起上诉，二审法院查明，卡地亚英文商标（202386）、图形商标（202381）核定使用在商品分类第 14 类上，包括贵金属、宝石和其合金等，如首饰盒、小件饰物和钟表等，但卡地亚的商标核定使用的商品并不包括戒指、耳环。二审法院依据《侵犯知识产权刑事案件意见》第 5 条第 1 款，认定"戒指、耳环"和"小件饰物"为同一种商品。❶应注意，在判定"戒指、耳环"和"小件饰物"是否为同一种商品时，法院基本套用了《侵犯知识产权刑事案件意见》第 5 条第 1 款对同一种商品的判定标准，从客观方面认定二者在功能等方面基本相同，而非相同。支持观点认为，戒指、耳环能够起到小件饰物所起到的装饰、美化作用，内涵相同，名称虽然不同但是指同一事物的商品，即为同一种商品。❷反对观点指出，依据《商标注册用商品和服务国际分类表》第 10 版，小饰物（首饰）（140018）、戒指（首饰）（140107）和耳环（140118）分属第 14 类的第三组，三者是并列关系，是不同种商品，在构成混淆的情况下，行为人构成民事侵权而非刑事犯罪。❸

被告人李某在运动裤上使用与权利人相同的注册商标。权利人的商标核定使用在服装和裤子上，但不包括运动裤。检察院认为，运动裤和裤子属于同一种商品，被告人李某未经权利人许可，在同一种商品上使用与权利人注册商标相同的商标，假冒运动裤的货值达 44 万余元，情节特别严

---

❶（2012）杨刑（知）初字第 78 号刑事判决书，（2013）沪二中刑（知）终字第 5 号刑事判决书。其中金额及二审裁判案情介绍参见：凌宗亮. 销售假冒注册商标的商品罪中"同一种商品"的认定［N］. 中国知识产权报，2013-12-11（008）.

❷ 凌宗亮. 销售假冒注册商标的商品罪中"同一种商品"的认定——析缪银华销售假冒注册商标的商品案［J］. 中华商标，2014（1）：81.

❸ 涂龙科. 假冒注册商标罪的司法疑难与理论解答［J］. 政治与法律，2014（10）：61.

重,应以假冒注册商标罪追责,而法院以运动裤和裤子不属于同一种商品拒绝适用该罪名。❶

在金双牛公司等假冒注册商标案中❷,被告单位金双牛公司和被告人李某某辩称权利人的商标核定使用的商品"衣服"与涉案的"T恤衫"属于类似商品,而非同一种商品。法院认为,权利人的商标被核准注册在《商标注册用商品和服务国际分类表》第 25 类"衣服"上,2002 年《类似商品和服务区分表》将"T恤衫"划在第 25 类下,属于"衣物"的一种。法院使用了"衣服""T恤衫"和"衣物"的概念,但在 2002 年《类似商品和服务区分表》中,未有"衣服"的称谓,仅有作为类似群的"衣物(2501)"和具体商品的"T恤衫(250155)"。

2.2.1.2 争议焦点

以上四个案件的争议焦点都是同一种商品的认定问题。例如,针对"喷码机案",被告人谢某周等人从一审有罪到二审无罪,同一种商品的认定是关键,它决定了行为人是构成民事侵权还是刑事犯罪。对于同一种商品的认定,民事侵权和刑事犯罪存在认定上的差异,这种差异主要源于同一种商品的认定在各自领域的重要性不同。在刑事领域,行为人构成假冒注册商标罪的对象限于同一种商品,若非为同一种商品,即使其他条件都满足,也不构成此罪;在民事领域,若侵权对象不是在同一种商品上,但在类似商品上使用近似或相同商标,且导致混淆,则构成民事侵权。在刑事领域,对同一种商品的认定涉及罪与非罪;在民事领域,即使在同一种商品的认定上存在分歧,也可在类似商品上予以规范。

同理,针对"假冒爱马仕、卡地亚案","戒指、耳环"和"小件饰物"是否构成同一种商品是定罪的关键。针对"运动裤案",运动裤和裤

---

❶ 李振林. 假冒注册商标罪之"同一种商品"认定[J]. 法律适用,2015(7):65.
❷ (2009)绍刑初字第 391 号刑事判决书。

子是否构成同一种商品是定罪的关键。针对"T恤衫案",涉案的T恤衫与权利人核定使用的商品"衣服"是否为同一种商品是定罪的关键。

2.2.2 "相同商标"的判断争议

2.2.2.1 争议案例

针对注册商标的刑事犯罪而言,准确界定两种商标是否相同至关重要,本节将以"凤凰羽毛案""鄂尔多斯案""鳄鱼商标案"三个案例引出刑事司法实践中所遇到的困惑。

"凤凰羽毛案"。凤凰牌自行车上附有"凤凰羽毛"的商标,该凤凰上有12根羽毛,假冒商标有12根或13根凤凰羽毛。❶那么,假冒商标与权利人的商标是否为相同商标?有研究者扩展该案例,若行为人用13根或11根凤凰羽毛,在其他方面都与注册商标完全相同,普通消费者难以区别羽毛根数的差别,应当认为两个商标基本相同,从而应当认定为是相同的商标。❷针对该扩展案例,有研究进一步指出,虽然行为人用的13根或11根羽毛与权利人商标的12根羽毛在客观上不同,但普通消费者一般难以发现二者不同,可以认为这两种商标是相同的商标,因为刑法中"相同"的商标是一般认识中的相同,而不是客观存在的相同。❸有研究者进一步提出疑问,若行为人假冒商标的凤凰有10根、9根、8根乃至更少,那么这些商标与注册商标是否构成基本相同的商标?❹那么多少根凤凰羽毛才是判断假冒商标和注册商标是基本相同的商标的标准?

---

❶ 朱孝清.略论惩治假冒商标犯罪的几个问题[J].法学,1994(2):20.

❷ 赵秉志,肖中华.如何把握"相同"商标的含义[N].人民法院报,2003-06-09.

❸ 肖中华,涂龙科.对假冒注册商标罪规定中"相同"的理解[J].人民检察,2005(17):23.

❹ 涂龙科.假冒注册商标罪的司法疑难与理论解答[J].政治与法律,2014(10):56.

"鄂尔多斯案"。行为人非法制造"鄂尔多斯奥羊"商标，法院以《侵犯知识产权刑事案件解释》第8条认定涉案商标与注册商标为相同商标，行为人构成犯罪。❶

"鳄鱼商标案"。北京市场上的"鳄鱼"商标，已知的有26件，区别在于鳄鱼的胖瘦和尾巴的长短各有差异，何种假冒的鳄鱼商标与注册的鳄鱼商标完全相同，执法者难以说明，消费者更难以区分。❷

2.2.2.2 争议焦点

相同商标的刑事认定规范。1979年《刑法》并未规定假冒注册商标罪的犯罪构成，1993年全国人大常委会通过《关于惩治假冒注册商标犯罪的补充规定》予以明确，1997年《刑法》吸收了该补充规定，《侵犯知识产权刑事案件解释》第8条界定了相同的商标，《侵犯知识产权刑事案件意见》第6条采用列举加概括的方式对与注册商标相同的商标作了说明，2020年《最高人民法院、最高人民检察院关于办理侵犯知识产权刑事案件具体应用法律若干问题的解释（三）》（以下简称《侵犯知识产权刑事案件解释（三）》）在《侵犯知识产权刑事案件意见》的基础上进行了细节性修改。

相同商标的民事认定规范。1996年，国家工商行政管理局商标评审委员会在《商标评审指南》❸中作了规定："相同商标指文字、图形或文字与图形之组合完全相同或在视觉上难以区分的商标。"1999年，国家工商行政管理局在《关于商标行政执法中若干问题的意见》第5条规定了相同商标的内

---

❶ 涂龙科.假冒注册商标罪的司法疑难与理论解答[J].政治与法律，2014（10）：56-57.

❷ 胡云腾，刘科.知识产权刑事司法解释若干问题研究[J].中国法学，2004（6）：140. 李晓.《关于办理侵犯知识产权刑事案件具体应用法律若干问题的解释》的理解与适用[J].人民司法，2005（1）：17.

❸ 国家工商行政管理局商标评审委员会.商标评审指南[M].北京：工商出版社，1996：26.

涵，第6条确定了判定原则。❶ 2002年，《关于审理商标民事纠纷案件适用法律若干问题的解释》（以下简称《商标民事纠纷案件解释》）第9条明确了相同商标的含义，第10条列明了认定原则。❷ 2020年，最高人民法院在其颁布的《商标民事纠纷案件解释》（2020修正）中仍沿用上述规定。

以上三个案例的争议焦点是相同的商标判断标准。民事和刑事对相同商标的认定标准不同，且刑事认定上存在诸多争论，有必要厘清刑法上相同商标的判定标准。

2.3 类型三：附属刑法与《刑法》的分歧

《刑法》中的侵犯知识产权罪和知识产权各部门法中的刑事责任的分歧，不仅带来了法律适用上的困惑，而且影响了侵犯知识产权行为的刑事救济功效的发挥。

2.3.1 《著作权法》与《刑法》不一致的规定

《刑法》第217条规定的侵犯著作权罪的实行行为，实际上是从《著作权法》第53条的8项中选取的6项（内容上略有变动），因而当行为人实施另外4项行为且情节严重时，是否应当承担刑事责任？依据《著作权法》第53条的规定，行为人实施该8项行为，构成犯罪的，均应承担刑事责任；但《刑法》第217条仅要求对其中6项行为承担刑事责任。

《著作权法》和《刑法》不一致的规定带来法律适用上的困惑。通说

---

❶ 《关于商标行政执法中若干问题的意见》第5条规定："相同商标指文字、图形或文字与图形的组合相同或者在视觉上无差别。"第6条规定，商标相同的判断：(1)以核准注册的商标为准；(2)以普通消费者的一般注意力为评判的主观标准，整体比较与商标显著部分比较相结合，综合判断。

❷ 《商标民事纠纷案件解释》第9条规定，相同商标即二者在视觉上基本无差别。第10条规定，商标相同的认定原则：(1)相关公众的一般注意力；(2)整体比对与主要部分比对相结合，比对在隔离的状态下分别进行。

观点认为，不应对行为人实施《著作权法》第53条的其他侵权行为（即不属于《刑法》第217条所规定的行为）予以刑事处罚，原因在于《著作权法》不能作为定罪根据，应依照《刑法》定罪量刑。❶ 但是，这种分歧的背后隐含如下问题：刑事立法者在确定某项侵犯著作权行为时，是以何种标准认定该行为无法被民法所调整，而须以刑法加以制裁。进而，这种分歧在反映知识产权部门法和刑法的衔接上存在问题的同时，也表明知识产权各部门法关于刑事责任的立法水平有待提高。

2.3.2 《商标法》与《刑法》不一致的规定

服务商标是否应当纳入刑法保护？现行商标法指出商品商标的规定适用于服务商标，同时也指出，未经许可在同一种商品上使用相同商标，构成犯罪的，承担刑事责任，那么按照《中华人民共和国商标法》（以下简称《商标法》）的规定，服务商标应当纳入刑法保护。但是从《刑法》第214~215条的字面意思来看，只对商品商标提供保护。所以，如何处理附属刑法和刑法的分歧？同样，此问题也涉及针对注册商标犯罪的对象是否还包括证明商标和集体商标。

如何处理商标法中刑事责任条款与侵犯知识产权罪的关系？研究指出，商标法中刑事处罚规定只是提示性规定，没有也无权设置犯罪构成，针对注册商标所实施的犯罪的犯罪构成必须根据刑法的规定。❷ 此时，针对侵犯注册商标的犯罪也需回答上文著作权法和刑法分歧的问题。

2.3.3 《专利法》与《刑法》不一致的规定

《刑法》对于侵犯专利权的行为及《专利法》上的违法行为的介入较

---

❶ 邵小平. 著作权刑事保护研究［D］. 上海：华东政法大学，2011：89.
❷ 杨靖军，鲁统民. 假冒服务性商标不构成假冒注册商标罪［J］. 人民司法，2008（8）：56.

为谨慎，仅对假冒他人专利的行为提供刑事制裁。但《专利法》中关于假冒他人专利的刑事责任的规定已发生实质性变化，如何处理《专利法》与《刑法》不一致的规定是司法适用者需要解决的问题。

针对假冒他人专利的行为，我国分别于 2008 年、2010 年和 2020 年对《专利法》及其实施细则进行了修订。在 2010 年以后，《专利法》及其实施细则中仅有"假冒专利"的规定，并将之前"假冒他人专利"和"冒充专利"的行为融入假冒专利中，那么《专利法》中已无"假冒他人专利"的规定，应如何解释《刑法》第 216 条的"假冒他人专利"，以及如何处理《刑法》、刑事司法解释与《专利法》中关于"假冒他人专利"的规定？

2.4 类型四：入罪数额和情节的争议

除了商业间谍罪的入罪外，侵犯知识产权罪的 7 项罪名都为结果犯，都要满足一定的数额或情节方能入罪。在数额上，表现为违法所得数额较大或违法所得数额巨大；在情节上，表现为情节严重或有其他严重情节，情节也多通过数额予以表现。

2.4.1 "非法经营数额"的计算方法存在问题

除《刑法》第 219 条之一的商业间谍罪是行为犯外，侵犯知识产权罪均为结果犯，以货币数额或被侵犯对象的数量来衡量。在入罪方面，数额或数量的类型包括非法经营数额❶、违法所得数额❷和数量❸。

实践中对非法经营数额的计算争议较大，虽然《侵犯知识产权刑事案

---

❶ 非法经营数额是假冒注册商标罪，非法制造、销售非法制造的注册商标标识罪和假冒专利罪的入罪数额。

❷ 违法所得数额是针对除商业间谍罪以外的所有侵犯知识产权罪的入罪数额。

❸ 数量是非法制造、销售非法制造的注册商标标识罪的入罪数量。

件解释》明确规定了相应的计算方式，但该计算方式仍存在诸多问题，使得公诉机关和被告人在此问题上耗费大量精力。此种问题包括如计算顺位的问题、市场中间价格引发的混乱和鉴定机构的多主体化等。非法经营数额是确定侵犯知识产权罪与非罪的要素之一，确定合理的计算方式有助于准确入罪。第 6 章第 4.1 节将以 600 份假冒注册商标罪的刑事裁判文书为对象，对非法经营数额的计算方式予以改进。

2.4.2 侵犯商业秘密罪"损失数额"数额的合理性疑问和认定方式的模糊性

2.4.2.1 "损失数额"作为侵犯商业秘密罪罪与非罪的界限

《刑法修正案（十一）》生效之前，造成"重大损失"是侵犯商业秘密罪的构成要件，《侵犯知识产权刑事案件解释（三）》第 4 条具体列明了"重大损失"的认定要素（给权利人造成的损失数额或违法所得数额在 30 万元以上；导致权利人破产、倒闭；给权利人造成的其他重大损失），《刑法修正案（十一）》删除了"给商业秘密的权利人造成重大损失"这一构成要件，将其修改为"情节严重"，故"情节严重"与否是侵犯商业秘密民事侵权与刑事犯罪的界限。但目前没有刑事司法解释对"情节严重"予以阐明，可资参照的是《侵犯知识产权刑事案件解释（三）》和《侵犯知识产权刑事案件解释（征求意见稿）》。《侵犯知识产权刑事案件解释（征求意见稿）》第 14 条规定，"情节严重"包括造成权利人损失数额 30 万元以上；侵权违法所得数额 30 万元以上；直接导致权利人破产、倒闭；1 年内不正当获得商业秘密 3 次以上；2 年内因侵犯商业秘密受行政处罚的 2 次以上又侵犯商业秘密的；其他情形，共 5 种具体情形和 1 种兜底情形。

本书认为侵犯知识产权罪所侵害的法益是财产权而非市场经济秩序，故对于侵犯商业秘密行为入罪与否应重点考虑侵犯商业秘密行为给权利人带来的损失数额，在上述情节严重的认定中，权利人损失数额的认定最为复杂，这能从《侵犯知识产权刑事案件解释（三）》第 5 条对损失数额的详细认定中得以印证。

2.4.2.2 "损失数额"具体数额的合理性疑问

"损失数额"的具体量是从"重大损失"的认定中借鉴过来的。《关于经济犯罪案件追诉标准的规定》第 65 条指出，"重大损失"是指行为给权利人造成直接经济损失 50 万元以上或使其破产或造成其他严重后果。《侵犯知识产权刑事案件解释》第 7 条指出，"重大损失"是指行为给权利人造成损失数额 50 万元以上。2010 年《关于公安机关管辖的刑事案件立案追诉标准的规定（二）》第 73 条规定的追诉标准是给权利人造成损失数额 50 万元以上，或违法所得数额 50 万元以上，或使其破产，或其他给商业秘密权利人造成重大损失的情形。2020 年《关于修改侵犯商业秘密刑事案件立案追诉标准的决定》将前述规定修订为损失数额或违法所得数额 30 万元以上，或使其破产、倒闭，或其他给商业秘密权利人造成重大损失的情形。《侵犯知识产权刑事案件解释（三）》第 4 条的规定与《关于修改侵犯商业秘密刑事案件立案追诉标准的决定》的规定相同。《侵犯知识产权刑事案件解释（征求意见稿）》也将损失数额定为 30 万元以上。随着经济的发展，《关于修改侵犯商业秘密刑事案件立案追诉标准的决定》的入罪数额不升反降，由之前的 50 万元降低到 30 万元。

问题在于，上述具体数额是否具有合理性？其一，上述入罪数额远高于其他侵犯知识产权罪的入罪门槛，从体系上看，是否协调？其二，较高的入罪门槛是导致实际入罪案件较少的重要因素之一，如最高人民检察院知识产权检察办公室有关人员指出，在 2022 年中，检察机关起诉的商业秘密刑事案件共 50 件，仅占侵犯知识产权罪案件总数的 0.9%。❶ 较高的数额门槛是否能够有效打击侵犯商业秘密的行为，值得深思。

---

❶ 宋建立．商业秘密司法保护趋势与实践思考［EB/OL］．（2023-05-27）［2023-05-27］．https：//view.inews.qq.com/wxn/20230527A02FVK00?qq=12&refer=wx_hot．

2.4.2.3 损失数额认定方式的模糊性

对于损失数额的认定，目前可参照的是《侵犯知识产权刑事案件解释（三）》第5条的规定。应当说，依据不同行为来认定损失数额的不同计算方式较为科学，但是其认定方式存在较多模糊之处，有必要予以澄清。譬如，该司法解释第5条第1款第（一）项指出，若以不正当手段获取权利人的商业秘密，尚未披露、使用或者允许他人使用的，则可以根据许可使用费来认定权利人的损失数额。存疑的是，基于商业秘密的秘密性，如果权利人不愿意对外发放许可，此时或无许可费，那么如何以许可使用费来确定损失数额？

2.4.3 对同一商品上多个商标原样假冒的争议

实践中，权利人在同一商品上使用多个商标，而行为人原样进行假冒，会带来行为人假冒的是一个商标，还是多个商标等问题。《侵犯知识产权刑事案件解释》第1条对假冒一种商标和假冒两种以上注册商标规定了不同的入罪标准，而后者入罪门槛要低于前者。在"永久商标案"中，"永久"文字商标和"永久"艺术字图案商标同时用于同一辆自行车上，即用于同一种商品上，行为人是假冒一个注册商标还是多个注册商标？❶

对此，研究呈现对立局面。有研究认为，在同一个商品上的多个商标指向同一个商品来源，行为人的假冒行为也是针对该商品，应认定行为人仅假冒一种商标。❷而有研究指出，权利人事实上注册了多个商标，不能因为同一商品上的多个商标指向同一个权利人就减少对权利人的保护，况且依据商标数量的多寡来判断行为人假冒商标的数量，具有合理性与易操

---

❶ 储国樑，叶青. 知识产权犯罪立案定罪量刑问题研究［M］. 上海：上海社会科学院出版社，2014：207.

❷ 宋健. 划清知识产权刑事司法罪与非罪的界限［J］. 中国审判，2014（5）：17.

作性的特点。❶ 争议焦点在于如何理解"假冒两种以上注册商标",该争议涉及民事侵权和刑事犯罪的界分问题。

2.4.4 入罪门槛争议——以2007年中美知识产权争端和2020年中美贸易协议为例

2.4.4.1　2007年中美知识产权争端中知识产权刑事门槛问题

中国与美国对于侵犯知识产权罪的入罪门槛的争议由来已久。在2005年"特别301报告"中,美国认为中国对知识产权提供的刑事保护未对侵权行为人产生威慑。对于中国施行的《侵犯知识产权刑事案件解释》,美国认为法规的优点和不足同时存在,优点如降低了刑事门槛,不足如将侵权产品而非正品的价格作为刑事门槛。❷2006年"特别301报告"关于知识产权刑事保护方面,其结论与2005年"特别301报告"基本一致,美国仍认为过高的知识产权刑事门槛继续构成不能有效威慑侵权行为人的重要原因。基于此,美国考虑将中美争议提交到WTO争端解决机构。❸

2007年4月10日,美国将四个知识产权问题提交至WTO争端解决机构以寻求与中国政府进行磋商,四个问题分别是:中国知识产权刑事犯罪的门槛和刑罚问题,中国海关所没收的侵犯知识产权的商品的处置问题,中国依法禁止出版、传播的作品的著作权保护问题,未经授权复制或发行版权作品未受刑罚的问题。❹ 针对刑事门槛和刑罚问题,美国以我国《刑

---

❶ 涂龙科.假冒注册商标罪的司法疑难与理论解答[J].政治与法律,2014(10):59-60.

❷ The Office of the United States Trade Representative [EB/OL].[2023-05-24]. 2005 Special 301 Report.https://ustr.gov/archive/assets/Document_Library/Reports_Publications/2005/2005_Special_301/asset_upload_file195_7636.pdf.

❸ The Office of the United States Trade Representative [EB/OL].[2023-05-24]. 2006 Special 301 Report.https://ustr.gov/archive/assets/Document_Library/Reports_Publications/2006/2006_Special_301_Review/asset_upload_file473_9336.pdf.

❹ China‐Measures Affecting the Protection and Enforcement of Intellectual Property Rights.Request for Consultations by the United States. WT/DS362/1, IP/D/26, G/L/819.16 April 2007.PP.1-6.

法》第213～215条、第217～218条和第220条为对象❶，结合《侵犯知识产权刑事案件解释》和《侵犯知识产权刑事案件解释（二）》，特别指出《侵犯知识产权刑事案件解释》第12条中的非法经营数额以侵权产品的价格而非相应的合法产品的价格来计算，这使得侵权行为人对侵权产品的实际价格或标价定得较低，即使侵权行为人能够销售很多，也无法达到入罪的门槛。由此，美国认为，以商业规模进行假冒商标和版权盗版的行为在没有满足入罪门槛时，侵权行为人在中国不会受到刑事制裁，这违反了《TRIPS协定》第41条第1款和第61条所规定的义务。❷

在争议解决过程中，共计12个国家、经济体和地区申请作为第三方参加磋商。❸例如，日本以作为中国的重要贸易伙伴而存在实质贸易利益为由，申请作为第三方参加磋商。❹欧洲共同体指出，假冒和盗版导致对欧洲研发投资所创造的附加值的系统性腐蚀，将会影响稳定的、互惠的贸易关系的发展，中国作为欧洲共同体第四大目的地出口国，二者对现行争议问题和正确适用《TRIPS协定》存在实质贸易利益，申请作为第三方参加磋商。❺加拿大以在中国作为出口国和投资者存在重大利益，因而对中国保护知识产权的法律制度是如何运行的存在实质贸易利益为由，申请作

---

❶ 美国并未针对假冒专利罪（《刑法》第216条）和侵犯商业秘密罪（《刑法》第219条）提出异议。

❷ China‐Measures Affecting the Protection and Enforcement of Intellectual Property Rights.Request for Consultations by the United States. WT/DS362/1，IP/D/26，G/L/819.16 April 2007.PP.1–2.

❸ 这些国家、经济体和地区分别是阿根廷、澳大利亚、巴西、加拿大、欧洲共同体、印度、日本、韩国、墨西哥、中国台湾地区、泰国和土耳其。China‐Measures Affecting the Protection and Enforcement of Intellectual Property Rights. Constitution of the Panel Established at the Request of the United States.Note by the Secretariat. WT/DS362/8.13 December 2007.

❹ China‐Measures Affecting the Protection and Enforcement of Intellectual Property Rights. Request to Join Consultations.Communication from Japan. WT/DS362/2.24 April 2007.

❺ China‐Measures Affecting the Protection and Enforcement of Intellectual Property Rights. Request to Join Consultations.Communication from the European Communities. WT/DS362/3.27April 2007.

为第三方参加磋商。❶ 墨西哥以与中国存在不断增长的贸易为由而对此争端存在实质贸易利益,申请作为第三方参加磋商。❷

  专家组在2008年11月13日向中国和美国双方公布了最终报告。针对"商业规模",专家组认为,不仅从行为的本质出发,也从相对的规模出发来评定市场基准,"商业"和"规模"的基本定义的结合能够在《TRIPS协定》第61条❸的语境下协调一致,在"商业"之前没有任何修饰词,那么基准就必须是任何"商业"在典型或通常情况下让人联想到的含义。从量化角度讲,基准是商业活动以其典型或通常形式所具有的数量或规模(magnitude or extent)。对于每一个不同的假冒案件和盗版案件,施加在其上的义务的数量或规模是不同的。专家组认为,这反映了何种情况是典型的或通常的,会随着所考虑的贸易类型而发生变化。❹ 在此基础上,专家组结合相关证据指出,商业规模是典型或通常商业活动的规模或程度。以商业规模进行假冒或盗版,即指在特定市场针对特定产品,以典型或通常商业活动的规模或数量所实施的行为,这构成可以评价《TRIPS协定》第61条第一句的基准,这种规模或数量或大或小,长远来看,典型或通常商业活动的数量或程度涉及收益。❺ 根据专家组的意见,中国关于盗版和假冒商标的刑事门槛规定符合《TRIPS协定》第61条的规定,中国和美国之

---

❶ China – Measures Affecting the Protection and Enforcement of Intellectual Property Rights. Request to Join Consultations. Communication from Canada. WT/DS362/4.27 April 2007.

❷ China – Measures Affecting the Protection and Enforcement of Intellectual Property Rights. Request to Join Consultations. Communication from Mexico. WT/DS362/5.27 April 2007.

❸ 《TRIPS协定》第61条规定,各成员应规定至少将适用于具有商业规模的故意假冒商标或盗版案件的刑事程序和处罚。可使用的救济应包括足以起到威慑作用的监禁和/或罚金,并应与适用于同等严重性的犯罪所受到的处罚水平一致。在适当的情况下,可使用的救济还应包括扣押、没收和销毁侵权货物和主要用于侵权活动的任何材料和工具。各成员可规定适用于其他知识产权侵权案件的刑事程序和处罚,特别是故意并具有商业规模的侵权案件。

❹ China – Measures Affecting the Protection and Enforcement of Intellectual Property Rights. Report of the Panel. WT/DS362/R.26 January 2009.P.110.

❺ China – Measures Affecting the Protection and Enforcement of Intellectual Property Rights. Report of the Panel. WT/DS362/R.26 January 2009.PP.115–116.

间关于侵犯知识产权罪的刑事门槛争端暂时告一段落。

2.4.4.2　2020年中美贸易协议中知识产权刑事门槛问题

2018年美国对中国发动贸易战，此后中国和美国两国围绕知识产权和技术等领域展开一系列谈判与协商，并于2020年1月15日签署《中华人民共和国政府和美利坚合众国政府经济贸易协议》。双方在第1章针对知识产权作了较为详细的规定，该章第1.7条规定了启动刑事执法的门槛，该条第1款规定，双方应当取消将实际损失作为启动侵犯商业秘密刑事调查的前置要件，并在第2款第（一）项中指出，中国应当显著地降低启动刑事执法的所有门槛。❶ 对于第2款第（一）项而言，前面大部分在讲述中国应当澄清商业秘密罪中"重大损失"可由补救成本（remedial cost）来证明，而在最后一句才提出"应当显著降低启动刑事执法的所有门槛"。那么存在以下疑问：①中国是只需要降低商业秘密罪中的刑事门槛，还是降低整个侵犯知识产权罪的刑事门槛？②如何理解"显著降低"（substantially lower）？争议焦点为如何理解侵犯知识产权罪的入罪门槛。

2.4.4.3　美国以零门槛方式对假冒商标和盗版行为提供刑事保护

传统上，侵犯知识产权的行为，如侵犯商标权的行为，都是通过民事程序而非刑事程序发起诉讼，但美国国会最终逐渐意识到假冒商标者常常将民事责任作为一种做生意的成本，并意识到有必要提高对假冒商标的威慑。❷ 美国现行商标法以1946年《兰汉姆法》为蓝本，1946年《兰汉姆法》并未规定假冒注册商标的刑事责任。1984年，美国国会通过1984年《商标假冒法案》（*Trademark Counterfeiting Act of 1984*），该法案对故意贩

---

❶ Economic and Trade Agreement Between the Government of the United States and the Government of the People's Republic of China.Article 1.7 [EB/OL]．（2020-01-15）[2023-05-24]．https：//ustr.gov/sites/default/files/files/agreements/phase%20one%20agreement/Economic_And_Trade_Agreement_Between_The_United_States_And_China_Text.pdf.

❷ GOLDSTONE D J, TOREN P J. The Criminalization of Trademark Counterfeiting [J]．Connecticut Law Review，1988，31：6.

卖假冒商品或服务的行为规定刑事制裁❶，构成该罪需要满足主观上故意且客观上实施贩卖假冒商品或服务的行为的条件，并无数额门槛要求。该商标刑事条款历经1994年、1996年、1997年、1998年、2002年、2006年、2008年、2011年、2012年和2016年数次修改，2016年美国国会通过2015年《跨国贩卖药品法案》（Transnationl Drug Trafficking Act of 2015），对假冒药品的规定作了相应修订。❷ 截至2020年3月，贩卖假冒商品或服务罪的实行行为包括以下四种：①故意假冒并贩卖商品或服务；②贩卖标识、容器……或任何类型的包装，知道假冒商标将附着其上，使用以上包装可能导致混淆，或导致错误，或欺骗；③故意假冒军事商品或服务；④故意假冒药品。实施或试图实施以上行为，即构成犯罪，若行为人为个人，处200万美元以下罚金或10年以下监禁，或并处；若为法人，处500万美元以下罚金。❸ 能够看出，贩卖假冒商品或服务罪无数额门槛。此外，还有不同情形下的加重刑罚，如实施以上四种行为，故意或疏忽大意导致或试图导致他人死亡，对个人应处500万美元以下罚金，或任何期限的监禁或终身监禁，或并处。❹

结合本书第7章第4.3节美国关于侵犯著作权罪的内容和上述内容，可知美国对盗版和假冒提供了较为严厉的刑事制裁，这表现在对于盗版和假冒行为不需要数额门槛。❺ 在满足故意的条件下，公诉机关即可对行为

---

❶ Trademark Counterfeiting Act of 1984.18 USC 2320. PUBLIC LAW 98-473-OCT.12, 1984. 98 STAT.2178.

❷ Transnationl Drug Trafficking Act of 2015. PUBLIC LAW 114-154-MAY 16, 2016.130 STAT.387-388. 限于讨论的重点，本文将不对1994—2012年的数次修改进行讨论。

❸ 18 USC §2320（a）.

❹ 18 USC §2320（b）（2）（B）.

❺ 《美国版权法》第506条对三种行为提供刑事制裁。其中，两种行为不需要数额门槛，特别是506（a）（1）（A）目，行为人只要是故意侵犯著作权，即使没有营利目的，也构成刑事犯罪。另外一种行为需要数额门槛，即506（a）（1）（B）目，但是506（a）（1）（B）目和506（a）（1）（C）目（该目也没有数额门槛）都是针对特定行为的。

人发动追诉,这种"零门槛"的刑事保护水平高于《TRIPS协定》的要求。美国的版权产业和著名品牌在国际上竞争力强大,美国也在不遗余力地向世界其他国家推行其高水平的知识产权刑事保护。

2.5　类型五:争议的两个面向

2.5.1　知识产权法有争议、刑法无视此争议

2.5.1.1　深层链接的规制

在"1000影视案"中,法院认为被告人的设链行为属于通过信息网络向公众传播,根据《侵犯知识产权刑事案件意见》,该行为是发行行为,构成侵犯著作权罪。❶ 该案分歧之一是加框链接能否纳入复制发行行为中❷,鉴于《刑法修正案(十一)》已经将信息网络传播行为从复制发行中独立出来,对于深层链接的刑法规制,本质上需要认定深层链接是否属于信息网络传播行为或破坏技术措施的行为。

在民事法律规范中,主流观点认为,设链行为不属于提供行为,不构成信息网络传播行为,应采用反不正当竞争法进行规范;若存在规避技术措施的行为,则属于著作权法上的违法行为。❸ 在刑事层面,实践中将设链行为理解为侵犯权利人的信息网络传播权,并将信息网络传播权解释为"复制发行",因此构成侵犯著作权罪。❹ 相关研究指出,将深层链接认定构成共犯存在现实障碍,司法解释的缺陷和刑法的谦抑性决定了入罪时应

---

❶ (2013)普刑(知)初字第11号刑事判决书。

❷ 曾粤兴,魏思婧.我国知识产权刑法保护现存问题分析与完善[J].知识产权,2017(10):84.

❸ 判决如(2016)京73民终143号民事判决书。理论研究如王迁.论提供"深层链接"行为的法律定性及其规制[J].法学,2016(10):23.

❹ 徐松林.视频搜索网站深度链接行为的刑法规制[J].知识产权,2014(11):26-31.

保持克制。❶ 后有研究欲将深层链接进行正犯化后纳入刑事制裁❷，也即采用共犯正犯化后的单独犯罪模式来规制深层链接行为❸。能够发现，对于深层链接是否应当入罪不仅在民事和刑事规范领域之间存在争议，在刑法内部也存在争议。

2.5.1.2 制作、出售假冒他人署名的美术作品

在美术作品上署名的所有四种情况：①行为人在自己创作的美术作品上署自己的名；②行为人在自己创作的美术作品上署上他人的名；③行为人在他人创作的美术作品上署上自己的名；④行为人在他人创作的美术作品上署上他人的名。

从假冒他人署名的行为来看，应当是假冒他人名字，而非用自己的名字（用自己的名字就不是假冒他人署名），那么第一种情况和第三种情况应当被排除。第四种情况看似也无太大争议，那么著作权法下"制作、出售假冒他人署名的作品"则指第二种情况，而第二种情况下，行为人的行为是对他人姓名权的侵犯。他人根本没有创作或通过其他方式成为该美术作品的著作权人，因而对该美术作品不享有任何权利，而行为人署上他人姓名，侵犯的是他人民法上的姓名权，此种情况多见于他人是该领域的名家，行为人想借用他人的名誉或声誉来提高其美术作品的价值。所以，著作权法下"制作、出售假冒他人署名的作品"侵犯的是他人的姓名权，而非著作权。

事实上，对于"假冒他人署名"存在两种对立解释，此处所指的"假冒他人署名"，应作狭义解释，应当是第三种情况，即在他人创作的美术作品上署自己的名。❹ 但是，署上自己的名，属于"假冒他人署名"吗？一般情况下，该条规制的是行为人在自己的美术作品上署上他人的名，侵

---

❶ 林清红，周舟.深度链接行为入罪应保持克制[J].法学，2013（9）：152-159.
❷ 刘科.网络链接行为构成犯罪的定罪思路评析[J].刑法论丛，2017，50（2）：70-86.
❸ 王冠.深度链接行为入罪化问题的最终解决[J].法学，2013（9）：142-151.
❹ 龚培华.侵犯知识产权犯罪构成与证明[M].北京：法律出版社，2004：110.

犯的客体是他人的姓名权和名誉权，而非著作权。❶应指出，知识产权法学者内部对该条款有较多争议，而刑法将其纳入制裁。

2.5.2 知识产权法无争议、刑法有争议

对于注册商标的范围，商标法无争议，而刑法有争议，在针对注册商标的犯罪中屡屡出现适用上的冲突。

2.5.2.1 注册商标是否包括服务商标？

在相关判决中，法院对于侵犯注册商标权犯罪中"注册商标"是否包含服务商标得出截然相反的结论。在最高人民法院发布的2015年知识产权典型案例中，法院指出"侵犯注册商标的犯罪的对象只能是注册商标（实指商品商标，笔者加），不包括服务商标"。❷ 在"李某某非法制造注册商标标识罪案"中，法院将擅自制造权利人服务商标标识的行为纳入规制范围，即承认《刑法》第215条下的"注册商标"涵盖服务商标。❸

理论层面，各方观点各异。假冒服务商标同样可能构成假冒注册商标罪❹，鉴于《TRIPS协定》的要求，服务商标应当纳入假冒注册商标罪的规制范围之内❺。虽然商品商标和服务商标在识别对象、适用领域和使用方式等方面存在差异，但二者具有相同特征，即二者均为用于区别商品或服务的可视性标志，标示商品或服务来源，且在流通领域发挥着重要作用，因

---

❶ 张泗汉. 关于侵犯著作权的犯罪的若干问题［J］. 法律适用，1995（7）：7.

❷ （2014）鼓刑初字第461号刑事判决书。

❸ （2016）豫01刑初131号刑事判决书。

❹ 马克昌. 经济犯罪新论：破坏社会主义经济秩序罪研究［M］. 武汉：武汉大学出版社，1998：492. 高铭暄，张杰. 国际法视角下商标犯罪刑法适用若干疑难问题探析［J］. 江苏警官学院学报，2008（3）：6-7. 该研究指出，商标犯罪中的"注册商标"包括服务商标。周道鸾. 假冒注册商标犯罪的法律适用［J］. 法学杂志，1998（5）：7.

❺ 赵秉志，田宏杰. 侵犯知识产权犯罪比较研究［M］. 北京：法律出版社，2004：129. 应注意，该学者对假冒注册商标罪是否可以规制假冒注册服务商标的行为的看法发生了变化，其在1999年指出，假冒注册商标罪仅规制商品商标而不包括服务商标。参见：赵秉志. 侵犯知识产权犯罪研究［M］. 北京：中国方正出版社，1999：92.

而服务商标能够成为假冒注册商标罪的规制对象。从文意与法意相统一原则和历史与现实相统一原则出发，对商品进行扩张解释。❶可金钱量化的服务本质就是商品，服务商标与商品商标实为一致，况且《TRIPS 协定》第 16 条对商标的保护包括商品商标和服务商标，在第 61 条提供刑事救济。我国《商标法》已经规定了关于商品商标的规定适用于服务商标并提供刑事救济，因此服务商标应被纳入假冒注册商标罪所规制的对象中。❷相反观点认为，假冒注册商标罪没有规定假冒注册服务商标的实行行为，同时商品商标和服务商标区别明显，假冒注册商标罪不能涵盖服务商标。❸服务商标的特点使其不应受到刑事制裁，相对于商品商标，服务商标具有更强的公开性，易被发现和处理，刑法应保持谦抑性，不应介入。❹

当然，随着《刑法修正案（十一）》将服务商标纳入假冒注册商标罪制裁的范畴，关于假冒注册商标罪是否应规制服务商标的上述争议也随之解决。但《刑法》第 214 条和第 215 条的商标犯罪，是否包括服务商标标识至今仍未得到确认。

2.5.2.2 注册商标是否包括集体商标？

2009 年最高人民法院刑事审判第二庭《关于集体商标是否属于我国刑法的保护范围问题的复函》指出，因为《商标法》第 3 条中的"注册商标"包括集体商标，所以《刑法》第 213 条至第 215 条的"注册商标"应当涵盖集体商标。山西某公司实施的假冒"镇江香（陈）醋"集体商标的行为，涉嫌触犯《刑法》第 213 条至第 215 条的规定。最高人民法院通过复函表明《刑法》第 213 条至第 215 条中的"注册商标"包括集体商标，

---

❶ 张红艳. 管窥假冒注册商标罪的两个问题 [J]. 中国工商管理研究, 2003（10）: 50-51.
❷ 张本勇. 侵犯知识产权犯罪司法认定若干问题研究 [J]. 上海大学学报（社会科学版）, 2007（5）: 134.
❸ 柏浪涛, 谷翔. 假冒注册商标罪疑难问题研究 [J]. 法律适用, 2004（7）: 58.
❹ 霍文良, 张天兴. 侵犯商标权犯罪的司法认定 [J]. 知识产权, 2014（6）: 31.

该复函对于司法实践有重要的参考，但并不起决定作用。在司法实践中，对于"注册商标"是否包括集体商标仍存在诸多争议。

2.5.2.3 注册商标是否包括证明商标？

在"深圳市艾某某塑胶电子有限公司等假冒注册商标案"中，法院指出，因为《商标法》第3条规定了证明商标，因而《刑法》第213条至第215条的"注册商标"涵盖证明商标。❶ 在"张某和陈某假冒注册商标罪案"中，美国UL安全实验室在我国是UL证明商标的权利人，被告人张某和陈某在该证明商标核定使用的商品上使用该证明商标，深圳市中级人民法院判决被告人构成假冒注册商标罪。研究指出，不应机械地以刑法规定假冒注册商标罪时没有证明商标来确定其调整对象，将证明商标纳入假冒注册商标罪的调整对象不违反罪刑法定原则。❷

在陈某某假冒注册商标、销售假冒注册商标的商品案中，被告人提出如下抗辩，即《刑法》第213条和第214条中的"注册商标"是指商品商标，而权利人美国UL安全实验室的"UL"和"RU"商标为证明商标，故不构成犯罪。❸ 因为此案只涉及《刑法》第213条和第214条两罪，法院只对此两罪中的"注册商标"的范围进行了认定。一审法院指出，由于《商标法》第3条第1款规定了证明商标，因而《刑法》第213条和第214条中的"注册商标"包含证明商标。二审法院似乎有意避开刑法是否保护证明商标的问题，指出权利人将"UL"和"RU"商标注册在第9类商品上，被控侵权商品与核定使用的商品为同一种商品，且在该同一种商品上使用了相同商标。但是二审法院忽视了证明商标和商品商标之间的区别，如该注册人不得在其提供的商品上使用该证明商标❹，二审法院并没有回答

---

❶ （2012）深宝法知刑初字第5号刑事判决书。
❷ 祝建军.证明商标应是假冒注册商标罪调整范畴[N].人民法院报，2014-09-18（007）.
❸ （2014）中中法知刑终字第4号刑事裁定书。
❹ 2003年《集体商标、证明商标注册和管理办法》第20条。

《刑法》第 213 条和第 214 条中的"注册商标"的保护范围问题。

2.6 类型六：立法上将相关行为入罪的正当性考察

前五种类型属于从解释论角度出发，来准确界定侵犯知识产权行为的入罪标准，从而划定侵犯知识产权行为民事侵权和刑事犯罪的界限。法律一经制定，便获得了独立的文本意义，解释者应当在法秩序统一的视角下，尽可能地使法规范呈现出协调的局面，本书的重心当然也是在现行知识产权民事责任和刑事责任框架内探讨二者之界限。

不可否认，由于立法技术等缘故，立法必然存在瑕疵。面对此种瑕疵，法律虽固然可以适用，但由于其本身的缺陷，也会有损法律的尊严。特别是作为保障法的刑法，其制裁手段之严厉，对行为予以入罪时应当非常审慎。从知识产权刑事犯罪的立法论角度来看，立法者应当注重对知识产权相关行为予以入罪进行正当性考察。侵犯知识产权罪历经 23 年首次修订，虽然司法解释对侵犯知识产权罪本身的解释缓解了此种滞后性，但司法解释也出现了不协调、不周延，甚至超越了刑法文本的问题。本书将在第 7 章结合本书所确定的界限标准，对未来侵犯知识产权罪的立法提供框架性安排。

2.6.1 违反保密义务侵犯商业秘密的行为不应入罪

《刑法修正案（十一）》将"违反约定侵犯商业秘密"修改为"违反保密义务侵犯商业秘密"，后者更加具体，但本质上仍属于约定型保密义务，在将何种侵犯商业秘密的行为纳入刑事制裁的过程中，我国的立法者采取了较为激进的做法，即将反不正当竞争法中关于侵犯商业秘密的条文全部安放在侵犯知识产权罪之下。本书认为，其原因可能在于侵犯商业秘密的立法本身偏简略，区分不同类型侵犯商业秘密行为的不同危害难度较大，为节约立法成本，立法者便采取了上述简易的方式，但这种方式可能会将某些社会危害性不大的侵犯商业秘密行为纳入刑事制裁,故有必要重新审视其入罪的正当性。

针对侵犯商业秘密罪的前两种行为,[《刑法》第219条第1款第(一)项、第(二)项]大多数国家或地区将其纳入刑法规制的范畴,但是该罪第(三)项行为规定,违反保密义务或保守商业秘密的要求,披露等使用商业秘密,情节严重的,构成侵犯商业秘密罪。事实上,此种行为属于违约行为,民法本身即可解决,刑法介入的正当性存疑。

2.6.2 刑法上商标使用功能性缺失可能导致的合法行为入罪化

商标使用的一项重要功能是识别商品来源,若使用商标的行为不会发生识别商品来源的功能,则一般也不会导致消费者产生混淆,因此也不会导致侵犯商标专用权的行为。《侵犯知识产权刑事案件解释》依据2002年《中华人民共和国商标法实施条例》(以下简称《商标法实施条例》),基本上原封不动地借用了关于商标使用的规定,当时对于商标使用并无识别商品来源的限制。但2013年《商标法》吸收了2002年《商标法实施条例》关于商标使用的规定,并加入识别商品来源的功能限制,而《侵犯知识产权刑事案件解释》一直未作任何变动。2019年《商标法》仍沿用2013年《商标法》的规定。

若刑法上的商标使用不需要发挥识别商品来源的功能,从理论上讲,公安机关和检察院在对某项行为移送起诉和提起公诉时,不会考虑该项行为是否构成侵犯商标专用权的行为。以涉外定牌加工为例,《侵犯知识产权刑事案件解释》第8条第2款未规定商标使用需具备"识别商品来源"的功能,此时涉外定牌加工行为显然属于在同一种商品上使用与权利人注册商标相同的商标,达到相应情节,当然构成假冒注册商标罪。但在商标法领域,从产业政策、司法判决和学术研究来看,倾向性的观点认为涉外定牌加工不构成侵犯商标专用权的行为。因而,这就导致对涉外定牌加工而言,商标法可能将其认定为合法行为,而刑法可能将其认定为假冒注册商标罪,故刑法上商标使用功能性的缺失可能导致商标法上的合法行为会被入罪处理。

第 3 章　确定界限的标准：理论学说、哲学方法和原则

虽然刑事法律和民事法律之间的区别长期占据着法律的中心，但是在确定这种区分的来源和边界上，几乎没有什么进步。19 世纪，功利主义者认为区分侵权和犯罪（tort and crime）没有意义。约翰·奥斯汀声称，公和私的划分一概地适用于所有法律。边沁指出，在惩罚和赔偿之间，没有实质性的不同，因为所有的制裁都是惩罚性的，民事制裁更加痛苦，因此比刑事制裁更加具有惩罚性。霍姆斯认为，刑事责任和民事责任的一般原则是一样的。霍尔不认同刑法和侵权法存在潜在统一性的观点，理由是，刑事法律包含道德的方面，而民事法律并不包括。[1]本章将以大陆法系和英美法系为划定民事侵权和刑事犯罪的界限为起点，探讨确定界限的理论学说、哲学方法和原则。

3.1　大陆法系下犯罪化的理论学说及在界分层面上存在的难题

在大陆法系下，对民事侵权和刑事犯罪进行界分的主要是法益侵害说、规范违法说和社会危害性理论，也存在其他理论学说，但日渐式微。

---

[1] MOOHR G S. The Crime of Copyright Infringement: An Inquiry Based on Morality, Harm, and Criminal Theory [J]. Boston University Law Review, 2003, 83: 747-748.

例如，权利侵害说代表人物费尔巴哈指出，刑罚是为维护外在权利而构成的，违法不会受到国家处罚，而犯罪必然受到国家处罚。根据犯罪轻重及审判方式，基于对国家和个人的犯罪和违警罪❶，"权利侵害说"找到了区别犯罪与不道德、一般违法的路径，但因为抽象的权利无法和犯罪行为直接关联，而备受之后学说质疑。❷

3.1.1　法益侵害说

3.1.1.1　法益侵害说在界分上的作用

在德国，比恩鲍姆（Birnbaum）于1834年将利益（Gut）的概念引入刑法，宾丁（Binding）提出了法益（rechtsgut）概念。❸李斯特指出，法益包括个人利益和集体利益，这些利益都是生活利益，犯罪是特别危险的侵害法益的不法行为。❹德国著名刑法学家克劳斯·罗克辛指出，法益原则使国家刑事化权力的界限明显化，刑法仅保护法益的一个部分。❺在日本，大塚仁指出，犯罪对包含着其侵害、威胁的形式的法益的侵害、威胁，也必须是对一定法义务的违反，❻即折中说（"法益侵害说+规范违反说"）。事实上，德国和日本学界对于刑法的目的已经达成一致，即维护法益，并将单纯反社会伦理而无外部侵害性的行为排除在犯罪之外。❼在我国，所谓法益侵害说，即犯罪是对法所保护的生活利益的侵害或引起的危险（或

---

❶ 安塞尔姆·里特尔·冯·费尔巴哈．德国刑法教科书［M］．14版．徐久生，译．北京：中国方正出版社，2010：31-35．

❷ 马春晓．法益理论的流变与脉络［J］．中德法学论坛，2017（2）：100-101．

❸ 冈特·施特拉滕韦特，洛塔尔·库伦．刑法总论I：犯罪论［M］．杨萌，译．北京：法律出版社，2006：29-30．

❹ 李斯特．德国刑法教科书［M］．徐久生，译．北京：法律出版社，2006：6-8．

❺ 克劳斯·罗克辛．德国刑法学总论：第一卷［M］．王世洲，译．北京：法律出版社，2005：17-23．

❻ 大塚仁．刑法概说：总论［M］．3版．冯军，译．北京：中国人民大学出版社，2002：92．

❼ 丁慧敏．刑法目的观转变简史——以德国、日本刑法的祛伦理化为视角［J］．环球法律评论，2011，33（2）：61-69．

威胁），违法性的实质是对法益的侵害或威胁。❶

在中国、德国和日本，通说认为，犯罪的本质是法益侵害。法益的价值不可等同于行为人造成的实际损害的价值，而与对社会共同生活有影响的利益的价值相关，犯罪与民法的违法行为的区别，是质量的不同，而非数量的不同。❷ 法益概念限定刑法边界的功能与自由主义密切相关，即刑法只能被谦抑、例外地使用。❸

3.1.1.2 界分难题

将法益侵害说用于界分民事侵权和刑事犯罪，存在以下界分难题。

第一，法益具有模糊性、不确定性。正如克劳斯·罗克辛所指出的，法益概念具有可变性，法益概念是向特别的历史和经验性知识逐步开放的。❹ 刑法对社会中最重要的利益给予保护，但法益概念无法回答何种领域的哪些利益最重要，即使从宪法上求助于先于立法者存在的利益这一做法，也导致宪法上的价值和法益含糊、不明确，具有解释上可操作的空间。❺ 以刑法规定的前后为时间点，在此之前的先刑法法益，概念上是无限的，立法者可以根据需要采用法益来定义犯罪；而在此之后的后刑法法益，在概念上是有限的，法益只能根据行为构成去定义犯罪。❻

尽管作出种种努力，学界仍未更清楚地澄清法益的概念。相反，只有涉及生命和自由等个体利益时，法益才具有内容；若涉及公共利益和宗教

---

❶ 张明楷．法益初论［M］．北京：中国政法大学出版社，2000：269-271．

❷ 汉斯·海因里希·耶塞克，托马斯·魏根特．德国刑法教科书［M］．徐久生，译．北京：中国法制出版社，2001：65-66．

❸ 埃里克·希尔根多夫．德国刑法学：从传统到现代［M］．江溯，黄笑岩，等译．北京：北京大学出版社，2015：232．

❹ 克劳斯·罗克辛．德国刑法学总论：第一卷［M］．王世洲，译．北京：法律出版社，2005：16．

❺ 埃里克·希尔根多夫．德国刑法学：从传统到现代［M］．江溯，黄笑岩，等译．北京：北京大学出版社，2015：232-234．

❻ 高仕银．法益的无限性与有限性——以计算机诈骗行为的分析为例［J］．中国刑事法杂志，2011（12）：21．

法秩序等普遍法益时，此时的法益概念仅代表量刑时的思想。❶法益概念仅为利益披上法的外衣，未能界定法益的实质内容。同社会危害性理论一样，法益侵害说无法区分刑法和民法等部门法，无法区分罪与非罪，故法益成为模棱两可的概念。❷

第二，侵害法益的行为不一定都构成刑事犯罪，也可能构成民事侵权或行政违法，此时法益侵害说并不能界定民事侵权和刑事犯罪之间的界限。正如日本学者大谷实所言，把一切侵害法益的行为都定为犯罪并无必要，将不能放任不管的、应予以刑罚处罚的行为作为犯罪即可。❸刑法并非将所有侵害重要法益的行为都作为刑罚处罚对象，这与民法有明显差异。❹

3.1.2 规范违反说

3.1.2.1 规范违反说在界分上的作用

规范违反说认为，犯罪是对法规范、社会同一性和公众规范认同感的侵犯。在认定犯罪时，存在规范被期待、被确保和被证实三个步骤。❺该学说主要包括以下主张：违法即违反规范，规范可能是刑法规范、文化规范或社会伦理规范；刑法是最低限度伦理；违法性的判断基准是行为本身的无价值，即行为的样态，行为人的身份或行为人在实施行为时的心情等。❻

---

❶ 冈特·施特拉腾韦特，洛塔尔·库伦.刑法总论I：犯罪论［M］.杨萌，译.北京：法律出版社，2006：30.

❷ 刘四新，郭自力.法益是什么——法社会学与法经济学的解答［J］.浙江大学学报（人文社会科学版），2008（6）：104.

❸ 大谷实.刑法总论［M］.黎宏，译.北京：法律出版社，2003：69.

❹ 西田典之.日本刑法总论［M］.刘明祥，王昭武，译.北京：中国人民大学出版社，2007：23.

❺ 周光权.规范违反说的新展开［J］.北大法律评论，2003（00）：413.

❻ 于改之.刑民分界论［M］.北京：中国人民公安大学出版社，2007：122-123.

雅各布斯指出，刑法是保护规范适用的理论，行为是对规范适用的损害，刑罚是对这种损害的清除。❶ 犯罪的本质是对规范的破坏，国家通过刑罚保障规范的有效性，引导国民对规范予以信赖和忠诚。❷ 刑罚是为保障公众遵守刑法上的举止规范，是对规范违反的谴责，且刑罚明确表明，即使相关人员违反此种举止规范，该种规范仍有效。❸ 就刑法保护何种主体而言，有研究指出，刑法保护守法者，而非人民、犯罪人和被害人，守法者是规范的代言人，蕴含了规范本身的目的与精神，对刑法而言，某种事实上的法益是否受损不重要，重要的是该主体应当像真正守法者那样行事。❹ 在某种程度上讲，刑法是在保护法规范。

应指出，就犯罪的本质而言，法益侵害说和规范违反说存在争议。有研究者试图对二者进行调和，如大谷实指出，犯罪的本质是违反社会伦理规范的侵害法益的行为❺，仅仅对法益有侵害或危险仍不够，还需违反社会伦理规范❻。

3.1.2.2 界分难题

将规范违反说用于界分民事侵权和刑事犯罪，存在以下界分难题。

第一，亲伦理易导致界限模糊。研究指出，将刑法用来维护社会伦理，易导致没有侵害或威胁法益的行为入罪，使得刑法适用的界限模糊。例如，日本刑法最终废除通奸罪，且不对卖淫设置处罚，其不干涉违反性伦理的行为❼，在没有法益作为支撑的情况下，将某种伦理规范入罪将构成

---

❶ G.雅各布斯.刑法保护什么：法益还是规范适用？[J].王世洲，译.比较法研究，2004（1）：107.

❷ 吴情树.京特·雅科布斯的刑法思想介评[J].刑法论丛，2010，21（1）：464.

❸ 乌尔斯·金德霍伊泽尔.刑法总论教科书[M].6版.蔡桂生，译.北京：北京大学出版社，2015：41-42.

❹ 何庆仁.刑法保护谁——关于刑法任务的一种追问[J].刑法论丛，2010（2）：135.

❺ 大谷实.刑法总论[M].黎宏，译.北京：法律出版社，2003：70.

❻ 大谷实.刑法讲义总论[M].2版.黎宏，译.北京：中国人民大学出版社，2008：36.

❼ 黎宏.日本刑法精义[M].2版.北京：法律出版社，2008：30.

对国家、对市民社会的入侵。正如有研究者指出，规范违反虽不等于伦理规范的违反，但由于规范违反非常重视社会伦理和道德，规范违反的肌体内很难不流淌"伦理道德"的血液，而伦理价值观具有易变性和多样性，内涵和界限极不明确，单纯依据伦理道德来划定民事、刑事不法的范围，几乎无法成行。❶

第二，违反规范的行为不一定都构成刑事犯罪，也可能构成民事侵权或行政违法。正如法益侵害说在界分问题所遇到的难题一样，规范违反说并不能说明将某种行为入罪的合理性。事实上，在界分问题上，规范违反说要弱于法益侵害说。法益侵害说中的"法益"可以在入罪问题上限制立法者恣意妄为，具有限制立法的功能，也即立法者在将某种行为入罪时，应当向全体国民回答该行为侵犯了何种法益的问题。在规范违反说视野下，立法者在对某种行为进行入罪时，需向国民回答此种行为违反了何种法规范的问题。从二者的回答可以看出，法益能够更大程度限制刑事立法者的立法行为，无论此种法益来自事实法益（如生命、自由），还是来自宪法上的法益（如宪法规定保护公民的财产权）；而何为法规范，似乎并不明确。

3.1.3　社会危害性理论

3.1.3.1　社会危害性理论在界分上的作用

我国刑法沿袭苏联并吸收了社会危害性理论。我国传统刑法理论被称为社会危害性理论，社会危害性是我国传统刑法的基石性概念。❷

研究指出，应从实质标准和法律标准来确定破坏社会主义市场经济秩序罪的罪与非罪的界限。罪与非罪界限的实质标准是社会危害性及程度，

---

❶ 于改之. 刑民分界论［M］. 北京：中国人民公安大学出版社，2007：127.

❷ 储槐植，张永红. 善待社会危害性观念——从我国刑法第13条但书说起［J］. 法学研究，2002（3）：87.

若社会危害性程度低，则不构成犯罪；若没有社会危害性，则是正当行为。罪与非罪界限的实质标准通过犯罪构成得以体现，即法律标准，主要考虑行为是否违反某种法规、情节是否严重、数额是否较大或巨大，以及后果是否严重。实质标准决定法律标准，实质标准必须通过法律标准予以确定才能作为定罪量刑的依据。社会危害性是区分罪与非罪的实质标准，刑事违法性是法律标准，❶ 即表现形式上是否具有刑事违法性，社会危险性上是否达到严重程度。❷

3.1.3.2 界分难题

将社会危害性用于界分民事侵权和刑事犯罪，存在以下界分难题。

第一，现代意义的"社会危害"，指社会机能障碍的现象，或阻碍现代社会制度有效运转的现象，但这个概念与其他类似概念一样，无法为立法者提供划分罪与非罪的标准。❸ 相较于法益侵害，社会危害的内在含义过于宽泛。在解释将何种行为从侵权纳入犯罪时，社会危害这一概念几乎无法提供助益。在我国，社会危害性发挥着类似三阶层中违法性的实质判断功能，但其又作为犯罪的本质特征游离于四要件的犯罪构成之外，从而成为凌驾于犯罪成立条件之上、对犯罪是否成立具有决定作用的功能性概念，使四要件不具有封闭性。❹

第二，社会危害性是构成犯罪的必要非充分条件，侵权行为或行政违法行为同样具有社会危害性，但不构成犯罪，社会危害性无法成为界分问题清晰的标准。正如有研究指出，犯罪和一般违法行为同样具有社会危险性，二者本质区别不在于社会危害性的有无，而在于刑事违法性的有无，

---

❶ 马克昌. 经济犯罪新论：破坏社会主义经济秩序罪研究 [M]. 武汉：武汉大学出版社，1998：26-35.

❷ 赵秉志, 田宏杰. 侵犯知识产权犯罪比较研究 [M]. 北京：法律出版社，2004：62.

❸ 杜里奥·帕多瓦尼. 意大利刑法学原理 [M]. 陈忠林, 译评. 北京：中国人民大学出版社，2004：74.

❹ 陈兴良. 走向学派之争的刑法学 [J]. 法学研究，2010（1）：146.

社会危害性和应受刑罚惩罚性分别确定刑事违法的性质和程度。[1]

3.2 英美法系下犯罪化的理论学说及在界分层面上存在的难题

在英美法系下，关于应将何种行为纳入刑事保护的学说主要有损害原则和冒犯原则。乔尔·范伯格指出，作为刑事立法的良好依据，除了约翰·密尔所持的损害原则外[2]，还存在以下三种原则：冒犯原则、法律家长主义原则、法律道德主义原则。其中，冒犯原则为"道德罪行"提供支持，如公开猥亵行为、不雅的身体暴露、传播或贩卖淫秽物品；法律家长主义原则对以下行为予以刑事制裁提供正当性，如自伤、自杀、醉酒和赌博等；法律道德主义原则对以下行为予以刑事制裁提供正当性，如同性性行为、性变态、通奸、重婚和现场色情表演等。[3]

3.2.1 损害原则

3.2.1.1 损害原则在界分上的作用

约翰·密尔认为，社会干涉自由的唯一目的是防止对他人的危害[4]，也即损害原则，该原则为外界权力限制个人自由提供了正当性基础。[5] 约翰·密尔认为，干涉自由的界限是为了防止对他人的危害，这种危害或损害的外延非常广泛。乔尔·范伯格作为自由主义的追随者，指出损害包括

---

[1] 王昭武. 经济案件中民刑交错问题的解决逻辑 [J]. 法学, 2019 (4): 10-11.

[2] 约翰·密尔认为, 损害原则是国家干涉自由的唯一原则.

[3] 乔尔·范伯格. 刑法的道德界限（第一卷）: 对他人的损害 [M]. 方泉, 译. 北京: 商务印书馆, 2013: 12.

[4] 约翰·密尔. 论自由 [M]. 许宝骙, 译. 北京: 商务印书馆, 1959: 10.

[5] 吴海燕. 密尔《论自由》及其对中国社会转型的启示 [J]. 浙江学刊, 2013 (1): 146.

两个方面，即不法行为对利益的阻碍和阻碍利益的不法行为。❶乔尔·范伯格进一步将利益分为终极利益和福利性利益，前者如解决重大科学难题和推动社会正义等，后者如身体完整和功能正常、没有痛苦和灾难、最低限度的收入干涉和强制下的有限自由等。若福利性利益受阻或受损，人就会遭受严重损害，进而影响终极利益的实现；反之则不然。在乔尔·范伯格看来，对福利性利益的侵扰，是极为严重的损害。❷

损害原则认为，刑事立法能有效防止对行为人之外的人的损害，且无其他方法与该原则（即损害原则）同样有效且低成本。❸也有研究指出，损害原则包含三个因素：其一，普通的制裁已经无法威慑此种损害；其二，个人所遭受的损害必须涉及更大团体的利益；其三，惩罚只有"排除更大的恶"，才能被证明是正当的。这三个因素被用来证明刑事制裁的正当性：对个人的损害牵涉社会利益或对知识产权政策带来直接伤害，只有当民事制裁失败后，刑事制裁才是合适的，即使在这种情况下，也有必要首先来评价刑事化对其他社会政策的可能影响。❹

3.2.1.2 界分难题

与大陆法系下的法益侵害说、规范违反说和社会危害性理论类似，对于民事侵权和刑事犯罪，损害原则也存在界分上的难题。

应指出，约翰·密尔视角下的损害原则，具有最大范围的解释力，即造成损害构成对自由限制的唯一理由，这为自由提供了广阔的范围，因为没有边界即没有自由。但是造成损害能对多种现象予以解释，如因故意侵

---

❶ 乔尔·范伯格. 刑法的道德界限（第一卷）：对他人的损害 [M]. 方泉，译. 北京：商务印书馆，2013：36.

❷ 乔尔·范伯格. 刑法的道德界限（第一卷）：对他人的损害 [M]. 方泉，译. 北京：商务印书馆，2013：36-38.

❸ 乔尔·范伯格. 刑法的道德界限（第一卷）：对他人的损害 [M]. 方泉，译. 北京：商务印书馆，2013：28.

❹ Geraldine Szott Moohr.The Crime of Copyright Infringement:An Inquiry Based on Morality, Harm, and Criminal Theory [J].Boston University Law Review, 2003, 83: 752-764.

权导致他人财产受损,则当被侵权人请求法院保护时,法院依据损害原则,可限制侵权人的财产自由;如当行为人违反社会秩序或管理规范时,执法机关能够依据损害原则对行为人的人身、财产的自由予以限制;如当行为人故意剥夺他人生命时,公诉机关可以依据损害原则,要求法院同等地剥夺行为人的生命。那么,依据针对某一侵犯知识产权的民事侵权行为而言,社会可以在何种情况下对行为人的财产和人身自由进行限制?约翰·密尔视野下的损害原则无法提供清晰的答案。

当然,乔尔·范伯格语境下的损害原则对约翰·密尔的损害原则进行一定程度的限缩,即刑事立法的介入应当是成本更低的、能够有效防止损害的一种解决方案。应当说,此时的损害原则已经初具确定界限的雏形,但乔尔·范伯格并未指出,运用何种手段来证明刑法对自由的介入是最小的成本。

3.2.2 冒犯原则

3.2.2.1 冒犯原则在界分上的作用

冒犯原则认为,刑事立法对以下行为是有必要的,即防止对行为人之外的人的严重冒犯,同时刑事立法也是结束该冒犯的有效途径。[1] 约翰·密尔对自由极度捍卫,其认为个人行动只要不涉及自身以外的其他人,个人就不必要向社会负责,社会所能采取的正当步骤仅限于忠告、指教等[2],社会采用刑法手段则是对自由的侵犯,是被禁止的。而乔尔·范伯格则认为,损害原则和冒犯原则能够穷尽刑事禁止的全部正当根据[3],即损害原则不是唯一为刑事制裁提供正当性的道德理据。乔尔·范伯格指出,可以用

---

[1] 乔尔·范伯格.刑法的道德界限(第二卷):对他人的冒犯[M].方泉,译.北京:商务印书馆,2014:8.

[2] 约翰·密尔.论自由[M].许宝骙,译.北京:商务印书馆,1959:112.

[3] 乔尔·范伯格.刑法的道德界限(第三卷):对自己的损害[M].方泉,译.北京:商务印书馆,2015:13.

以下标准用来衡量冒犯的严重程度，即冒犯的幅度❶、合理避免标准、同意原则和异常敏感性的折减。❷

除冒犯原则外，对应将何种行为纳入刑事保护，还存在法律家长主义原则和法律道德主义原则。法律家长主义原则认为，刑事立法对防止行为人本人（生理的、心理的或经济上的）的损害可能是必要的。根据自愿性与否和自愿性所起的作用不同，法律家长主义分为硬家长主义（也可称强势家长主义）和软家长主义（也可称弱势家长主义）两种。前者认为，为保护行为人免受自愿选择的损害，刑法即使违背行为人的意愿，也有必要介入；后者认为，仅当行为是非自愿时，法律可以暂时予以干涉。❸法律道德主义认为，即使行为未造成损害和冒犯，但根据行为固有的非道德性，禁止该行为在道德上合法。❹有研究指出，冒犯原则与法律道德主义原则存在紧张关系，冒犯原则一旦纳入深度冒犯❺，则滑向法律道德主义，行为引起冒犯的原因，不在于其对人造成的心理冲击，而是其不道德性。❻应当指出，法律家长主义原则和法律道德主义原则作为支持将特定行为纳入刑事制裁的理据招致较多批评，主流学说仍是损害原则和冒犯原则。

3.2.2.2　界分难题

相对于损害原则，冒犯原则在确定刑法的界限上走得似乎更远。冒犯原则认为，通过相关标准能够确定冒犯的严重程度，包括冒犯的方式是

---

❶ 冒犯的幅度包括强度、持久度和广度三个方面，越是以强烈方式实施、越持久和对冒犯的感受越普遍，则冒犯就越严重。

❷ 乔尔·范伯格．刑法的道德界限（第二卷）：对他人的冒犯［M］．方泉，译．北京：商务印书馆，2014：38．

❸ 乔尔·范伯格．刑法的道德界限（第三卷）：对自己的损害［M］．方泉，译．北京：商务印书馆，2015：11-28．

❹ 乔尔·范伯格．刑法的道德界限（第四卷）：无害的不法行为［M］．方泉，译．北京：商务印书馆，2015：16．

❺ 事实上，乔尔·范伯格所言的冒犯原则主要就是针对严重冒犯，或称深度冒犯。

❻ 郑玉双．为犯罪化寻找道德根基——评范伯格的《刑法的道德界限》［J］．政法论坛，2016，34（2）：190．

否以更加强烈的方式进行、是否采用更加持久的方式、是否更加普遍、是否无法避免、是否存在同意和是否在正常情况下发生的。当然，应当承认当冒犯的行为符合以上测试标准时，则构成乔尔·范伯格语境下的深度冒犯，刑法的介入具有正当的道德基础。

也有研究者指出，可将乔尔·范伯格提出的限制自由原则（损害原则和冒犯原则）作为犯罪正当化的最低要求，满足以上限制自由的两原则未必可入罪（如应受行政处罚的违法行为），而不满足则不应当入罪（如私下淫秽行为）。❶

但应当指出，此处的冒犯原则的对象主要涉及公众的道德情感，以及与色情和淫秽有关的社会伦理、社会风尚，对于对象的限制，也与乔尔·范伯格整体描绘的刑法介入的学说有关，❷其限制了冒犯原则的解释力，使得冒犯原则对刑法边界的关注集中于道德领域，而对侵犯知识产权这类经济犯罪便无法提供界分的指引。

3.3 确定界限应采理论学说："法益侵害说+损害原则"

上文指出，损害原则为有效防止损害提供了解决方案，但未指明这种损害到底是何种形式的损害，而法益侵害说为此提供了答案，即法益。因而本书认为，对于确定侵犯知识产权行为的民事侵权和刑事犯罪的界限而言，应当采用"法益侵害说+损害原则"，二者的结合为确定界限提供了理论支持。

在确定以上学说后，有两个问题需要解决：其一，当刑法对侵犯知识

---

❶ 方泉.犯罪化的正当性原则——兼评乔尔·范伯格的限制自由原则[J].法学，2012（8）：121.

❷ 乔尔·范伯格在刑法的道德界限四卷本中，分别以损害原则、冒犯原则、法律家长主义原则和法律道德主义原则，为刑事立法提供哲学依据。

产权行为进行制裁时，该侵犯知识产权行为侵害了何种法益？其二，对反对采用该理论之学说进行回应。

3.3.1 对象的确立：侵犯财产罪而非破坏市场经济秩序罪

侵犯知识产权的行为侵犯的必然是私权，法益侵害说并不能确定侵犯知识产权行为的民事侵权和刑事犯罪的界限，但可以将该侵权行为纳入司法保护的视野范围。至于是侵害民事权益还是刑法上的法益，法益侵害说则无法提供指引。学界通说认为，侵犯知识产权罪侵犯的法益是社会主义市场经济秩序和私权，本书认为应对此予以修正。首先，侵犯知识产权罪侵犯的法益是单一法益，而非双重法益；其次，应进一步细化该单一法益，即从私权到知识产权权利人的对象（作品、专利技术、商标和商业秘密）的市场价值。基于此，本书认为，在我国刑法体系下，侵犯知识产权罪不应属于破坏社会主义市场经济秩序罪，而应属于侵犯财产罪，故应将侵犯知识产权罪从"破坏社会主义市场经济秩序罪"移至"侵犯财产罪"下。

3.3.1.1 知识产权是纯粹私权

知识产权是一项市场经济权利，是产业、文化和技术综合的产物。在知识产权主要权利类别中，除著作权同时包含著作人身权和著作权财产权外，专利权、商标权和商业秘密利益都为纯粹的经济权利或利益。针对著作人格财产一体性的现象，有学者指出，作者权利是人格权这一观点始自康德，随后法国的浪漫主义文学运动使其接受了德国的理论，从而建构了"精神权利"的概念，但后现代主义开始挑战作者中心的地位，认为作品独立于作者，有其独立价值，因而人格权的混入实属偶然，知识产权的本性是纯粹的财产权。❶

---

❶ 李琛. 质疑知识产权之"人格财产一体性"[J]. 中国社会科学, 2004（2）: 68-78.

"破坏社会主义市场经济秩序罪"共包括8节,除侵犯知识产权罪外,还包括生产、销售伪劣商品罪以及扰乱市场秩序罪等其他7种类型犯罪。可以看出,该各大类罪对于该行业的管理秩序影响较大,刑法的保护具有超法益特征,"社会主义市场经济秩序"是其保护的法益。"侵犯财产罪"包括15个罪名,制裁的行为属于典型的财产犯罪。

但是,"社会主义市场经济秩序"的内涵和外延较为模糊,无法确定其边界。典型财产犯罪的频繁发生也会对社会主义市场经济秩序产生危害,那么是否应当将"侵犯财产罪"整体纳入"破坏社会主义市场经济秩序罪"中?显然,相当部分的市场行为一旦泛滥而不对其给予保护或无法充分给予保护,也会对社会主义市场经济秩序产生负面作用,而不仅是唯独假冒注册商标的商品泛滥和盗版横行会对社会主义市场经济秩序产生不利影响,单独将侵犯知识产权行为独立出来论证侵犯知识产权行为泛滥也会对社会主义市场经济秩序产生危害,似有偏颇。因此,将侵犯知识产权罪从"破坏社会主义市场经济秩序罪"移至"侵犯财产罪"下,不仅是对知识产权作为纯粹私权的承认,而且能够进一步帮助公众认识知识产权私权的本质,此举对于建立普通公众的认知非常重要。

3.3.1.2 丰富"侵犯财产罪"所保护的法益

《刑法》分则第5章为侵犯财产罪,该章共包含15个罪名,在犯罪构成中基本是以"财物"为对象,对财物的阐释可参照总则的规定。其中,《刑法》第91条和第92条对公共财产和公民私人财产权的范围作了界定。侵犯财产罪侵犯的法益大多是所有权和占有,侵犯所有权的如抢劫罪、抢夺罪、盗窃罪和诈骗罪等,侵犯占有的如侵占罪、职务侵占罪等。侵犯知识产权行为侵害的法益是他人知识产权的市场价值,此种法益不同于侵犯传统物权的"所有权",因为知识产权不能实现事实上的所有,其表现为一种信息、形式或符号;也不同于侵占罪的"占有",因为知识产权的无体性,导致任何人都无法实现占有。

侵犯知识产权罪侵害的法益是知识产权的市场利益。针对假冒注册商标类的犯罪、假冒专利罪、著作权类犯罪和侵犯商业秘密的犯罪，行为人都是以"搭便车"的方式实施市场的逐利行为，行为人企图利用权利人累积的商誉、专利技术能力、创造性表达和商业秘密来获得超额利益。事实上，如果没有市场经济，则根本不需要商标、专利、作品和商业秘密。因此，此时侵犯财产罪侵害的法益包括所有权、占有和市场价值，将侵犯知识产权罪纳入侵犯财产罪，进一步丰富了"侵犯财产罪"所保护的法益的内涵。就如何确定知识产权的市场价值而言，既有市场定价方式，也有司法定价方式。前者采取知识产权的形成成本、公允价值等计算方式来确定知识产权的价值；后者采用在个案中确定知识产权的价值，在司法定价中也通常会借鉴市场定价中的计算方法。从抽象层面上讲，侵犯知识产权罪保护的法益是知识产权权利人享有的知识产权的市场价值，在定罪上没有必要作大幅度调整，在现有入罪条件下作调整是最为经济和可行的方案。所以，也正是基于侵犯知识产权罪保护的法益是知识产权的市场价值，刑法不应将侵犯著作权人的精神权利的行为纳入刑事制裁，这也能够从国外著作权刑事立法上得到印证。

3.3.1.3 围绕盗窃、占有、挪用和毁坏等概念建立道德规范和入罪范式

（1）建立道德规范。

将侵犯知识产权罪纳入侵犯财产罪之下，能够围绕盗窃、占有、挪用和毁坏等概念建立知识产权的道德规范。在知识产权领域，刑事制裁能否建立道德规范仍存在疑虑。在这一问题上，研究者表现出截然对立的看法：许多个人实施的知识产权犯罪，不仅是因为他们能够相对容易地实施，而且因为他们相信不会被起诉。刑事起诉在帮助公众建立孰是孰非的

期待上有着重要作用，❶ 在任何一种情况下，通过刑法创造社会规范的可能性都是妄想，刑法最好被当作是一种加强已经存在的共同体价值的机制。❷ 个体形成规范是与在家人和社会圈的互动中形成的，而不是从外在的资源（如法律）中形成的，在确认和维持已经存在的社会价值，而不是在形成这些价值时，刑法在塑造这些社会规范时的作用才最有效。❸ 申言之，刑法在确认——而不是形成规范时——作用才最大。

不可否认，知识产权进入现代法律的视野近400年，与传统财产权相比历史短暂，况且绝大部分社会公众终其一生也可能不会拥有知识产权（主要指商标权、专利权和商业秘密），但基本上都会拥有物权或债权。这就导致，围绕知识产权建立道德规范在难度上远高于物权或债权。作为传统财产犯罪，如抢劫罪、盗窃罪、侵占罪和故意毁坏财物罪，刑法在将抢劫行为、盗窃行为、侵占行为和故意毁坏他人财物行为纳入刑事制裁时，不会有较大阻碍。原因之一是抢劫、盗窃、侵占和毁坏行为具有不道德性，刑法在确认这一道德规范后，也使得公众产生对刑法的认同和尊重。当然也有研究指出，道德规范不能为刑事制裁提供强有力的支撑。缺乏道德支撑，行为人偷窃他人物品在道德上被认为是错误的，而未经许可下载电影在道德上没有负罪感。对知识产权侵权进行刑事制裁的正当性证明中的一个重大原则是"你不能拿不属于你的东西"。有形财产可以被偷窃，但是未经授权复制则根本不同，这种不同与公众对财产有何意义的潜在理解相关。❹

---

❶ GOLDSTONE D. Deciding Whether to Prosecute an Intellectual Property Case [J].United States Attorneys' Bulletin, 2001, 49: 3.

❷ MOOHR G S. Defining Overcriminalization through Cost-Benefit Analysis: The Example of Criminal Copyright Laws [J]. American University Law Review, 2005, 54: 798.

❸ MOOHR G S. The Crime of Copyright Infringement: An Inquiry Based on Morality, Harm, and Criminal Theory [J]. Boston University Law Review, 2003, 83: 775-776.

❹ HARDY I T. Criminal Copyright Infringement [J]. William & Mary Bill of Rights Journal, 2002, 11: 327.

相较于形成道德，刑法在确认道德上的作用更加突出，特别是此种道德具有普遍认同感时，刑法的介入能够取得更大效用。但是，当知识产权作为一项私权能够使得整体福利增加时，从社会存续和发展的角度出发，借助法律规范逐渐形成道德规范，具有正当性依据。所以，应将侵犯知识产权罪放在侵犯财产罪一章中，将侵犯知识产权行为与"盗窃"（盗窃罪）、"侵占"（侵占罪、职务侵占罪）、"挪用"（挪用资金罪、挪用特定款物罪）和"毁坏"（故意毁坏财物罪）等行为建立内在联系，从而建立尊重知识产权的内在道德规范。

（2）重构侵犯知识产权罪的入罪范式。

侵犯知识产权行为入罪的传统范式是求助于盗窃，对于知识产权违法行为，是否适用以及何时适用刑事制裁是一个困难的问题。可从两个方面入手：一方面，从社会规范和知识产权刑事立法的分歧入手；另一方面，从知识产权犯罪的恰当范式是否以及在何种程度上是"盗窃"而不是其他范式入手，如"侵权""虚假标记""假冒""伪造"或"违反制定法"。就第一个层面而言，道德以及法律的合法性使得行为人不从事法律所禁止的事情，如抢劫，但知识产权法并不完善。在知识产权领域，规范和法律有如此大的分歧原因在于：为大公司利益服务和公众认为知识产权法在正当性上并不是那么充足。就第二个层面而言，立法者在对知识产权侵权行为施加刑事制裁时，仅仅适用盗窃的范式——而不顾其他——所通过的法案，如《美国经济间谍法案》《美国国家盗窃财产法案》《美国反电子盗窃法》，都蕴含了这样的观念：知识产权能够被偷。立法者之所以如此行事，可能是因为在知识产权法领域，再也找不到像"盗窃"和"偷"这样具有表现力和道德合理性的词汇了。法律和人们所想分歧加大，知识产权法面临着危

机。如果想使知识产权更加完善，应从围绕着剽窃的规范结构中寻求指引。❶

事实上，侵犯知识产权罪应当求助多种范式，而不能仅仅求助于盗窃。例如，已有研究已经对盗窃范式提出挑战，认为知识产权犯罪应当建立在侵入范式（trespass paradigm）之上，该新范式能够与财产权理论保持一致，不仅在分配"损失"或"价值"方法上有所改变，而且由强调"损失"或"价值"转向对侵犯知识产权罪的基本损害上，即干预权利人控制这些权利的排他性权。❷ 又如，以具体的泄露商业秘密行为为例，该行为与故意毁坏财物罪十分类似，行为人一旦将权利人的商业秘密向公众公开，商业秘密的价值则立刻丧失，进而造成财物损失❸，此种行为更类似于一种故意损坏行为。在如何使知识产权法更完善的层面，立法者应当在道德上说服人们，指出该行为的非道德性，为入罪提供正当性基础。

知识产权制度的建立是产业的力量，而非创造者，如何在道德上说服每一个个体，存在不可跨越的障碍。况且，知识产权的正当性一直是悬而未决、争议颇大的难题。❹ 从某种程度上看，侵犯知识产权行为即对知识产权进行"剽窃"，如剽窃他人独创性表达、剽窃他人商业秘密、公然"剽窃"他人专利技术方案、剽窃使用他人标识。事实上，针对剽窃，有法律制裁（如《反不正当竞争法》）、准法律制裁（如行业团体内的规章）

---

❶ GREENS P. Plagiarism, Norms, and the Limits of Theft Law: Some Observations on the Use of Criminal Sanctions in Enforcing Intellectual Property Rights [J]. Hastings Law Journal, 2002, 54: 237-242.

❷ HOFFSTADT B M. Dispossession, Intellectual Property, and the Sin of Theoretical Homogeneity [J]. Southern California Law Review, 2007, 80: 917.

❸ 陈兴良. 侵犯商业秘密罪的重大损失及数额认定 [J]. 法律适用, 2011（7）: 33.

❹ 不同于将知识产权正当性建立在功利主义或道义论上的学说，近年来，有研究者提出，将知识产权正当性建立在包括中层原则的多元主义上，将具体实践（判例法则、规则和制度）、中层原则（效率原则、不可移除原则、比例原则和尊严原则）和规范基础（康德、洛克、黑格尔和亚当·斯密的学说）结合起来的知识产权正当性解释理论。应指出，该研究者认为比例原则才是知识产权法的中心。参见：罗伯特·P. 莫杰思. 知识产权正当性解释 [M]. 金海军，史兆欢，寇海侠，译. 北京：商务印书馆，2019: 22-34.

和非法律制裁（名誉）的规范结构来予以规范。但行为人"剽窃"他人知识产权（如大量盗印他人作品），似乎准法律制裁和非法律制裁不再发生作用，就连法律制裁中的民事制裁可能也收效甚微。因此，将剽窃（剽窃他人表达、技术方案、标识和商业秘密）类比于盗窃、非法占有和不当挪用建立道德规范，能为刑事手段介入民事侵权提供基础，从而重构知识产权入罪范式。

3.3.1.4　市场经济早期阶段下的产物，应予以纠正

侵犯知识产权罪于1997年进入《刑法》，当时我国正处于市场经济早期阶段，计划经济的影响犹在。立法者将侵犯知识产权罪纳入"破坏社会主义市场经济秩序罪"之时，我国的社会主义市场经济正在起步，立法者更多地从管理和社会秩序的角度来评价侵犯知识产权行为给社会带来的危害。

历经20多年的发展，作品、商标、专利和商业秘密的价值在经济活动中发挥更加重要的作用，知识产权所赖以运转的市场经济正释放其力量，随着我国产业结构从劳动密集型向技术密集型转变，应当强调知识产权这一私权所能给社会进步带来的正向激励。对此，刑事立法者应当认识到知识产权的本质，将其作为一项普通财产权纳入"侵犯财产罪"下予以规制。正如前文所言，社会主义市场经济秩序是一种超法益，其内涵和外延具有较大的不确定性。例如，英国和美国在对侵犯著作权和商标的行为提供刑事制裁时，其理由便是民事制裁不足以威慑侵权行为，刑事制裁的目的是保护特定的权利人，而非不确定的市场秩序。而当刑法切实地保护特定的知识产权权利人时，也在无形中确立和维护了市场经济秩序。

3.3.1.5　立法资料表明侵犯知识产权罪与侵犯财产罪存在关联

立法资料表明，某些刑法起草专家也认同侵犯知识产权罪与侵犯财产罪之间存在联系。1994年3月3日，全国人大常委会法制工作委员会刑法修改小组编撰《刑法分则条文汇集》，其中在第10章规定了"假冒商标、

专利及剽窃他人著作罪",在该章节下标注有"有的主张改为'侵犯知识产权罪',移至侵犯财产罪之后"。❶ 本书认为,似乎刑法修改小组认为,将该章放在第 5 章"侵犯财产罪"之后,在逻辑上可能更加连贯、合理,这也表明当时的立法者认为侵犯财产罪和侵犯知识产权罪存在某种关联。

3.3.2 对"法益侵害说+损害原则"作为界分学说质疑的回应

有研究针对知识产权入罪上的"法益侵害说+损害原则"提出疑问。该研究指出,从批判角度出发,刑法理论对于入罪行为需要满足法益侵害原则和伤害原则,而知识产权侵权行为在满足法益侵害原则和伤害原则上都存在疑问。反对者提出民法不能提供有效救济的观点是错误的,而刑法控制侵权行为的效果并不理想,公众对知识产权侵权行为在道德上的倾向使得侵权行为并不具有很强的可责性。从证成角度出发,侵权行为造成的危害与自由刑不相称,与罚金刑不能契合。❷

首先,该研究存在论证不力的情况,即在反对者提出的"民法不能对知识产权侵权行为提供有效救济",该研究并未论证停止侵害和赔偿损失作为主要的责任承担方式,是如何能够满足权利人的诉求。在我国的现实情况是,权利人认为赔偿数额低,法院经常适用法定赔偿,而该研究者指出,这仅仅是权利人一方的说辞,似乎在有意回避其论证义务。其次,损害原则要求刑法介入自由时,此种手段成本最小且并无他法,并能够有效防止对他人的损害。借助法益侵害说,能够说明这种损害的内涵是法益;再进一步讲,如何来确定此时刑法介入自由的成本是最小的且已无他法,则需借助下文的哲学方法。

---

❶ 高铭暄,赵秉志.新中国刑法立法文献资料总览[M].2版.北京:中国人民公安大学出版社,2015:405.

❷ 曹博.论知识产权侵权行为的非罪化[D].重庆:西南政法大学,2015:89-165.

所以，本书认为，法益侵害说和损害原则为界限的确立确定了充分的理论依据，而为了进一步确定侵犯知识产权行为的民事侵权和刑事犯罪的界限，仍需要借助下文的哲学方法和具体标准。

3.4 确定界限的哲学方法

3.4.1 功利主义

3.4.1.1 功利主义的核心要义

功利主义代表人物边沁指出，功利主义（或称"最大幸福或最大富乐原理"）是旨在依靠理性和法律建立富乐大厦制度的基础，是施政执法唯一正确的目的。功利原理以行为增大或减少利益相关者幸福的倾向来赞成或非难任何一种行动。❶

边沁指出，追求快乐和避免痛苦是立法者应当考虑的，立法者需要了解一项快乐或痛苦的值的要素。就单个人而言，需考虑强度、持续时间、确定性或不确定性、邻近或偏远；就一群人而言，还需考虑丰度、纯度和广度，然后将所有的快乐、痛苦的数值分别相加，并将总的快乐和总的痛苦相比较。若快乐的总值大，即表示行动总的良善倾向；若痛苦的总值大，即表示行动总的邪恶倾向。每项立法或司法与以上程序若越接近，则越准确。❷

3.4.1.2 对功利主义的质疑

当然，功利主义本身也遭到较多的质疑。最根本的原因是，在社会科学领域尚无确切的证据来证明，某一项立法带来的快乐或痛苦的具体的值是多少。正如有研究者指出，功利主义这一过程看似简单，实则复杂得令人难以置信。具体到知识产权领域，对成本、收益评估时，将成本、收

---

❶ 边沁.道德与立法原理导论[M].时殷弘，译.北京：商务印书馆，2000：57-58.
❷ 边沁.道德与立法原理导论[M].时殷弘，译.北京：商务印书馆，2000：86-89.

益和时间要素结合以建立模型,在计算这些变量时,会面临纯粹实践性难题,以至于该研究指出,"就我们现有的工具而言,我们将永远无法确定所应当授予专利、著作权以及商标的'最优数量'(optimal number)"。❶

以上对功利主义的批评也将会影响如何计算民事保护和刑事保护对侵权行为所带来的威慑。按照以上对功利主义的批评,对于刑事保护最优威慑的阈值的起始点无法精确得出,对此本书承认其对功利主义的批评。

但是,这并不影响将功利主义作为工具来衡量民事保护和刑事保护的界限问题。因为需要承认的是,面对全体公众在行为能力和责任能力形形色色的差别上,针对某一项侵犯知识产权的行为,精确计算某一行为人的此种侵权行为何时仅构成民事侵权,何时构成刑事犯罪,进而构建出一套精确的标准,以在消耗最少的资源上实现对这类侵权行为的最优威慑,不仅是不可能的,也是不现实的。

3.4.1.3 民事保护的不足

功利主义实质上属于结果无价值,功利主义的哲学方法采取的方式是排序与比较,具体到对某种行为的制裁应采用民事保护手段还是刑事保护手段,应对两种手段所能获得的收益进行比较,何种手段能够得到更大的利益,使得大多数人能够获得更大的幸福,即应采取何种手段予以规制。在功利主义主义哲学观下,对于某些侵犯知识产权的行为,民事保护无法取得收益。

(1)知识产权民事侵权无法得到有效的民事救济。

从刑事政策视野层面出发,道德和第一次法(民事法和行政法)对侵犯知识产权的行为并未产生应有效果。❷以美国为例,民事机制威慑力的

---

❶ 罗伯特·P.莫杰思.知识产权正当性解释[M].金海军,史兆欢,寇海侠,译.北京:商务印书馆,2019:15.

❷ 黄洪波.中国知识产权刑法保护理论研究[M].北京:中国社会科学出版社,2012:64-71.

缺乏，使得联邦政府和大多数州颁布法规用于阻止盗窃知识产权的行为。❶民事保护可以解决大部分侵权行为，但是不能解决所有侵犯知识产权的行为，如恶意的、大规模的重复侵权行为。所以，政策制定者类比有形财产犯罪，将刑事制裁引入知识产权领域。❷知识产权侵权减损了知识产权权利人商品的价值，甚至使其完全无价值，如同财产犯罪减少权利人用财产进行不同生产活动的频率和强度，知识产权侵权减少了对知识产权产品的投资。❸

（2）民事保护无法威慑特定行为。

对于侵犯著作权的行为，民事保护面临以下挑战：其一，侵权人对作品的评价在生产它的边际成本和著作权人的垄断价格之间；其二，更为困难的情景是更多种类的著作权侵权是不从经济角度考虑的，相应地，对威慑侵犯著作权而设定有效的民事制裁的量将很具有挑战性；其三，一些著作权侵权人不是出于经济考虑而是由政治所驱动，他们可能更难被威慑住。❹

其中，第二种情况如计算机黑客为展示其技术能力，破坏保护作品的技术措施，从而将作品通过网络向公众提供该作品。此时，该计算机黑客不是出于营利目的实施该行为，仅仅是为了展示其技术能力，民事保护几乎很难阻止出于此类动机的知识产权侵权人，但这种破坏又是巨大的，将给作品的权利人带来巨大的损失。第三种情况如海盗湾（the Pirate Bay），该组织是成立于瑞典的反版权组织，用户可通过该网站搜寻相应文件的比特流种子，较多比特流种子文件是未经权利人许可传输在网络上。类似于

---

❶ NOONAN C, RASKIN J. Intellectual Property Crimes [J]. American Criminal Law Review, 2001, 38: 973.

❷ MANTA I D. The Puzzle of Criminal Sanctions for Intellectual Property Infringement [J]. Harvard Journal of Law & Technology, 2011, 24: 473.

❸ MANTA I D. The Puzzle of Criminal Sanctions for Intellectual Property Infringement [J]. Harvard Journal of Law & Technology, 2011, 24: 479-480.

❹ BUCCAFUSCO C, MASUR J S. Innovation and Incarceration: An Economic Analysis of Criminal Intellectual Property Law [J]. Southern California Law Review, 2014, 87: 303-304.

此种组织，民事保护几乎没有任何作用。

（3）违法者的责任能力影响民事保护效率。

违法者的责任能力将影响民事责任的承担，而一旦违法者的责任能力（这里主要指财产水平）较低，则将严重影响民事保护的效率，使得民事保护的收益为负。从经济学的观点来看，监禁的刑罚制裁具有正当性，原因在于民事制裁在彻底地威慑潜在的违法者上存在困难，如违法者资不抵债或者不能够完全支付法院判决要求支付的数额。❶

（4）查处概率和违法收益影响民事保护。

除了财产水平会影响知识产权民事保护的效率，查处概率和侵权行为人预期违法收益也会影响民事保护的效果。惩罚是概率事件，预期惩罚等于惩罚概率和惩罚力度的乘积❷，当惩罚概率足够低，当事人具有较强的财产能力时，其威慑效果越差；而当侵权行为人预期的违法收益越大，则更大的惩罚才能对其产生威慑作用。❸

所以，既然在司法救济体系中，针对某些侵犯知识产权的行为，民事保护无法满足权利人的诉求，则刑事保护理应成为可考虑的对象。当民事救济几乎无法有效威慑侵权行为人而带来净收益时，刑事救济的适用能以较小资源获得较大收益。此时，从功利主义角度出发，刑事保护更为适宜。

3.4.1.4 刑事保护的最优威慑

民事保护重在填平损害，主要涉及财产问题，正如上文所言，对于某些侵犯知识产权的行为，民事保护无法提供有效威慑。刑事保护以剥夺被

---

❶ BUCCAFUSCO C, MASUR J S. Innovation and Incarceration: An Economic Analysis of Criminal Intellectual Property Law [J]. Southern California Law Review, 2014, 87: 289.

❷ 罗伯特·考特, 托马斯·尤伦. 法和经济学 [M]. 6版. 史晋川, 董学兵, 等译. 史晋川, 审校. 上海: 格致出版社, 上海人民出版社, 2012: 459.

❸ 斯蒂文·沙维尔. 法律经济分析的基础理论 [M]. 赵海怡, 史册, 宁静波, 译. 北京: 中国人民大学出版社, 2012: 450.

告人的自由乃至生命相威胁，以惩罚和遏制相应的侵权行为。在知识产权的语境下，即便是惩罚性赔偿也无法达到刑事保护的力度。相对于民事保护，刑事保护正是以自由刑乃至生命刑为特征，以威慑侵权行为。下文将进一步展开对刑事保护最优威慑的讨论。

（1）是否应对所有的未经许可利用知识产权的行为都进行威慑？

在功利主义的哲学方法的指导下，来判定刑事制裁对知识产权侵权的最优威慑。首先应指出，是否应当对所有的未经许可利用知识产权的行为都应进行威慑呢？❶法律应最小化犯罪损失和犯罪预防成本之和，以得到"最优犯罪数量"，即若将某种行为视为犯罪可增进社会福利，则应入刑，犯罪的惩罚强度应以社会成本最小化进行测算。❷

不像盗窃和谋杀，这些行为的最优量（optimal amount）是0或者非常接近0，未经授权的复制的最优量可能远大于0，特定种类的复制可能是有益的，阻止这样做是有害的。❸杀人、抢劫的最优量应当为0，民事保护不足以威慑，刑事保护应当介入。但并不是所有的未经许可的行为都应当被威慑，如在著作权领域，若对作品实施完全的控制则不利于整体社会的提升和文化的进步，所以应当允许合理使用，特别是由于高交易成本权利人不愿意对其作品进行讽刺模仿的行为发放许可，此时不应当对这类行为进行威慑，这些未经许可使用知识产权的行为对于社会是有益的。事实上，以知识产权为例，社会对于侵权的最优水平是存在利益的，如果从侵权人的创新中获得的收益大于侵权人造成的损失，那么最优侵权水平是高于0的。同时，当故意侵权的对象是被不正确授予专利时，此种故意侵权行为将引发对被不正确授予专利的诉讼，而此种被不正确授予专利的技

---

❶ 此处的威慑，既包括民事威慑，也包括刑事威慑。

❷ 罗伯特·考特，托马斯·尤伦. 法和经济学[M]. 6版. 史晋川，董学兵，等译. 史晋川，审校. 上海：格致出版社，上海人民出版社，2012：449-450.

❸ BUCCAFUSCO C, MASUR J S. Innovation and Incarceration: An Economic Analysis of Criminal Intellectual Property Law [J]. Southern California Law Review, 2014, 87: 295.

术方案阻碍了创新,并在该技术方案没有作出相应贡献的情况下允许专利权人对特定技术领域进行完全的垄断,所以社会能够从这种故意侵权中获益,这也是专利和"软IP"(著作权和商标)的重要区别,故意侵犯著作权和商标权一般并不能对社会提供有用的信息。❶

(2)权利人的垄断定价不仅会带来效率损失,而且会影响刑事制裁。

第一,权利人的垄断定价会带来效率损失。知识产权的对象是公共物品,生产成本和维护成本高昂。例如,著作权乐观派和悲观派,前者认为应当对获得复制件的每个人收取每一分钱,他们不仅盯着著作权水杯中已被注满的一半,而且等着另一半;后者认为著作权的保护仅应扩展至激励所需的程度,著作权水杯应当是半空的,为此悲观派成功地安装上了强制许可和合理使用的安全阀。❷ 知识产权权利人为获得垄断利润,在其对象上进行垄断定价。生产出第一个知识产权对象的成本高昂,而生产其复制件和复制品的边际成本❸却很低,如微软在试图进入浏览器市场时,将IE浏览器或以独立产品或与Windows系统捆绑赠送提供给用户,微软花费巨大成本研发IE浏览器,而多销售一个软件的边际成本几乎为0,但其赠送行为不会带来损失❹,反而有利于其快速抢占浏览器市场。知识产权权利人能够收取大于边际成本的价格,从而阻止估值高于边际成本但低于垄断价格的人去接触该知识产权❺,此种垄断定价会带来无谓损失,表现

---

❶ MANTA I D. The Puzzle of Criminal Sanctions for Intellectual Property Infringement [J]. Harvard Journal of Law & Technology,2011,24:498.

❷ 保罗·戈斯汀.著作权之道:从古登堡到数字点播机[M].金海军,译.北京:北京大学出版社,2008:11-16.

❸ 边际成本指企业增加一单位产量时总成本的增加量。参见:曼昆.经济学原理:微观经济学分册[M].7版.梁小民,梁砾,译.北京:北京大学出版社,2015:286.

❹ 保罗·萨缪尔森,威廉·诺德豪斯.经济学[M].19版.萧琛,主译.北京:商务印书馆,2013:119.

❺ 威廉·M.兰德斯,理查德·A.波斯纳.知识产权法的经济结构[M].2版.金海军,译.北京:北京大学出版社,2016:11.两位学者已指出,将知识产权问题归结于激励—接触(incentive-access)这种交换过度简化,还有许多其他方面可以考虑。

见图 3-1。

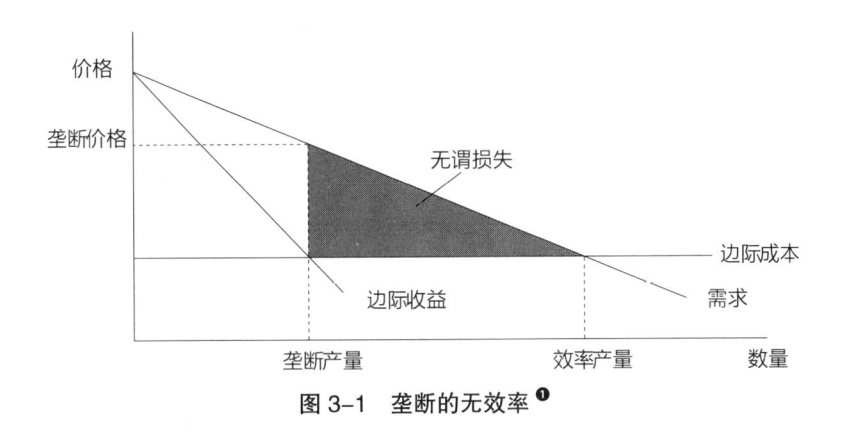

图 3-1 垄断的无效率[1]

在图 3-1 中，在知识产权权利人的边际收益维持不变的情况下，潜在需求越多，权利人垄断定价所带来的无谓损失则越大，进而社会福利损失越大。

第二，权利人的垄断定价会影响刑事制裁。根据图 3-1，当权利人创作出一件作品后，制作该作品的边际成本是 A1，权利人对该作品的垄断定价为 A3，潜在的消费者对该作品价值的评估为 A2，其中 A1 < A2 < A3。此时，潜在的消费者将不会与权利人达成合作的意向，此时给社会带来 A2 — A1 的损失。当潜在消费者为了获得该作品，而未经许可获得该作品的盗版版本，则此时社会的损失是侵权人的获益或者 A3，而这种损失越大，刑法介入此种知识产权侵权行为的概率越大、正当性越强。

（3）最优威慑的阈值。

对刑事制裁的最优威慑而言，行为危害程度和可能性越大，则处罚就越高；抓捕行为人的概率越低，则处罚也应越高。[2] 若处罚力度过高，对

---

[1] 曼昆. 经济学原理 [M]. 7版. 梁小民，梁砾，译. 北京：北京大学出版社，2015：332. 本节对此书中所载的图进行了一定程度的修改，即此处的边际成本很小。

[2] 斯蒂文·沙维尔. 法律经济分析的基础理论 [M]. 赵海怡，史册，宁静波，译. 北京：中国人民大学出版社，2012：484.

专利而言，过度威慑将带来风险，部分原因是专利被侵权的权利人也可能轻易成为侵权者；对著作权而言，会使公众丧失对著作权的尊重，如在文件共享盛行的文化下，著作权法所施加的刑事制裁会被认为是在惩罚每一个人。❶

知识产权刑事制裁最优威慑阈值的确立能够在民事侵权和刑事犯罪之间确定明显的界限。威慑的量，即边界点是多少，对于传统的物较容易划定，但是对于知识产权则存在模糊地带。知识产权刑事门槛实则是威慑的量，门槛的高低决定了某项行为是构成民事侵权还是刑事犯罪。此门槛本质上是最优威慑阈值的起点，低于此阈值的起点，则构成民事侵权；高于此阈值的起点，则进入刑事犯罪领域。在阈值区间内，则分别构成犯罪的基本犯或加重犯。

在知识产权领域，确定最优威慑阈值起点需考虑多种因素，如经济的发展水平、与其他犯罪入罪门槛的协调、潜在侵权人的责任能力和预期等。例如，《美国著作权法》第506条规定，在任何一个180天内复制或发行作品的复制件，金额超过1000美元的，构成著作权刑事犯罪。有学者指出，美国国会的目的是惩治非竞争性侵权的私人，如黑客和不满的员工，他们在复制时没有经济动机。因此，1000美元的零售价值门槛最好这样理解，即其是最低的门槛，而不是经济动机的一个指示器。❷在我国，最高人民法院和最高人民检察院在确定此阈值的起点时，是在全国各地进行广泛调研的结果。那么，中国和美国关于知识产权刑事犯罪阈值的起点是否代表了最优威慑？这仍有待实践检验。

---

❶ MANTA I D. The Puzzle of Criminal Sanctions for Intellectual Property Infringement [J]. Harvard Journal of Law & Technology, 2011, 24: 517.

❷ MOOHR G S. The Crime of Copyright Infringement: An Inquiry Based on Morality, Harm, and Criminal Theory [J]. Boston University Law Review, 2003, 83: 738.

3.4.2 道义论

道义论的提出、发展首推康德。康德指出，道德行为不是为了感性的现实目的，而是为了道德而道德，为了义务而义务。❶ 道义论，也称为义务论，是以责任和义务为行为依据，正当独立于善并优先于善，为道德而道德。❷ 康德认为，世界上存在两种命令，一种是为某种目的而提出的有条件的假言命令，另一种是不为某种命令而提出的无条件的绝对命令，后者即道德原则，后者不用也不能考虑对个人或社会是否产生利益。❸ 人的行为道德与否，是行为动机正确与否，而非行为的结果。如果行为本身正确，或行为依据的原则正确，不论结果如何，此人的行为就是道德的。❹

功利主义与人的物质需要、物质生活相关，道义论与人的心理需要、精神生活相关。❺ 道义论以道德作为善，功利主义以幸福（利益）作为善。功利主义认为，道德准则得以成立，根本在于其能够产生功利、效用；道义论认为，道德原则本身具有善的价值，并不依赖它所能产生的功利和效果。❻

那么，在评价某项行为时，道义论将着重考虑行为本身的正当，而非最终结果，如果行为本身是正当的，那么其就是道德的。具体到对某项法律制度的评价上，道义论就暴露出了缺点，即不以后果来评价则无法确切了解此项法律制度在实践中是否取得意料的效果，进而无法担负起界分侵犯知识产权行为的民事侵权和刑事犯罪的界限的任务。

---

❶ 邓晓芒. 康德道德哲学详解[J]. 西安交通大学学报（社会科学版），2005（2）：45.
❷ 肖凤良. 从康德到罗尔斯——道义论的历史进路及其理论局限[J]. 湖南财政经济学院学报，2013, 29（4）：140.
❸ 吴志攀. 论功利主义与道义论[J]. 中共中央党校学报，2004（1）：23.
❹ 魏英敏. 功利论、道义论与马克思主义伦理学[J]. 东南学术，2002（1）：140.
❺ 魏英敏. 功利论、道义论与马克思主义伦理学[J]. 东南学术，2002（1）：141.
❻ 吴志攀. 论功利主义与道义论[J]. 中共中央党校学报，2004（1）：23.

3.4.3 确定界限应采哲学方法：功利主义

功利主义和道义论是哲学中的两种重要学说。通过比较二者的功能，本书认为，对于确立侵犯知识产权行为的民事侵权和刑事犯罪的界限，应采用功利主义的哲学方法，有以下原因。

第一，对于采取何种法律对侵犯知识产权行为进行威慑❶，道义论无法提供一套衡量标准。涉及侵犯知识产权的行为，大多与道德无关，道义论主张评价基础与后果无关，缺乏对后果的损益权衡（trade-off）体系。❷法律不仅是一门理论学科，而且是一门实践学科，法律需要执行公正的功能以实现社会对公正的需求，而对法律制度是否有效地实现了公正，需要采用一定的哲学方法对其进行客观的评价。事实上，边沁创设的功利主义原初意图即是对法律制度进行规范性评价❸，功利主义通过对某项行为所能带来的利益和导致的损害进行比较，来权衡此种行为是否能够得到收益，从而决定是鼓励此种行为还是禁止此种行为，而道义论却无法提供此种工具。

第二，应当承认，知识产权法建立在功利主义哲学基础之上。知识产权是一种市场经济权利，以功利主义为指导，在激励—接触上实现文化和技术的进步。对侵犯知识产权行为应该实现何种程度的威慑，功利主义提供了解决方案，即以最低成本实现最大收益。功利主义将人的幸福或利益置于首位，而道义论将人的尊严置于幸福之上并将其作为前提。❹实施知识产权行为能带来多大的利益，在大多数情况下能够进行衡量、比较，而

---

❶ 此处的威慑作广义的理解，既包括民事手段的赔偿功能，也包括刑事手段的惩罚功能。一般情况下，威慑仅指刑事手段的惩罚功能，即狭义层面的理解。

❷ 丁建峰.对法律规则的规范性评价——道义论、后果主义与社会演化[J].中山大学学报（社会科学版），2014，54（3）：148.

❸ 丁建峰.对法律规则的规范性评价——道义论、后果主义与社会演化[J].中山大学学报（社会科学版），2014，54（3）：149.

❹ 刘霞.评有关功利论与道义论之区别的三种流行观点[J].哲学研究，2013（12）：104.

与尊严并无太多关联。正如有研究指出，功利主义将幸福理解为善的主要内容，而道义论将德行作为善的优先考量因素。❶ 二者偏向的不同，决定了以功利主义为哲学基础的知识产权法倾向于选择功利主义。

第三，道德的复杂性。道德具有多元性，并随着社会的变化而变化，何种道德具有绝对性，在不同时代和不同的人群中，存在不同的认知。法律需要稳定性和可评价性，道德本身的复杂性很难对法律的效果进行评价。知识产权是一项财产权，本身与道德无太多关联，功利主义的哲学方法更适合用于界分侵犯知识产权的民事侵权和刑事犯罪的界限。

3.5 确定界限的原则

3.5.1 原则一：侵犯知识产权罪的刑法解释方法

刑罚以剥夺公众自由乃至生命相威胁，成为法治社会中最为严厉的制裁手段。作为行为规范和制裁规范，应当以罪刑法定主义为基准，准确确定入罪的条件，合理界分知识产权民事侵权和刑事犯罪。

具体而言，在侵犯知识产权罪的刑法解释方法中，应当先确立实质解释论立场，并以法益保护为中心对构成要件进行诠释。在对刑法用语进行扩大解释时，需谨防滑入类推解释的范畴，应以"语义最远射程"和"国民的预测可能性"来界分扩大解释和类推解释。在主观解释和客观解释之间，应当选择客观解释。对知识产权刑事司法解释而言，司法适用者不应当完全僵化适用，当与知识产权各部门法的规定存在严重冲突时，应当拒绝予以适用。

---

❶ 刘亚明.善之二维：德性与幸福——功利主义和道义论辨析[J].华中科技大学学报（社会科学版），2015，29（6）：44.

3.5.2 原则二：民刑适用规则——以侵犯知识产权行为为结合点

民法和刑法各有其规范目的，知识产权民事规范和刑事规范在解释规则上存在差异，如刑法应当遵循罪刑法定主义、禁止类推等基本原则。知识产权的民事保护在范围上更广，如知识产权各部门法的保护，当涉及不正当竞争时，若司法裁判者认为此种有关知识产权的利益应当保护，则还可采用《中华人民共和国反不正当竞争法》（以下简称《反不正当竞争法》）予以保护，在解释上有较大裁量空间。知识产权刑事保护在范围上更为狭窄，在解释规则上更加严格，自由裁量空间更小。

在对某一侵犯知识产权行为进行入罪考察时，应当遵循民刑适用规则。在民刑关系上，应采用相对从属性说，即刑法应当相对从属于知识产权各部门法，并承认可罚的违法性和违法判断的相对性，对争议问题的判断应采知识产权部门法中的主流意见规则。对于知识产权各部门法和侵犯知识产权罪中的同一概念，应作同一解释。对知识产权各部门法中的刑事责任而言，虽然其与侵犯知识产权罪存在诸多冲突，但仍有效力，却不可适用。针对此种分歧，有效的解决方式是在知识产权各部门法中规定具体的犯罪构成和刑罚，并在刑法中做原则规定。如此一来，能够解决众多冲突和矛盾问题。

3.6 对现有界分理论的评价和过程评价方法

本书所确定的侵犯知识产权行为的民事侵权和刑事犯罪的界限包括理论学说、哲学方法和原则，不仅具有指引刑事立法的功能，而且有助于刑事解释。针对侵犯知识产权的民事侵权和刑事犯罪的界限的确立，应当是一个包括理论学说、哲学方法和具体原则的整体框架，是一种过程评价的方法。

我国也有专门学者对民刑分界做了深入研究，这些研究成果是否可以适用于确定侵犯知识产权行为的民事侵权和刑事犯罪的界限问题，仍值得讨论，本部分将对这些民刑界分理论予以评价。

3.6.1 严重脱逸社会相当性理论

严重脱逸社会相当性理论，是指行为脱逸社会相当性的程度威胁到社会的存在，从而达到了值得科处刑罚程度的质与量的违法性，轻微脱逸社会相当性为一般不法，严重脱逸社会相当性则构成犯罪。判断行为是否构成严重脱逸社会相当性，应从法益侵害和行为样态两方面把握，包括以下六个基准：法益性质的重大性、法益侵害程度的严重性、法益侵害的急迫性和盖然性、目的的正当性、手段相当性和行为样态的微异性。❶

可以看出，在界分民法和刑法的边界问题上，严重脱逸社会相当性理论需要从六个标准予以确定，相对于法益侵害说和规范违反说，在确定标准上更加明确和细化，六个标准内涵也极为丰富。例如，何种法益具有重大性，这不仅取决于立法者的认知，而且取决于不同时代社会的情势。又如，法益侵害程度的严重性，如同社会危害性理论一样，对危害程度的判断有较大难度。对侵犯知识产权的行为而言，能否界分知识产权民事侵权和刑事犯罪，仍有较大疑问。

3.6.2 客体区分说和新结构犯罪构成说

有学者从理论和实务层面提出刑民不法的区分标准，理论上为"客体区分说"，实务上为"新结构犯罪构成说"。客体区分说认为，民事不法的本质是侵犯私权，行为客体主要涉及私益；刑事犯罪的本质是侵犯法益，行为客体主要涉及公益。新结构犯罪构成说采用"客观方面—客体法益—

---

❶ 于改之. 刑民分界论［M］. 北京：中国人民公安大学出版社，2007：205-238.

主体方面—主观方面"的模型,该模型为顺序结构。具体而言,前两个要件确定是否为犯罪行为,后两个要件确定可罚性犯罪是否成立,客体法益要件可对民法私权和刑法法益进行区分,此递进式结构模型可区分民事不法和刑事犯罪。❶

客体区分说从法益角度来区分民事不法和刑事犯罪,正如前文已经指出,法益概念具有模糊性,何为公益,存在较大解释空间,单纯从法益角度是无法区分民事不法和刑事犯罪的,如某些民事侵权行为会同时受到民事规范和刑事规范的制裁,对于界分民事不法和刑事犯罪,仍需考虑更多因素。新结构犯罪构成说对我国刑法的传统四要件理论进行了顺序改进,其核心仍是以客体法益来界分民事不法和刑事犯罪的,存在与客体区分说同样的问题。

综上,客体区分说和新结构犯罪构成说无法为确定侵犯知识行为的民事侵权和刑事犯罪的界限提供帮助,在某种程度上看,能否区分刑、民不法都存在较大疑问。

3.6.3 普遍恐惧理论

普遍恐惧理论认为,当行动导致社会普遍恐惧之时,刑法即应当介入。诺齐克指出,对于带来的伤害无法赔偿的行为以及会导致普遍的恐惧的行为应当采用刑法予以禁止。❷

普遍恐惧理论将作为一种主观心理的普遍恐惧作为入罪的标准,使得刑法边界建立在主观基础上,但刑法本身可能并不存在这样的边界。❸ 普遍恐惧作为主观心理状态的表征,具有极大不确定性,使刑罚权扩张具有

---

❶ 陈灿平.刑民实体法关系初探[M].北京:法律出版社,2009:76-77.

❷ 罗伯特·诺齐克.无政府、国家和乌托邦[M].姚大志,译.北京:中国社会科学出版社,2008:78-80.

❸ 杨春然.刑法的边界[M].北京:中国人民公安大学出版社,2013:138.

较大空间。❶ 针对人身和公共安全实施的犯罪行为，确实会导致公众的普遍恐惧，但是除此之外还存在很多行为并不会导致普遍恐惧，典型如贪污贿赂犯罪。具体到侵犯知识产权行为上，侵权行为往往不会导致普遍恐惧，更多的是导致财产利益的损失。

3.6.4　过程评价方法

确切地说，严重脱逸社会相当性理论、客体区分说和新结构犯罪构成说是在确定刑民界限，普遍恐惧理论则在确定刑法的边界。当然，刑法和民法作为两大部门法，当确定刑法的边界之后，刑、民边界几乎也能够得以确定，因为在确定刑法边界的同时，一个重要的任务就是确定刑法和民法的边界。

能够看出，在确定刑民界限之时，严重脱逸社会相当性理论不单纯是一个理论，而需要从众多标准出发，才可能获得一个大致的界限；新结构犯罪构成说同样如此，通过递进式的理论模型来达到对民事不法和刑事犯罪界限的确定。即使二者存在上文所提出的缺陷，但是二者在确定刑民界限所展示的多标准化和过程化的思路印证了本书思路的合理性，也即本书同样认为，对于知识产权刑民界限的确立是一个过程化的评价结果，其以法益侵害说和损害原则为理论学说，采用功利主义作为哲学方法，通过相应的具体原则，从而才能够确定侵犯知识产权民事侵权和刑事犯罪的界限。

---

❶ 曹博. 侵犯知识产权行为的非罪化研究［M］. 北京：中国社会科学出版社，2018：110.

第4章 确立界限的原则一：侵犯知识产权罪的刑法解释方法

对于将何种行为入罪应采取何种解释方式，在刑法学界内部存在争论。刑法自规定侵犯知识产权罪以来，仅仅依靠刑事司法解释应对来自实践的挑战；刑事司法解释在某种程度上行使了立法的功能；刑法文本和刑事司法解释与知识产权部门法的脱节对入罪带来了较大的模糊性和争议；侵犯知识产权罪下的各罪具有分散性和概括性；等等。以上因素决定了对侵犯知识产权行为入罪应采取特定的解释方法，这是确定侵犯知识产权行为的民事侵权与刑事犯罪界限的一个原则。

4.1 理念选择

在界分侵权行为和犯罪行为时，应先要从二者的概念出发。就犯罪而言，存在犯罪的形式概念和实质概念，犯罪的形式概念也即刑法所禁止的行为，犯罪是刑事违法的同义词，此概念从形式上将其他违法行为与犯罪区分开，是确保刑法得到正确适用的第一位条件。❶应承认，此种形式概念对犯罪范围的限定具有实质意义，但对司法活动意义有限，进而在刑法中出现犯罪的实质概念。犯罪的实质概念（或称实体概念）即指符合构成

---

❶ 杜里奥·帕多瓦尼. 意大利刑法学原理[M]. 陈忠林，译评. 北京：中国人民大学出版社，2004：68.

要件的违法且有责的行为。❶

从形式概念和实质概念出发，刑法解释论分为形式解释和实质解释。❷形式解释与实质解释的对立既是构成要件的对立，也是全体刑罚法规解释论的对立。❸在我国，对于刑法的解释分为形式解释论和实质解释论，二者的前提都是罪刑法定原则。形式解释论和实质解释论的焦点在于以下两点：①形式判断和实质判断应当在三阶层（构成要件该当性、违法性和有责性）的何种阶段进行。实质解释论在构成要件阶段进行实质判断；形式解释论则不然，其在构成要件阶段作形式判断，而在违法性阶段作实质判断。②扩张解释或限缩解释是否应当从有利于被告人的原则出发。实质解释论否定，形式解释论肯定，这对于入罪和出罪来说意义重大。

4.1.1 形式解释论

日本学者大谷实教授是形式犯罪论的代表人物。大谷实教授指出，形式犯罪论认为犯罪构成要件具有独立机能，同时将一般的社会观念作为基础，以类型化的方式来把握犯罪构成要件。实质犯罪论从处罚合理性和必要性出发，对刑罚法规或构成要件进行实质性解释。❹有学者指出，形式解释论有以下三个特点：不能对构成要件进行实质解释而必须进行形式解释；对构成要件只能平义解释；逻辑的合理性优于结论合理性。❺

形式犯罪论在三阶层的不同阶段所作的判断是不同的，对构成要件的判断是形式的，而对违法性和有责性的判断则是实质的，构成要件为罪与

---

❶ 陈兴良.形式与实质的关系：刑法学的反思性检讨［J］.法学研究，2008，13（6）：97.

❷ 陈兴良.形式与实质的关系：刑法学的反思性检讨［J］.法学研究，2008，13（6）：107.

❸ 刘艳红.形式与实质刑法解释论的来源、功能与意义［J］.法律科学（西北政法大学学报），2015，33（5）：59.

❹ 大谷实.刑法总论［M］.黎宏，译.北京：法律出版社，2003：73.

❺ 张明楷.实质解释论的再提倡［J］.中国法学，2010（4）：51.张明楷教授持实质解释论立场。

非罪提供形式层面上的界限，对符合性的判断也是类型化的和抽象的，而对违法性和有责性的判断则是非类型化的和具体的。❶因此，形式犯罪论和实质犯罪论的重要区别在于，实质犯罪论所进行的实质判断发生在构成要件该当性阶段，而形式犯罪论的实质判断则发生在违法性阶段，形式判断发生在构成要件该当性阶段。❷罪刑法定原则只限制入罪，不限制法官对法有明文规定的行为出罪，但限于我国目前的司法状况，应更多强调形式合理性，但也应给法官留下自由裁量空间。如最高人民法院曾经规定，某些农村妇女因生活困难和严重自然灾害，外出与他人重婚，一般不以重婚罪论处。❸形式解释论者对实质解释论提出了众多批评，如实质解释并非一种出罪的限制解释，相对于形式解释，实质解释论出罪概率小、入罪概率大。❹

形式解释论者认为，在语义解释中应多采用平义解释，若采用扩张或限缩解释，则应坚持有利于被告人原则。❺对此，实质解释论者予以反对，实质解释论者认为，在语义可能的范围内，处罚行为的必要性和合理性很重要，此时不利于被告人的扩大解释可获接受，并且在具体的情形下，只有对某些用语作限制解释才能得到合理结论，如对《刑法》第111条中的"情报"作平义解释，而不进行限缩，结论将不合理。❻

4.1.2 实质解释论

日本学者前田雅英教授是实质解释论的代表人物。实质解释论认为，只

---

❶ 苏彩霞. 实质的刑法解释论之确立与展开 [J]. 法学研究, 2007（2）: 38.
❷ 陈兴良. 走向学派之争的刑法学 [J]. 法学研究, 2010（1）: 147.
❸ 陈兴良. 入罪与出罪: 罪刑法定司法化的双重考察 [J]. 法学, 2002（12）: 33.
❹ 周详. 刑法形式解释论与实质解释论之争 [J]. 法学研究, 2010, 32（3）: 61-62.
❺ 陈兴良. 走向学派之争的刑法学 [J]. 法学研究, 2010（1）: 148.
❻ 张明楷. 实质解释论的再提倡 [J]. 中国法学, 2010（4）: 55.

能将值得处罚的法益侵害行为解释符合构成要件的行为。❶

对于构成要件的解释而言，实质解释论对某行为的构成要件该当性作实质判断，此种判断属于价值判断；形式解释论对某行为的构成要件该当性作形式判断，此种判断是规范判断。例如，当暴风雨来临时，A 将 B 派到森林中，希望 B 被雷劈死。实质解释论对杀人作实质判断，因为 A 的行为没有制造法所禁止的危险，故认为 A 的行为不是杀人行为。形式解释论对杀人作形式判断，只要客观上 B 被劈死，A 就构成杀人行为。❷ 三阶层体系和日本学者都对构成要件进行实质解释，但为何违法性是实质判断、构成要件符合性是形式判断？原因在于在构成要件阶段，并不存在超法规的构成要件符合性，而社会发展之迅速，立法者不可能事先将所有的违法阻却事由都纳入刑法之中，所以在违法性阶段应当承认超法规违法阻却事由，即相对于构成要件阶层，违法性阶层的判断是更为实质的判断。因而，对构成要件的解释应是实质解释。❸ 事实上，构成要件具有违法推定功能，在不具有违法阻却事由时，涉法行为具有违法性，此时构成要件符合性履行了违法的推定功能；违法性则是消极判断，若将构成要件仅作形式判断，则会导致其功能的丧失；更进一步，使得解释者只能对构成要件进行平义解释，在解释上将趋向于僵化，刑法分则将无意义。❹

当然，形式解释论也对实质解释论展开了批评，如形式解释论者指出，行为虽有社会危害性，但若法未明文规定为犯罪，实质合理性和形式合理性冲突时，依罪刑法定原则，应坚持形式合理性。❺ 应当指出，在现今的探讨中，实质解释和形式解释都是在罪刑法定主义原则下展开的。

---

❶ 张明楷.刑法的基本立场［M］.北京：中国法制出版社，2002：126.
❷ 陈兴良.形式与实质的关系：刑法学的反思性检讨［J］.法学研究，2008，13（6）：108.
❸ 张明楷.实质解释论的再提倡［J］.中国法学，2010（4）：60-61.
❹ 张明楷.实质解释论的再提倡［J］.中国法学，2010（4）：59.
❺ 陈兴良.入罪与出罪：罪刑法定司法化的双重考察［J］.法学，2002（12）：32.

例如，形式解释论者认为，我国目前尚未建立形式理性的司法理念，对实质主义的罪刑法定主义的过分强调会导致一系列问题，基于上述约束，我国现阶段应采形式解释论。❶ 应当承认，依照两种解释论，其解释结果都有可能违背罪刑法定主义原则。形式解释论可能通过平义解释将不应罚的行为入罪，实质解释论可能通过类推解释将不当罚的行为入罪，形式解释易僵化，实质解释易扩大。从二者对我国国民司法理念的培养来看，二者似乎难分伯仲，但从实质正义角度出发，实质解释应是可取之道。

又如，就入罪而言，形式理性判断先于实质理性判断，二者需同时具备，实质理性判断仅具有独立的出罪功能，只有通过形式理性才可实现实质理性。❷ 实质解释论者认为，若对构成要件仅进行形式判断，因违法要素已存在于构成要件当中，在违法性阶层进行实质判断将缺少判断资料。因缺少判断资料，则无法进行违法性判断，实质判断无法实现，则将不可罚的行为纳入犯罪，事实上将三阶层体系变为"形式构成要件—违法性（实质构成要件+违法阻却事由）—有责性"，而这种体系不具合理性。❸ 在构成要件阶段进行实质判断，能优先实现出罪，而非形式理性是实质理性的前提。

4.1.3 坚持实质解释立场

本书认为应当坚持实质解释论立场，原因如下。

第一，实质解释的概括性包括罪刑法定的实质侧面和形式侧面。罪刑法定原则的形式侧面包括法律主义、禁止溯及既往、禁止不定刑和禁止类推。❹ 罗克辛将以上内容称为法治原则的四项作用，罗克辛所言的法治原

---

❶ 陈兴良. 形式与实质的关系：刑法学的反思性检讨 [J]. 法学研究, 2008, 13 (6): 109.
❷ 陈兴良. 罪刑法定司法化研究 [J]. 法律科学. 西北政法学院学报, 2005 (4): 43.
❸ 张明楷. 实质解释论的再提倡 [J]. 中国法学, 2010 (4): 60.
❹ 张明楷. 罪刑法定原则与法律解释方法 [J]. 华东刑事司法评论, 2003 (1): 15.

则即"没有法律就没有犯罪"（法无明文规定不为罪）、"没有法律就没有刑罚"（法无明文规定不处罚）。❶ 罪刑法定原则的实质侧面包括刑法的明确性和内容适正，前者要求刑罚明确、具体，后者要求只能处罚具有合理处罚根据的行为，以及罪刑应均衡。❷ 罪刑法定的两个侧面具有宪政功能，能够限制立法权，在价值上无高低。❸

实质解释论同时坚持了上述两个侧面，在形式侧面上增加了实质侧面（明确性＋禁止处罚不当罚的行为），使罪刑法定主义更具说服力和批判力。❹1997年《刑法》第3条规定了罪刑法定原则，罪刑法定原则决定了其在罪与非罪界限上发挥着不可或缺的作用。针对《刑法》第13条但书而言，该内容应是刑法规范评价的结果，是解决罪与非罪的问题。❺ 罪刑法定原则通过刑法法定化，提供行为模式，使公民对其行为具有可预见性。❻ 罪刑法定原则对司法权的限制机能表现在：法无明文规定，绝对不可入罪。❼

禁止处罚不当罚的行为要求刑法只能将值得被科处刑罚的行为定为犯罪❽，这也是实质解释论所坚持的重要内容之一。在侵犯知识产权罪中，不当罚的行为包括擅自制造注册商标标识，违约披露、使用、允许他人使用商业秘密和过失披露商业秘密等，立法者应当再次审视侵犯知识产权罪中不当罚的行为，从而将此类行为作出罪处理。正如有研究指出，在经济领域应遵循契约自由原则，只有民事制裁不能对法益给予保护时，刑法才能

---

❶ 克劳斯·罗克辛. 德国刑法学总论（第一卷）[M]. 王世洲，译. 北京：法律出版社，2005：77-80.

❷ 张明楷. 罪刑法定原则与法律解释方法 [J]. 华东刑事司法评论，2003（1）：16-17.

❸ 陈兴良. 形式解释论的再宣示 [J]. 中国法学，2010（4）：32.

❹ 张明楷. 实质解释论的再提倡 [J]. 中国法学，2010（4）：52-53.

❺ 高铭暄. 刑法基本原则的司法实践与完善 [J]. 国家检察官学院学报，2019，27（5）：16.

❻ 陈兴良. 罪刑法定的当代命运 [J]. 法学研究，1996（2）：14.

❼ 陈兴良. 入罪与出罪：罪刑法定司法化的双重考察 [J]. 法学，2002（12）：31.

❽ 张明楷. 罪刑法定与刑法解释 [M]. 北京：北京大学出版社，2009：51.

介入，违背此原则，立法难言妥当。❶

第二，形式解释具有被滥用的可能性。就形式解释和实质解释被权力者滥用层面上讲，形式解释论者和实质解释论者互相指责对方的解释方式被权力者滥用的情况更多，但从逻辑上看，与其等到行为人实施了值得科处刑罚的法益侵害行为后，才滥用刑法迫害行为人，直接滥用刑法条文的字面含义迫害行为人的做法，更简单、更迅速。❷

第三，实质解释论有利于刑法安定性的实现。实质的刑法解释论通过考虑社会发展之情势，对构成要件符合性进行实质解释，能够避免削弱刑法的可预测性，在个案中实现正义。❸

第四，保障人权。罪刑法定主义具备以下价值蕴含：形式理性、权力制衡❹和人权保障❺。从保障人权的目的出发，形式解释论认为，构成要件应以一般国民能够理解的形式明确地进行，形式的明确性能够保证国民的一般预测可能性，在实质判断前，应从普通国民的通常判断出发进行形式判断。❻而实质解释论严格控制解释尺度，仅处罚值得处罚的行为，能实现对国民权利的充分保护和刑法保障公民人权的目的。❼从形式解释和实质解释的区别可以看出，形式解释和实质解释在构成要件符合性上进行着不同的判断，实质解释在构成要件层面即可实现对不当入罪的行为进行出罪化，更有利于实现人权保障的目的。

---

❶ 周光权. 罪刑法定司法化的观念障碍与立法缺陷 [J]. 学习与探索, 2000 (2): 94.

❷ 张明楷. 实质解释论的再提倡 [J]. 中国法学, 2010 (4): 58-59.

❸ 刘艳红. 走向实质解释的刑法学——刑法方法论的发端、发展与发达 [J]. 中国法学, 2006 (5): 178-179.

❹ 包括对司法权的限制、对立法权的限制和立法权与司法权的相互限制。参见：陈兴良. 教义刑法学 [M]. 北京：中国人民大学出版社, 2014: 32-35.

❺ 陈兴良. 教义刑法学 [M]. 北京：中国人民大学出版社, 2014: 29-36.

❻ 大谷实. 刑法总论 [M]. 黎宏, 译. 北京：法律出版社, 2003: 73.

❼ 刘艳红. 走向实质解释的刑法学——刑法方法论的发端、发展与发达 [J]. 中国法学, 2006 (5): 179.

4.2 实质解释论：以法益解释为中心

4.2.1 法益的解释机能

法益分为事实法益和规范法益两种。事实法益，指自然法下的法益，如生命、自由和财产。规范法益，指在规范介入之后的法益。在刑事立法者将某项行为规定为犯罪前，应当寻求宪法法益；在将某项行为规定为犯罪后，在罪刑法定原则下，法益的解释在范围上应当是可预期的。

实质解释论主要是针对构成要件进行解释，包括以下三方面。其一，应以法益指导解释犯罪构成要件，不能仅停留在法条字面含义，因而应先明确法益。法益的明确化对解释构成要件有着重要的作用，通过探讨法益可能的含义，进而在其范围内确定犯罪构成要件的具体内容。其二，排除不可罚的行为。应以行为达到值得科处刑罚的程度来解释构成要件和违法性，以排除从字面上看符合构成要件但实质不可罚的行为。其三，可作不利于被告人的解释。当某行为不在刑罚用语核心含义之内，但有可罚之必要性及合理性时，可作出不利于被告人的扩大解释。[1] 由此能够看出，实质解释论始终以法益保护为中心进行解释。

刑法构成要件是对生活事实的类型化，而非纯粹的经验事实，其从最初即蕴含了立法者的价值判断，是价值的载体，因此在评价某项行为是否符合构成要件时，应当从法益维护、人权保障和刑法实体正义角度获取相应的标准，单纯从事实描述中获寻答案则并不可靠。[2] 实质解释主要是对构成要件进行实质解释，而不是单纯对案件事实进行判断。[3] 犯罪构成具有形式理性和客观外在性，在其之后孕育着犯罪构成的实质条件和实质理

---

[1] 张明楷. 实质解释论的再提倡[J]. 中国法学, 2010 (4): 49-52.

[2] 刘艳红. 走向实质解释的刑法学——刑法方法论的发端、发展与发达[J]. 中国法学, 2006 (5): 177-178.

[3] 张明楷. 实质解释论的再提倡[J]. 中国法学, 2010 (4): 55.

性，构成要件的差异性从不同的方面诠释法益侵害。❶法益具有解释论机能，法益变更后，对犯罪构成要件的解释也将发生变化，此种连带性将导致处罚的差异。❷本书前文指出，应当将"侵犯知识产权罪"从"破坏社会主义市场经济秩序罪"移至"侵犯财产罪"，那么侵犯知识产权罪所要保护的法益应当是权利人的市场利益，而不再包括涉及知识产权的社会主义市场经济秩序。

4.2.2 文义解释的障碍及克服

形式解释论在构成要件上主张平义解释，在对文义进行扩大或限缩时，应作有利于被告人的解释。实质解释论予以反对，认为不管是扩大解释还是缩小解释，只要在刑法用语范围内，可实现保护法益的目的，就当然可作出不利于被告人的扩大或缩小解释。因而，以法益为中心，探寻构成要件的规范目的，需妥善处理文义解释、扩大解释和类推解释之间的关系。

成文刑法是刑法理念的文字表达，但不意味着仅根据文字即可发现其全部真实含义。❸语言文字本身具有概括性、模糊性和流变性，刑法文本中的普通文字和专业术语都存在以上情况。刑法对犯罪构成的类型化描述，是对纷繁复杂的不法情况的共性的概括和抽象，在此过程必然伴随某种程度上信息的灭失和失真。刑法文本涵摄事实的过程即从抽象规范到具体事实的过程，该过程同样会产生信息紊乱。❹既然刑法用语的模糊性不可避免，有效的克服方式可以是在刑法用语可能具有含义范围内进行解

---

❶ 刘艳红. 走向实质解释的刑法学——刑法方法论的发端、发展与发达 [J]. 中国法学，2006（5）：178.

❷ 张明楷. 刑法理念与刑法解释 [J]. 法学杂志，2004（4）：12.

❸ 张明楷. 刑法理念与刑法解释 [J]. 法学杂志，2004（4）：11.

❹ 梁根林. 罪刑法定视域中的刑法适用解释 [J]. 中国法学，2004（3）：128.

释，这种解释的结果应当符合一般国民的预测可能性。

同时，解释者也可通过目的解释对解释结果进行校正。所谓目的解释，即根据刑法规范的目的对刑法条文进行解释，当不同解释方法未能得出妥当结论时，应以目的论解释为最高准则。❶ 法律规则源于目的，目的是法的创造者，解释方法无穷无尽，但目的论解释起决定性作用。❷ 目的解释是以刑法保护法益的目的或刑法欲实现的宗旨为根据，阐明刑法条文实质含义的解释方法。❸ 即使法无明文规定，但只要知道规范目的，则可为实现该规范目的，得到解释结论以填补规范漏洞。❹

不管是采用何种解释方法，都必然面临对刑法用语解释的度的问题。当然，对于刑法用语的解释先进行文义解释，在构成要件判断过程中，不必然仅以文义解释为准，而要透过构成要件表达所意欲保护的法益，从而采取相应的解释方法。司法实践中，当对某行为予以入罪而进行扩张解释时，往往会产生如下问题，即扩张解释易滑入类推解释的领地。

4.3 类推解释与扩大解释的界分

4.3.1 类推解释的禁止

对某种行为而言，对其处罚的必要性越高，解释为犯罪的可能性越大，但若距其刑法用语核心意义越远，解释为犯罪的可能性越小，当处罚必要性越高时，扩大解释的可能性也越高。❺ 罪刑法定主义下，法律解释只是法律意蕴的阐释，使之从隐到显，但解释时涉及条文的扩张或限制，

---

❶ 张明楷.刑法分则的解释原理（上）[M].2版.北京：中国人民大学出版社，2011：353.
❷ 张明楷.刑法理念与刑法解释[J].法学杂志，2004（4）：12.
❸ 何萍，张金钢.刑法目的解释的教义学展开[J].法学论坛，2019，34（1）：76.
❹ 何萍，张金钢.刑法目的解释的教义学展开[J].法学论坛，2019，34（1）：77.
❺ 张明楷.刑法理念与刑法解释[J].法学杂志，2004（4）：12.

扩张和限制应以不违背立法意蕴为限。❶ 事实上，扩大解释确实容易与类推解释产生混同。

类推解释，即对于法律无明文规定事项，援引相类似事项的法律予以解释❷，其前提是没有条文以供援引，进而在条文可能含义之外进行解释。具体而言，扩张解释是法的解释，而类推解释是法的创造，类推解释以价值判断取代语义判断，重视保护规范目的，以法益保护的必要性论证语义突破的正当性。❸ 类推解释包括以下特征：作为解释对象的事实必须是法无明文规定，与法律规定事项具有相似性，其解释结果超出法律条文规定含义。❹ 刑法上的类推会导致国民的不可预测性，刑法作为最严厉的制裁手段，应禁止类推解释。

譬如，以《刑法修正案（十一）》之前的规定为例，刑事司法解释将信息网络传播行为视为复制发行行为，即属于类推解释，应予禁止。应指出，罪刑法定主义中的"法"仅指刑法，刑法作为最为严厉的惩罚，涉及生杀予夺、自由和尊严，只有全国人民代表大会及其常委会才能够规定何为犯罪、科处何种刑罚。作为对刑法的解释，立法解释和司法解释作出类推解释是应当被禁止的，如若立法者认为某种行为应当入罪，完全可以通过刑法修正案对刑法进行修订，而非通过解释进行类推。

复制发行与信息网络传播行为在权利特征上差异明显，将信息网络传播行为视为复制发行，属于类推解释，应属无效。刑事司法解释只是对刑法文本的解释，即使是扩张解释也被允许；但是，刑事司法解释不能进行类推解释，否则就创设了新的刑法，成为二次立法，从而取代刑法文本本

---

❶ 陈兴良. 罪刑法定的当代命运［J］. 法学研究，1996（2）：35.

❷ 马克昌. 罪刑法定主义比较研究［J］. 中外法学，1997（2）：37.

❸ 袁博. 论扩张解释在刑事案件中的应用——以司法实务中疑难案件的审判为视角［J］. 政治与法律，2013（4）：147.

❹ 刘明祥. 论刑法学中的类推解释［J］. 法学家，2008（2）：62.

身。司法权不能僭越立法权，代替立法者进行刑事立法，其越权行为当属无效。因此，在《刑法修正案（十一）》生效之前，无论设置深层链接行为是否构成向公众提供作品，都不应当将该行为作入罪处理。

4.3.2 不禁止有利于被告人的类推

禁止类推解释只是禁止不利于被告人的类推，但允许有利于被告人的类推解释。之所以允许有利于被告人的类推解释，原因在于刑法中存在一些有利于被告人的规定，这些规定由于文字表述和立法疏漏，若仅按照文字含义适用，则会导致不公平现象发生，如《刑法》第 67 条第 2 款有关自首的规定，"被采取强制措施的犯罪嫌疑人、被告人和正在服刑的罪犯，如实供述司法机关还未掌握的本人其他罪行的，以自首论"。实践中存在被治安拘留的违法人员，如实供述司法机关未掌握的其他罪行，此时该行为人及其行为不符合《刑法》第 67 条第 2 款的规定，也不符合该条第 1 款关于"自动投案"的条件，但不以自首论，则显然不公平。❶ 允许有利于被告人的类推的理由，不能从形式逻辑求证，只能从人权保障的实质正义出发，这是克服刑法形式侧面缺陷的需要，同时也限制了法官滥用刑罚权的可能。❷

4.3.3 界分标准："语义最远射程"和"国民的预测可能性"

扩大解释和类推解释存在以下区别：前者结论在刑法文义"射程"内，后者在"射程"外；前者是对规范的逻辑解释，后者是对事实的比较；前者通过扩张刑法概念以对相关行为入罪，后者认识到该相关行为不是刑法处罚对象，但以该相关行为与刑法的类似规定有相同危害性而入罪；前者没有超出公民预测可能性，后者超出了公民预测可能性。但二者

---

❶ 张明楷. 罪刑法定原则与法律解释方法［J］. 华东刑事司法评论，2003（1）：19-20.
❷ 周少华."类推"与刑法之"禁止类推"原则——一个方法论上的阐释［J］. 法学研究，2004（5）：69-70.

界限仍难以区分❶，扩张解释和类推解释易产生混同，如若处理不当，易使扩张解释走类推制度的老路。❷ 扩大解释和类推解释的界分可采"语义最远射程"和"国民的预测可能性"标准。❸

就"语义最远射程"而言，扩大解释是超出刑法条文通常字面含义的解释，此种扩张必须具有限度，其限度在于"刑法条文所可能具有的最宽含义"，词语可能具有的含义的最大范围是词语的"边缘地带"，只要具有该词语的核心属性，即使在边缘地带内，将相应的行为解释进去并未超出该词的含义范围。❹ 若处于边缘地带以外，则涉嫌类推解释。"语义最远射程"边界的确立，往往需要借助"国民的预测可能性"标准予以判断。"国民的预测可能性"标准，通俗地讲，即一种解释结论能够被一般人接受，就意味着这种解释结论没有超出国民的预测可能性；如果一种解释结论使一般人对之大吃一惊，则意味着这种解释结论超出了国民的预测可能性。通过"词语可能含义说"能够区分类推解释和扩张解释，但"词语可能含义"的边界很难界定，有时需要从解释是否超过了国民预测可能性等方面加以判断。❺

学界也有研究指出，扩大解释和类推解释本身无须严格区分，只需给用语可能具有的含义划定一个边界即可，此边界是指被解释事项不可与刑法用语存在明显的文义相异，若不存在明显相异，属于扩大解释，否则为类推解释。❻

---

❶ 张明楷. 罪刑法定原则与法律解释方法 [J]. 华东刑事司法评论，2003（1）：20.

❷ 高铭暄. 刑法基本原则的司法实践与完善 [J]. 国家检察官学院学报，2019，27（5）：21-22.

❸ 袁博. 论扩张解释在刑事案件中的应用——以司法实务中疑难案件的审判为视角 [J]. 政治与法律，2013（4）：149.

❹ 陈志军. 论刑法扩张解释的根据与限度 [J]. 政治与法律，2005（6）：110-112.

❺ 刘明祥. 论刑法学中的类推解释 [J]. 法学家，2008（2）：68.

❻ 黄何. 反思扩大解释与类推解释的区分——"不必严格区分说"之提倡 [J]. 北京理工大学学报（社会科学版），2018，20（2）：159-161.

4.4 客观解释及与其他解释的冲突处理

4.4.1 主观解释的不可预测性

以是否应当以情势变化对刑法条文进行解释分类，可将刑法解释分为主观解释和客观解释两种。19 世纪和 20 世纪刑法解释论分别受形式和实质罪刑法定观念支配，分别倾向于采用主观解释论和客观解释论。❶ 主观解释旨在严格尊重和忠实立法意思，对文本予以严格解释，以期实现对立法者立法意图的重构和包摄，保障刑法的预测性、法自由和法安全，明确刑罚权的范围。❷ 司法主体需坚守法律技术，在简单案件中坚持封闭性，在疑难案件中开放。在两种解释论之间，应坚持主观解释论，对于多数纠纷法律会提供确切答案，而仅在例外情况下适当考虑客观解释论。❸

主观解释即以立法者制定刑法时的原意来解释刑法，而何为立法者原意则是主观解释必须予以回答的。正如有研究指出，罪刑法定原则本身通过文字体现，其本身要求解释者采用客观解释，刑法是人民意志的反映，在制定和解释时都必须符合人民意志，若制定时的人民意志已经不符合当下人民的意志，则解释者不应当固守前见，应通过相应的解释方法，使其解释结果体现当下人民意志。客观解释符合罪刑法定的形式和实质要求，而探讨立法原意，则需直接询问当时起草者的意图，此时为人治而非法治。❹ 主观解释的不可预测性使解释者处处受制于历史中的、变幻的立法者，主观解释的不可预测性、不确定性，使得适用者总要询问：谁能够代表当时的立法者？而在本书看来，立法者并不存在，刑法一经制定，便具有客观性，在解释上也应当以客观解释为准，方能限制

---

❶ 梁根林. 罪刑法定视域中的刑法适用解释 [J]. 中国法学，2004（3）：123.
❷ 梁根林. 罪刑法定视域中的刑法适用解释 [J]. 中国法学，2004（3）：123.
❸ 赵运锋. 刑法解释立场：在形式主义与现实主义之间 [J]. 东方法学，2011（4）：144.
❹ 张明楷. 罪刑法定原则与法律解释方法 [J]. 华东刑事司法评论，2003（1）：25.

国家权力和保障公民自由。

4.4.2 客观解释的贯彻

客观解释认为，应尊重法律文本本身的独立性，立法者原意并不能控制文本本身，刑法规范应当根据社会情势的发展变化和要求，赋予文本相应的时代内涵。❶ 在解释法律规范时，不可先将此规范含义封闭化、固定化，而应将法律概念作为开放概念，以随时增添新内容和新含义。❷ 客观解释追求法律本身的客观真实含义，反对寻求立法者的主观意图。当然，也有研究指出，不同的客观解释者都可以以自身的目的观来解释刑法，反倒是主观色彩异常浓厚，对于客观目的论解释的规制，可以从内部和外部两方面予以规制，在内以教义学的方式控制，在外以合宪性进行控制。❸ 在主观解释和客观解释两种解释之间，本书认为应采客观解释，原因如下。

第一，刑法应与知识产权部门法形成有效衔接。近20年的时间，技术发展日新月异，对知识产权部门法提出了较大挑战，知识产权各部门法也在频繁修订。作为保障法的刑法，应当及时回应知识产权各部门法的变动，通过对知识产权各部门法的吸收，为侵犯知识产权罪提供符合发展变化的解释。

第二，刑法文本具有独立性和开放性。所谓独立性，当立法者制定某一刑法条文后，条文的意思即不依立法者的意志为转移。❹ 人们应依据这种脱离立法者的客观存在来理解和解释刑法❺，正如"作者对文本的统治，

---

❶ 赵运锋. 刑法解释立场：在形式主义与现实主义之间 [J]. 东方法学，2011（4）：141.

❷ 张明楷. 刑法解释理念 [J]. 国家检察官学院学报，2008，16（6）：145.

❸ 劳东燕. 刑法中目的解释的方法论反思 [J]. 政法论坛，2014，32（3）：84-90.

❹ 张明楷. 刑法解释理念 [J]. 国家检察官学院学报，2008，16（6）：142.

❺ 薛静丽. 刑罚权的边界与刑法解释 [J]. 法律方法，2011，11（00）：349.

减损了文本诠释的多种可能性，压制了作品本身的价值"❶，虚幻的立法者将限制适用者对刑法条文的解读。因此，对刑法的解释只能采取客观解释论，而不能采取主观解释论，原因在于相对于作者解释作品，读者解释作品更有说服力。❷刑法条文的开放性使得刑法能够及时回应现实需求，若某种解释的目的是获得终极性、权威性的解释结果，并以此种不容置喙的解释结果来定型刑法文本，拒绝将其开放，那么此种解释将使刑法文本过早地失去其生命力❸，这也将极大减损刑法文本的适应性。

4.4.3 客观解释与体系解释的冲突及处理规则

在对刑法条文进行解释时，存在着文义解释、体系解释和合宪性解释等多种解释方法，各种解释方法的运用应当服务于刑法的目的和达成刑法所要实现的实质正义。正如有学者指出，这些解释方法通常存在一定顺序，但并不一定存在位阶，司法实务可以根据需要来选择解释方法，采取何种解释方法通常取决于处罚的必要性。除此之外，在对刑法条文进行解释时，应当考虑国民的认同程度以及解释的后果。❹在侵犯知识罪的刑法解释方法中，需要妥善处理各种解释方法，其中如何对待客观解释意义重大，本书以假冒注册商标罪规制的对象为例，来说明客观解释和体系解释之间冲突，并提供冲突处理规则。

4.4.3.1 体系解释下假冒注册商标罪规制对象的范围

注册商标的范围在商标法中并无争议，但在注册商标类犯罪中模糊不清，从而导致罪与非罪的区别。究其原因，研究者或裁判者仅从单一视角（个罪视角或者商标法视角）出发，缺少全局视野。在体系解释视角下，

---

❶ 李琛.质疑知识产权之"人格财产一体性"[J].中国社会科学，2004（2）：74.
❷ 张明楷.立法解释的疑问——以刑法立法解释为中心[J].清华法学，2007（1）：34.
❸ 陈兴良.罪刑法定司法化研究[J].法律科学，2005（4）：46.
❹ 周光权.刑法解释方法位阶性的质疑[J].法学研究，2014，36（5）：169-174.

结合刑法规定此类罪名的背景，以文义为基础确定注册商标的保护范围，《刑法》第 213 条至第 215 条包括商品商标和服务商标，但不包括集体商标和证明商标❶，原因如下。

（1）罪刑法定原则的要求。1997 年《刑法》在规定侵犯知识产权罪前，1993 年《商标法》第 4 条已新增服务商标，2001 年《商标法》第 3 条新增集体商标和证明商标，1997 年刑事立法者显然知道注册商标包括商品商标和服务商标，但仅选择对在同一种商品上使用相同的商标的行为予以刑事制裁，这是罪刑法定原则中明确性原则的体现。❷《刑法修正案（十一）》明确将服务商标纳入假冒注册商标罪中，故假冒注册商标罪中注册商标的范围显然包括商品商标和服务商标，而《刑法》第 214 条和第 215 条的注册商标中也必然包括商品商标。

（2）应对《刑法》第 213 条和第 214 条作同一解释。假冒注册商标罪与销售假冒注册商标的商品罪之间具有明显的牵连关系。一般而言，在同一种商品或服务上使用与注册商标相同的商标（假冒行为），其目的是销售假冒注册商标的商品（销售商品行为）或提供假冒注册商标的服务（提供服务行为），假冒的目的是销售商品或提供服务以获取利润，故销售假冒注册商标的商品罪中的注册商标包括商品商标和服务商标。

（3）非法制造、销售非法制造的注册商标标识罪中的注册商标包括商品商标和服务商标。首先，结合立法背景，当时的注册商标分为商品商标和服务商标，那么注册商标标识也分为商品商标标识和服务商标标识，立法者并未排除服务商标标识。其次，此种解释满足了《TRIPS 协定》的要求，《TRIPS 协定》第 16 条要求对服务商标给予保护，第 61 条要求对假冒商标提供刑事救济。在《刑法》第 213 条和第 214 条均对商品商标和服务

---

❶ 谭洋. 罪与非罪视野下假冒注册商标罪的司法适用[J]. 决策探索（下），2019（8）：47-49.

❷ 杨靖军，鲁统民. 假冒服务性商标不构成假冒注册商标罪[J]. 人民司法，2008（8）：56.

商标提供刑事保护的情形下,从商标刑事保护体系解释的角度看,也应要求《刑法》第215条对商品商标和服务商标提供刑事保护。

(4)《刑法》始终未明确是否应当对集体商标或证明商标提供刑事保护。《商标法》于2001年新增集体商标和证明商标,1997年《刑法》关于注册商标的犯罪显然只能包括商品商标和服务商标,虽然《刑法修正案(十一)》大幅度修订了侵犯知识产权罪,但是未明确侵犯知识产权罪是否应当对集体商标或证明商标提供刑事保护,从体系解释角度看,《刑法》第213条至第215条不应对集体商标和证明商标提供刑事保护。

4.4.3.2 冲突及处理规则

在客观解释下,对注册商标的犯罪的探讨中,注册商标涵盖的客体应以现行《商标法》为依据,即包括商品商标、服务商标、证明商标和集体商标。此时,客观解释的结果即与体系解释下的结果产生冲突。本书认为,针对注册商标犯罪下注册商标范围的确立,应当以客观解释的结果为准,扩大到侵犯知识产权罪的范围后,对客观解释与体系解释的处理规则,也应以客观解释为准,原因如下。

第一,体系解释本身对侵犯知识产权罪而言并非很重要。侵犯知识产权罪包括8个罪名,涉及注册商标有3个,涉及专利有1个,涉及著作权有2个,涉及商业秘密有2个,各罪名彼此之间各有不同,体系解释很难发挥其作用,而客观解释的独立性、开放性特点,能够有效回应实践中知识产权的发展变化。应指出,此冲突处理规则限定在知识产权民事侵权和刑事犯罪这一领域。

第二,客观解释不会超出一般国民的可预见性。在信息不发达的社会中,一般国民获知法律的成本较高,刑法本身及司法解释的变动都会对国民预期产生影响。而在如今信息发达的时代,一般国民在获得法律信息时,成本几乎可以忽略不计,特别是刑法,应当为国民提供稳定预期。此情况下,客观解释的结果一般不会超出国民的预测范围。特别是对从事商品贸易的市场主体发展来说，当涉及侵犯注册商标专用权的犯罪时，将注册商标解释为全类别商标时，解释结果在其预见范围内。体系解释的结果有效地实现了三种商标犯罪对注册商标范围的协调，并极大地保持克制。刑法保持克制非常必要，但前提是应当对犯罪保持有效威慑。刑法对不同商标提供不同的保护会给检察机关、司法机关和被告带来不必要的混乱，额外增加司法体系的运作成本，也不利于刑法威慑功能的发挥，降低了刑法的可预期性，此种混乱局面完全可以通过采纳客观解释予以克服。

4.5 对知识产权刑事司法解释的态度

我国刑法采用"立法定性+司法定量"模式，立法解释和司法解释很大程度上取代了刑法，成为"操作细则"，一定程度上架空了刑法的价值，并存在立法解释和司法解释有悖于刑法的规定。[1]一些刑事司法解释在相当程度上创新了罪刑规范，呈现"二级立法""准立法化"趋势，司法实践中出现越权性刑事司法在事实上优于刑法文本适用的情况。[2]司法解释立法化在我国有逐步增强的趋势，最高人民法院、最高人民检察院等主体欲通过司法解释使其承担弥补刑法缺陷的作用，但易导致刑法体系的矛盾和混乱。[3]

典型的例子如在《刑法修正案（十一）》之前，最高人民法院、最高人民检察院将通过信息网络传播作品的行为解释为复制发行行为，对此，有研究指出，对该司法解释的适用应慎之又慎，不应轻易利用该解释对深

---

[1] 高铭暄.刑法基本原则的司法实践与完善[J].国家检察官学院学报，2019，27（5）：28.

[2] 梁根林.罪刑法定视域中的刑法适用解释[J].中国法学，2004（3）：125.

[3] 王桢.向死而生：我国附属刑法的立法批判与体系重构[J].天府新论，2019（1）：128.

层链接行为惩处。❶ 因而，对于与刑法基本原则相冲突的司法解释，司法适用者应通过阐释该基本原则的内在原理和适用范围，以拒绝适用该司法解释，从而建立司法解释的合法性审查机制，❷ 如在《刑法修正案（十一）》之后，从字面上看，规避技术措施入罪条款仅规制直接规避行为，并不对提供规避手段的行为提供刑事制裁，但《侵犯知识产权刑事案件解释（征求意见稿）》第9条第2款将提供规避手段的行为纳入刑事制裁，创设了新的罪刑规范。

罪刑法定中的"法"是刑法，司法解释不能违背刑法作出越权性规定。在知识产权刑事司法解释涉嫌作出越权性规定时，刑事司法适用者不能完全予以适用。从法秩序统一的角度来看，作为对知识产权各部门法的保障法，若刑事司法解释与各部门法产生严重冲突，司法适用者应当拒绝予以适用。对于刑事司法解释与各部门之间的矛盾之处，应当尽可能在司法秩序统一的视角下进行妥善解释。

---

❶ 林清红，周舟. 深度链接行为入罪应保持克制 [J]. 法学，2013（9）：159.
❷ 高铭暄. 刑法基本原则的司法实践与完善 [J]. 国家检察官学院学报，2019，27（5）：28-29.

第 5 章 确立界限的原则二：民刑适用规则——以侵犯知识产权行为为结合点

确定侵犯知识产权行为的民事侵权与刑事犯罪界限的原则之二是采用民刑适用规则。对同一种侵犯知识产权的行为而言，学界对于刑法和民法之间的关系存在争议。知识产权具有法定性，通常也与创新、技术和产业等相关，以侵犯知识产权行为为结合点，采用民刑适用规则，对于确定二者之界限意义重大。

5.1 适用原则

根据调整的社会关系和对象的不同，立法者将法划分为宪法、民法、行政法、刑法等不同法域。宪法调整国家与公民的关系；民法规定平等主体之间的财产和人身关系；行政法规定行政主体的权责及与行政相对人之间的关系；刑法规定犯罪与刑罚。由于调整对象和社会关系的不同，各部门法的规范旨趣并不相同，宪法作为最高权威，规定了国家的权力和公民的基本权利等内容，是国家权力和公民权利的来源和宣言书，统摄各部门法；民法核心在于私法自治；行政法核心在于规范行政权；刑法作为保障法、二次救济法，将具有侵害法益的、达到值得科处刑罚处罚的"质"与"量"的行为纳入刑事制裁。因此，由于各部门法的任务和目标各不相同，采取的手段和措施也各不相同，故在调整同一行为时会出现各种冲突和矛盾。

　　法秩序统一性具有目的论意义上的构造，即不同法领域的目的，应服务于整体法秩序。❶ 此种统一性是各法域评价上的一致性，而非形式上的一致性❷，法秩序统一性要求，不同法域的部门法应当保持连贯和一致，在处理纠纷和冲突时，不应导致相互冲突的结果，这也符合立法者、司法者和社会的期待。但是不同部门法的冲突在实践中时有发生。以刑法和民法为例，对同一行为的调整，历来存在独立性说、从属性说、相对独立性说和相对从属性说，具体到对同一行为的违法性判断❸而言，以上四种学说分别基于违法多元论、严格的违法一元论、违法相对论和缓和的违法一元论。❹ 以上学说的对立体现在对以下四个问题的不同回答上：其一，对于民法不予保护的利益或事实，侵害该利益或事实的行为是否具有刑事违法性？其二，民法上禁止的行为，是否当然具有刑事违法性？其三，民法上允许的行为，是否必然不具有刑事违法性？❺ 其四，形式上合法的民事行为，是否具有刑事违法性？❻ 如何妥善处理民法和刑法的关系，事关罪与非罪，并对法秩序带来不同程度的影响。

5.1.1　独立性说与从属性说

5.1.1.1　独立性说

　　对于刑法和民法的关系，一直存在刑法独立性说和刑法从属性说。刑法独立性说认为，解释刑法时以刑法自身的任务和目的为由，不必顾及其

---

❶　郑泽善. 法秩序的统一性与违法的相对性[J]. 甘肃政法学院学报，2011（4）：62.

❷　王骏. 不法原因给付问题的刑民实像——以日本法为中心[J]. 法学论坛，2013，28（3）：146.

❸　所谓违法性是指受到法规范否定评价的违法性，包括民事违法性、行政违法性和刑事违法性。

❹　于改之. 法域冲突的排除：立场、规则与适用[J]. 中国法学，2018（4）：84-104. 王昭武. 法秩序统一性视野下违法判断的相对性[J]. 中外法学，2015，27（1）：170-197.

❺　王昭武. 法秩序统一性视野下违法判断的相对性[J]. 中外法学，2015，27（1）：171.

❻　于改之. 法域冲突的排除：立场、规则与适用[J]. 中国法学，2018（4）：85.

他法律的概念及规定。❶ 各部门法有其规范目的，如民法意在通过意思自治妥善处理民事主体之间的财产和人身关系，刑法旨在惩罚犯罪。各部门法在其统辖的领域具有独立性。针对违法性判断，独立性说坚持违法多元论，即刑法有其规范目的并异于民法，面对同一行为，刑法可以基于自身目的作出判断，并不依赖于民法。对于其他违法行为和刑事违法行为的关系而言，刑事违法行为的判断应独立于其他违法行为，刑事司法人员应当对涉嫌刑事违法行为的构成要件要素、案件事实和处理结论作独立判断。❷

针对以上问题的回答，独立性说认为，民法上允许的行为，可以将其认定为犯罪；民法上禁止的行为，并不当然具有刑事违法性；民法不保护的事实或利益，针对该事实或利益所实施的行为可以具有刑事违法性，如民法不保护毒品，但盗窃毒品，刑法将其作为盗窃罪❸，民法不保护假币、淫秽物品、赌资和犯罪所得的赃物赃款，但对上述对象实施抢劫行为的，构成抢劫罪。❹ 形式上合法的民事行为，并不具有刑事违法性，也即针对同一行为，刑法根据自身规范独立作出行为是否构成犯罪的判断。

5.1.1.2 从属性说

从属性说认为，刑法作为二次法、保障法，对于民事争议的处理，刑法应当从属于民法，当仅涉及私法领域的争议时，刑法不应当介入。针对违法性判断，从属性说以严格的违法一元论为基础。严格的违法一元论认为，某法域适法行为在其他法域不能被认定是违法的，某法领域违法行为

---

❶ 杜文俊. 财产犯刑民交错问题探究［J］. 政治与法律，2014（6）：46.

❷ 张明楷. 避免将行政违法认定为刑事犯罪：理念、方法与路径［J］. 中国法学,2017（4）：50-56.

❸ 2013年《最高人民法院 最高人民检察院关于办理盗窃刑事案件适用法律若干问题的解释》第1条第4款规定，盗窃毒品等违禁品，为盗窃罪。

❹ 2005年《最高人民法院关于审理抢劫、抢夺刑事案件适用法律若干问题的意见》第7条规定，抢劫毒品、假币和淫秽物品等违禁品的，为抢劫罪；抢劫赌资、犯罪所得的赃物赃款的，为抢劫罪。

在其他法领域不能被认为是正当的。❶ 从属性说认为，刑法只能依赖民法等部门法。对刑法属性认识的不同导致了违法判断方法的分歧，刑法兼具独立性和从属性已成共识，存在争议的是"独立性＜从属性"，抑或"独立性＞从属性"。❷

针对以上问题的回答，从属性说认为，民法上不保护的利益或事实，针对该利益或事实所实施的行为不具有刑事违法性；民法禁止的行为，可能具有刑事违法性；民法所允许的行为，一定不具有刑事违法性；形式合法的民事行为，一般不具有刑事违法性。也即针对同一行为，刑事违法性的认定应依据民事违法性的认定。特别是知识产权法这种具有高度的法律移植特性，其中的概念具有封闭性和特定化特征，对于某项侵犯知识产权的行为是否应当入罪，应坚持二次违法性，即首先需要判断该行为是否构成民事侵权或行政违法。❸

5.1.2 相对独立性与相对从属性

5.1.2.1 相对独立性说

相对独立性说认为，对于同一行为的规制，刑法在适当情况下应参照民法。针对违法性判断，相对独立性说以法秩序统一性理念下的违法相对论说为基础，认为并不需要完全排除法域之间的冲突。❹

面对以上的问题，相对独立性说认为，民法不予保护的利益或事实，针对该利益或事实所实施的行为可能具有刑事违法性。例如，民法不保护违禁品、赃款赃物和基于不法原因给付的财物，但上述三种财物可以成为

---

❶ 童伟华. 日本刑法中违法性判断的一元论与相对论述评［J］. 河北法学，2009，27（11）：169.
❷ 简爱. 从"分野"到"融合"刑事违法判断的相对独立性［J］. 中外法学，2019，31（2）：438.
❸ 刘军华，丁文联，张本勇，等. 我国知识产权刑事保护的反思与完善［J］. 电子知识产权，2018（5）：98.
❹ 于改之. 法域冲突的排除：立场、规则与适用［J］. 中国法学，2018（4）：87.

财产犯罪的对象。❶ 民法所禁止的行为，不必然具有刑事违法性。民法允许的行为，行为可能具有刑事违法性。形式合法的民事行为，可能具有刑事违法性。

5.1.2.2 相对从属性说

相对从属性说认为，对于同一行为的规制，刑法应当从属于民法，并应根据情况判断行为的刑事违法性。针对违法性判断，相对从属性说以缓和的违法一元论为基础。对以上问题的回答，相对从属性说认为，民法不予保护的利益或事实，针对该利益或事实实施的行为可能具有刑事违法性；民法上禁止的行为，不一定具有刑事违法性；民法允许的行为，必然不具有刑事违法性；形式上合法的民事行为，应判断其实质内容，进而判断是否具有刑事违法性。

相对从属性说认为，民法上允许的行为，必然不具有刑事违法性，典型案例如黄某"勒索"华硕公司案，黄某因所购的华硕公司电脑出现质量问题向该公司索赔500万元。该案引起较大争论，检方最终作出不起诉决定。虽然黄某的行为形式上符合敲诈勒索罪的构成要件，但其行为本质在于民事维权，其合法行为应作为排除犯罪的事由，其行为当然不具有刑事违法性。❷ 这也是此学说与相对独立性说（违法相对论）的重要区别，相对独立性说认为，民法允许的行为，也可能具有刑事违法性，典型案例如帅某骗保案，被告人帅某故意虚报母亲年龄进行投保，母亲去世后获得20余万元的保险金，保险公司后发现帅某瞒报其母亲的年龄，但此时距保险合同成立已经超过2年，检方以保险诈骗罪提起公诉，而《中华人民共和国保险法》（以下简称《保险法》）第54条规定，投保年龄不真实的事实受2年除斥期间的限制，即2年内保险公司可解除合同，但超出2年后该保

---

❶ 吴镝飞. 法秩序统一视域下的刑事违法性判断[J]. 法学评论, 2019, 37（3）: 52-54.

❷ 吴镝飞. 法秩序统一视域下的刑事违法性判断[J]. 法学评论, 2019, 37（3）: 51.

险公司不能行使解除权，保险合同有效。持相对从属性学说的学者认为，既然依据《保险法》，保险合同有效，帅某的行为属于民法上允许的行为，当然不构成刑事犯罪。持相对独立性学说的学者认为，即使依据《保险法》帅某的行为符合规定，但其行为仍构成保险诈骗罪。❶

违法性存在于所有法领域，应从整体法秩序进行判断，只有当民事违法行为达到值得科处刑罚的程度，才具有刑事违法性，并且法的目的性概念也要求刑法与民法等其他部门法在整体目的上具有统一性。❷以财产权领域为例，刑法学者也指出，刑法介入财产权，既不能单纯维持财产秩序，也不能完全依赖民事法，需在二者中寻求协调，❸某种程度上反映了从属性的内在意蕴。

5.2 相对从属性说之提倡

关于违法性应在法领域统一理解还是依据各法领域分别理解，违法一元论认为应在法秩序统一视野下理解，不能出现在某一领域的合法行为在另一领域违法；违法多元论则认为没有必要绝对排除法规范之间的矛盾，在必要范围内消除即可。❹独立性属于违法多元论，相对独立性属于违法相对论，从属性属于严格的违法一元论，相对从属性属于缓和的违法一元论。对同一行为而言，违法多元论要求各部门法分别独自作出判断，各规范各行其是，此时法秩序统一面临极大挑战。严格的违法一元论因无法回应现实中确实存在的法域冲突问题而日渐式微。违法相对论和缓和的违法

---

❶ 简爱.从"分野"到"融合"刑事违法判断的相对独立性[J].中外法学，2019，31（2）：448-450.

❷ 王昭武.法秩序统一性视野下违法判断的相对性[J].中外法学，2015，27（1）：179.

❸ 付立庆.论刑法介入财产权保护时的考量要点[J].中国法学，2011（6）：146.

❹ 郑泽善.法秩序的统一性与违法的相对性[J].甘肃政法学院学报，2011（4）：69.

一元论试图实现法秩序的统一，相对于违法相对论，缓和的违法一元论对违法进行相对性的判断，能够为解释不同部门法间的冲突提供解决框架。

通过对四种学说的比较，本书认为，从刑法和民法的关系及刑法和民法对同一行为的违法性判断上看，对于知识产权的侵权行为是否应当入罪问题，应当采纳相对从属性说，并应从以下思路来理解和适用相对从属性：承认可罚的违法性，采用双重判断结构，即"刑事违法性＝一般违法性＋可罚的违法性"。以此判定侵犯知识产权行为是否应当入罪。同时，在进行违法判断时，应把握相对性的判断规则，即刑法独立和从属的界限，并且应遵从主流意见规则，即当知识产权领域已经有主流意见时，刑法应当参照。应指出，此规则并非否定刑法的独立性，而是表明作为二次法和保障法的刑法，应当重视知识产权领域已经暂时达成的规则。

5.2.1 可罚违法性的承认

承认可罚的违法性，能够将刑事犯罪和一般违法行为区分开来。可罚的违法性理论认为，成立犯罪必须具有值得处罚的违法性，若欠缺则阻却违法。[1] 该理论源自日本，针对造成一定法益侵害后果的行为，应综合考察该行为的手段、目的和法益等要素，可以认为不具处罚价值的情况，其用于对犯罪构成进行缩小解释，界定刑罚边界，从而区分刑事犯罪和一般违法行为。[2]

承认一般违法性，采纳以下双重判断结构：刑事违法性＝一般违法性＋可罚的违法性。此判断结构能够明确民事违法性和刑事违法性的从属关系，即其他领域违法行为未必是刑法上的违法行为，而其他法领域的合法行为在该判断结构下不具有一般违法性，所以必然不具备刑事违法性。[3]

---

[1] 王骏. 违法性判断必须一元吗？——以刑民实体关系为视角[J]. 法学家，2013（5）：133.
[2] 王昭武. 犯罪的本质特征与但书的机能及其适用[J]. 法学家，2014（4）：76-77.
[3] 王昭武. 法秩序统一性视野下违法判断的相对性[J]. 中外法学，2015，27（1）：180-182.

通过一般违法性，能够将其他领域的违法性和刑法上的违法性区别开来，一般违法性在解释论上有其存在的实际意义，即当具备一般违法性但不具有可罚的违法性时，针对一般违法性可实施正当防卫。❶当然，也有研究提出批评意见，认为一般违法性有诸多弊端，此种二元判断结构并不会被司法者采纳，因为司法者只会从犯罪构成出发，考察该行为是否整体为法秩序所允许。❷

同时，可罚违法性的判断应从"质"与"量"上进行界定，"质"和"量"分别指行为僭越社会相当性的程度和法益侵害程度。对于"质"（即行为僭越社会相当性的程度），应考虑行为的手段是否相当、目的是否正当、行为人的人身危险性程度、行为是否能为社会道德所容忍和行为发生的时点等因素；对于"量"（即法益侵害程度），应考虑法益的性质（如生命权或财产权）和对法益侵害的严重程度等。❸从"质"和"量"上单独考察可罚的违法性，这表明可罚的违法性的存在实质限缩了刑事违法性的范围。❹

通过引入一般违法性以及承认可罚的违法性，使得民事违法性和刑事违法性统辖在该判断规则下。对于同一行为的判断，民事违法和刑事犯罪有了可比较的空间。对某一民事违法行为是否应当被纳入刑事制裁，则应考虑可罚的违法性。如未经著作权人许可，以营利为目的，复制了著作权人的一本小说（假设正版小说价值50元），显然该行为构成民事侵权，属于一般违法行为，但是不具有应受刑法处罚的"质"与"量"，也即具有可罚的违法性，显然不应当将该行为予以入罪。正如有研究指出，解决民

---

❶ 郑泽善.法秩序的统一性与违法的相对性[J].甘肃政法学院学报，2011（4）：64.
❷ 王骏.不同法域之间违法性判断的关系[J].法学论坛，2019，34（5）：70.
❸ 王昭武.犯罪的本质特征与但书的机能及其适用[J].法学家，2014（4）：80.
❹ 高铭暄，曹波.保险刑法规范解释立场新探——基于缓和违法一元论的展开[J].中国应用法学，2019（3）：8.

刑交叉问题的正确路径，即不得将不具可罚的违法性的民事违法认定为刑事违法。[1]

5.2.2 违法判断的相对性

相对从属性以缓和的违法一元论为基础，那么从相对从属性上来说，何时绝对从属、何时相对从属就是相对从属性需要回答的问题；或者说，从缓和的违法一元论的层面上来讲，何时坚持违法的一元论或法秩序的统一性，何时缓和即保持相对性，则是缓和的违法一元论需要回答的问题。实质上，二者是回答同一个问题，即何时绝对独立、何时相对从属[2]，也就是何时一元、何时相对。[3]

针对上述问题，有研究指出，在有的地方必须一元、有的地方可以相对[4]，但仍没有指明何时一元、何时相对。具体到相关法的领域，有研究指出，若民法适法行为，刑法不能认为违法，此时法秩序具有一元；若民法违法也不一定在刑法上违法，此时法秩序具有相对性[5]，缓和的违法一元论在民刑关系上则显得更加具体。

针对违法判断的"相对性"，应从两方面予以考虑。其一，违法性存在于整体法秩序中，并且是法解释的大前提，构成要件该当性是否具有违法性，应当从整体法秩序中判断，而非仅从刑法角度。民事违法行为达到值得科处刑罚的程度才具有刑事违法性，否则其仅具有民事违法性。其二，法的合目的性指出，违法性判断的相对性应受限制，必须有助于法秩序的统一，否则在主张违法多元论的情况下，在法秩序统一外，各法域独

---

[1] 王昭武. 经济案件中民刑交错问题的解决逻辑[J]. 法学, 2019（4）: 13.
[2] 于改之. 法域冲突的排除：立场、规则与适用[J]. 中国法学, 2018（4）: 92.
[3] 童伟华. 日本刑法中违法性判断的一元论与相对论述评[J]. 河北法学, 2009, 27（11）: 172.
[4] 童伟华. 日本刑法中违法性判断的一元论与相对论述评[J]. 河北法学, 2009, 27（11）: 172.
[5] 童伟华. 日本刑法中违法性判断的一元论与相对论述评[J]. 河北法学, 2009, 27（11）: 172.

立进行违法性判断，民法上合法行为也有可能在刑法上违法。❶从规范保护目的出发，当民法和刑法在规范目的相同时，刑法应当绝对从属于民法；而相异时，刑法相对独立于民法。❷以行政不法和刑事不法为例，从法益角度出发，若前置行政不法与刑事不法侵害同一法益，则该经济犯罪的违法性认定具有从属性。所以，针对刑事不法和行政不法是否针对同一法益，可依独立性或从属性构建刑事违法性判断规则。❸

相对从属性说基于缓和的违法一元论，进行违法相对性的判断。民法禁止的行为，不一定具有刑事违法性。以知识产权为例，如商标法禁止在同一种商品上使用与权利人注册商标近似的商标且导致混淆的行为，但即使行为人实施以上行为，构成民事侵权，也不构成刑事犯罪。如专利法禁止侵犯专利权的行为，但即使行为人未经许可实施了受专利权控制的行为，从而构成专利权侵权，也不构成刑事犯罪。如民法禁止违约或过失行为，违约属于债的领域，双方当事人均具有预期和相应的违约救济措施。一般而言，刑法不应将此种行为纳入刑事制裁，同时刑法以处罚故意为原则，以处罚过失为例外。但是，在商业秘密领域，刑法却将违约披露、使用或允许他人使用商业秘密的行为纳入刑事制裁，虽然其正当性值得怀疑，但是真实地反映了相对从属性学说对知识产权民事侵权和刑事犯罪的界分机能。

5.2.3 主流意见规则

在相对从属性说下，对于侵犯知识产权行为是否应当入罪的问题，应以知识产权法中的主流意见规则来确定。若主流意见规则认为，某种行为构成侵犯知识产权行为，则按照构成要件该当性、违法性和有责性以确定

---

❶ 王昭武.法秩序统一性视野下违法判断的相对性[J].中外法学，2015，27（1）：179.
❷ 于改之.法域冲突的排除：立场、规则与适用[J].中国法学，2018（4）：94-97.
❸ 孙国祥.经济犯罪违法性判断具有从属性和独立性[N].检察日报，2017-10-16（003）.

其刑事违法性；否则，不应当入罪。采用此规则，至少有以下四个原因。

第一，知识产权法中的主流意见规则代表知识产权法学者对某一问题所达成的暂时平衡，此种解决方案在知识产权法体系内部是最优解，能够最大程度解决该纠纷。在知识产权法学者对某项行为是否构成侵犯知识产权行为的问题上已经达成一致意见时，刑法对行为的违法性和法益侵害的认定应以前置法领域的专家意见为基础❶，保持谦抑性，为市场经济参与者提供预期和较为宽容的市场环境。以深层链接为例，主流观点认为设链者对作品设链的行为不构成向公众提供作品的行为，如果设链者破坏了保护版权作品的技术措施，则构成违法，需承担民事责任；如果设链者没有破坏权利人设置的保护版权作品的技术措施，则不构成著作权法上的违法行为；进一步讲，如果设链者的设链行为分流了权利人的用户，给权利人带来较大损失，法院应当谨慎评价设链者的行为是否会构成不正当竞争，从竞争秩序的角度对行为人的行为进行规制。所以，在知识产权法领域，从主流意见规则出发，设链者的设链行为不构成提供作品的行为，进而不构成向公众提供作品的行为。当行为不构成通过网络向公众传播作品的行为时，该行为当然不构成侵权著作权罪。所以，实践中将"深层链接"纳入刑法规制的判决值得商榷。

第二，主流意见规则能够在司法体系内形成多层次的救济模式，形成部门法之间的良性互动，防止刑罚权的随意发动。司法保护体系应当形成多层次的有效救济模式，面对有重大争议的知识产权纠纷问题，知识产权法学者之间会形成主流意见，也会有其他非主流意见，主流意见代表了对该争议问题达成的暂时平衡，而非主流意见则表明问题的复杂性，从根本上来说，此争议问题在知识产权法领域未得到充分解决，此时刑法不应贸然介入。

第三，入罪对技术进步和创新的重大不利影响。一般认为，监禁的威

---

❶ 田宏杰.立法扩张与司法限缩：刑法谦抑性的展开［J］.中国法学，2020（1）：181.

惧将极大挫伤创新者的积极性。例如，链接技术已经成为互联网中的重要技术，深层链接也为用户带来了不同的阅读和欣赏体验，是否应当将其入罪，刑事司法者应当慎重考虑。知识产权法并不调整技术，而是调整技术进步所引发的权利人、公众和社会之间在权利和义务上的关系。知识产权法，特别是著作权法和专利法，涉及技术进步和创新，立法者在创设著作权法和专利法规范时，必然也会考虑到相应的权利、义务的设定是否会阻碍技术进步和创新。同时，主流意见规则在对是否应当将某种行为界定为侵权行为时，通常也会考虑某种行为对技术和创新的影响。主流规则为入罪行为提供了参照。

第四，主流意见规则符合公众的认知。在知识产权主流意见规则认为不构成侵权行为时，民众通常也认为不会构成犯罪。每一次司法救济不仅是在实现规范本身，而且是教育公众的机会，特别是在知识产权法这一领域。

5.3 同一概念的解释规则

5.3.1 同一性解释

在规制一项民事侵权行为时，刑法对该行为的解释应遵循相对从属性说，具体到知识产权的同一概念、用语时，应作同一解释。原则上，在规制同一侵犯知识产权的行为时，刑法作为保障法，应当与知识产权法采用同样的概念、用语，并作相同解释，这是法体系在形式上和实质上的要求。若作为后续法的刑法，不与作为前置法的著作权法、商标法和专利法在概念上保持一致，会造成执法的混乱。❶

对同一概念作同一解释，符合认知规律，有利于法体系的融贯和法律

---

❶ 刘伟. 经济刑法规范适用原论[M]. 法律出版社，2012：222-223.

适用。在刑法中，对同一概念的解释主要分为两种情况。

第一种情况，对于刑法明示类的同一概念，刑法必须严格参照相关法规。例如，《刑法》第141条第2款规定，生产、销售假药罪中的"假药"是《中华人民共和国药品管理法》（以下简称《药品管理法》）中规定的假药和按假药处理的药品、非药品，所以在对生产、销售假药罪中的"假药"解释必须参照《药品管理法》进行解释。再如，《刑法》第180条第3款规定，内幕交易、泄露内幕信息罪中的"内幕信息"和"知情人员"，依法律和行政法规确定，则刑法对该罪中相关概念的解释必须参照《中华人民共和国证券法》等法律和行政法规。又如，《刑法》第186条第4款规定，违法发放贷款罪中关系人的范围，依《中华人民共和国商业银行法》和相关金融法规确定。以上为刑法明文规定，因而在概念使用上必须参照相应的法律和行政法规。

第二种情况，刑法未明示类的同一概念，但是对于该概念如果刑法不参照相应的其他法律法规，则无法确切理解其内涵。例如，《刑法》第98条中"近亲属"的概念，并未言明其内涵，则应参照民法的规定，《中华人民共和国民法典》（以下简称《民法典》）第1045条第2款指出，近亲属包括配偶、父母和子女等八类人。❶ 再如，《刑法》第194条的票据诈骗罪，对于汇票、本票和支票等用语，刑法并未言明其内涵，但若不参照《中华人民共和国票据法》等相关法律和行政法规，则无法确切理解其内涵。

侵犯知识产权罪属于第二种情况，即刑法并未明示应参照何种法律法规，但若刑法不参照知识产权各部门法则根本无从了解作品、专利、商标和商业秘密的内涵。以侵犯著作权罪中的"其他作品"为例，侵犯著作权罪第1款中包含了5种作品和其他作品，采取列举加概括的形式。《最高人民法院、最高人民检察院、公安部关于办理侵犯知识产权刑事案件适用法

---

❶《民法典》第1045条第2款规定："配偶、父母、子女、兄弟姐妹、祖父母、外祖父母、孙子女、外孙子女为近亲属。"

律若干规则的意见》第 13 条中新增了 3 种作品或制品，即摄影作品、录像作品和录音录像制品。侵犯著作权罪中的"其他作品"，是 5 种以外的，还是 8 种以外的，抑或是著作权法意义下的其他作品。换言之，能否将符合独创性的作品类型都解释进来？例如，行为人以营利为目的，未经许可，复制发行了他人大量的口述作品，违法所得数额较大，此行为构成著作权侵权，但是否构成侵犯著作权罪？

本书认为，刑法中的"其他作品"和著作权法下的作品内涵应当一致，作同一解释，若著作权法将其作为例示性而非限定性的❶，则刑法也当然作同等对待。至于刑法采"其他作品"作为兜底，原因在于立法技术的问题，刑法是为了防止错漏，采此策略，著作权犯罪属于"法定犯""行政犯"，在定罪时必须要以著作权法及相关规范作为前提。❷

5.3.2 相对性解释

对同一用语作同一解释，有助于实现刑法正义、保证刑法安定性，且符合现实需要，否则必须承认刑法用语的相对性❸，而对同一概念采相对性解释时，首先必须承认语言自身的复杂性，即语言自身的多义性和不确定性。❹语言在进化过程中，其自身存储了多项内涵，在不同语境下，同一概念会展现不同的内涵，这种多义性来自交往的需要。对同一概念在不同语境下的不同解读，取决于概念本身的核心和边缘意义，概念的核心意义往往明确，但边缘意义模糊，这也是为什么对同一概念，刑法和民法会作出不同的解释。此外，对同一用语作相对解释，还有以下理由。

---

❶ 李琛. 论作品类型化的法律意义[J]. 知识产权, 2018（8）: 3-7.
❷ 刘宪权, 吴允锋. 侵犯知识产权犯罪理论与实务[M]. 北京: 北京大学出版社, 2007: 286.
❸ 张明楷. 刑法分则的解释原理[M]. 北京: 中国人民大学出版社, 2003: 327.
❹ 朱铁军. 刑法与民法之间的交错[J]. 北方法学, 2011, 5（2）: 55.

5.3.2.1 解释的需要

法律的适用即法律解释的过程。法律解释的结论是解释主体、共同体、解释对象和解释目的等多种因素共同作用的结果。从刑法目的出发，为实现法益保护机能和自由保障机能，对同一用语有时需扩大解释或限制解释，有时仅需从字面予以解释，因此会产生对同一用语解释的相对性。❶ 从体系解释出发，针对同一个刑法用语，也可能具有不同含义。在任何场合，对任何一个用语作完全相同的解释，必然违背罪刑法定原则，如因抢劫罪中的暴力包括故意致人死亡，便认为妨碍公务罪中的暴力也包括故意致人死亡，则必然导致罪刑法定原则的实质侧面所禁止的不均衡的刑罚。❷

同一私法概念，其在刑法构成要件中的意域可能宽于或窄于私法的概念。原因在于，刑法的构成要件由一系列概念组成，在规范目的的统摄下具有特定目的的法律意义，描述了一种不法类型，只要行为与该不法类型的实质行为相同或相似，且在语义射程范围内，都可被构成要件的语言所涵盖❸，从而导致对同一概念的不同解释结果。

5.3.2.2 概念服从规范目的

概念服从规则，规则服从规范，规范服从法秩序。基于刑法与行政法所要维护的不同的"法秩序"，即使刑法明确指出相关概念源于行政法，但刑法中的概念也未必与行政法所规定的相同，如《刑法》第141条的生产、销售假药罪中的"假药"，从出罪层面看，只要不是《药品管理法》的假药，就排除该罪的适用；从入罪层面看，即使是《药品管理法》所规定的假药，未必是该罪的假药，仍应根据刑法目的诠释，销售假药罪危及药品监管秩序，也危及不特定人的生命健康，法益保护溢出一般药品管理

---

❶ 张明楷.刑法分则的解释原理[M].北京：中国人民大学出版社，2003：336.

❷ 张明楷.罪刑法定原则与法律解释方法[J].华东刑事司法评论，2003（1）：24-25.

❸ 吴学斌.刑法适用方法的基本准则——构成要件符合性判断研究[M].北京：中国人民公安大学出版社，2008：107-110.

秩序，此时刑法具有独立性。❶例如，在陆某代购印度抗癌药案中，劳东燕教授即指出，若药品本身的安全性得到保证，虽欠缺批准手续，但却没有危及药品交易秩序，在被告未将药品推向市场时，不能将被告所代购的药品认定为假药。❷再如，在赵某华非法持有枪支案中，对于《刑法》第218条中"枪支"的认定也是如此，该罪对于枪支的认定应参照枪支管理规定，即《中华人民共和国枪支管理法》，公安部指出所谓枪支，即枪口比动能大于等于1.8焦耳/平方厘米。有研究指出，即使涉案"枪支"满足了公安部所设定的最低标准构成行政法上的枪支，但涉案枪支无法对公众造成实在的危险，即不是刑法意义上的枪支，这应当是对赵某华非法持有枪支案出罪的理由。❸

刑法有其特定的规范目的，对于同一概念的解释，刑法不必必然按照其他法律作出相同的解释，而应在用语可能范围内作出合刑法目的的解释。❹对于同一概念在不同部门法存在不同理解，不能据此认为此种解释违背了法秩序的统一，此种解释是在维护各部门法的不同规范目的的情况下尽可能地实现秩序的统一，是一种违法一元论下的合理缓和。如甲将金钱委托乙保管，乙据为己有，刑法上需承认甲对金钱具有所有权，才能以侵占罪❺起诉乙；而在民法上即使不承认此种所有权，只要承认二者之间存在债权债务关系，仍可保护甲。❻因而从概念服从规范目的出发，对同一概念作相对性解释存在合理性。

---

❶ 孙国祥.经济犯罪违法性判断具有从属性和独立性［N］.检察日报，2017-10-16（003）.
❷ 劳东燕.价值判断与刑法解释：对陆勇案的刑法困境与出路的思考［J］.清华法律评论，2016，9（1）：147-148.
❸ 欧阳本祺.论行政犯违法判断的独立性［J］.行政法学研究，2019（4）：95-96.
❹ 张明楷.罪刑法定与刑法解释［M］.北京：北京大学出版社，2009：124-126.
❺ 侵占罪保护的法益是财物的所有权，如若承认乙对金钱具有所有权，则无法以侵占罪对乙定罪。
❻ 童伟华.日本刑法中违法性判断的一元论与相对论述评［J］.河北法学，2009，27（11）：172.

5.3.3 同一性解释的贯彻

知识产权作为法定权利，知识产权各部门法对其用语具有特定性和专业性。例如，商标法下的商标使用即需用于识别商品来源，著作权法下的各项专有权有其特定内涵。尽管刑法规范具有独立性，但对刑法概念的解释不能超过概念本身的射程，必须参考民法规定。❶ 这种从属性、参考性在知识产权刑事犯罪领域有着更为重要的意义。民法中相当多的用语对刑法是通用的❷，这种通用性在知识产权领域较为突出。如果说离开民法中财产的概念，对于抢劫、盗窃某种物品，此种物品是否属于财物（或财产）可以求助于日常经验的话，而对侵犯知识产权个罪而言，若离开知识产权各部门法，刑法则根本无法理解何为著作权、商标、专利和商业秘密。在刑法规制的其他领域承认对同一概念的解释具有相对性可能有其合理性，但是在侵犯知识产权罪中，应当予以排除，原因如下所述。

5.3.3.1 实行行为的衔接

刑法作为保障法，应当实现在实行行为上与知识产权各部门法的完全对接。何种侵犯知识产权的行为对权利人的利益影响最大，以及是否无法实现对其威慑，各部门法的研究者和司法适用者对其最为了解。只有当知识产权各部门法无法对某些侵权或违法行为提供有效威慑时，刑法的介入才具有正当性。在衔接层面，知识产权各部门法中的刑事责任的规定即表达了各部门法所认为的、对权利人利益影响最为严重的而仅能通过刑法予以惩戒的看法。基于此，刑法应当以知识产权各部门法中所规定的刑事责任条款作为依据，进行刑事立法。

但不得不承认，我国知识产权各部门法的修改效率较低，知识产权学者的研究侧重于知识产权民事权利的建构、解释和责任的承担上，对于

---

❶ 杜文俊. 财产犯刑民交错问题探究[J]. 政治与法律，2014（6）：57.

❷ 刘伟. 经济刑法规范适用中的从属性问题[J]. 中国刑事法杂志，2012（9）：38-39.

刑事责任的研究非常薄弱，使得各部门法中刑事责任条款并未得到有效重视，理论研究的薄弱也导致知识产权各部门法中的刑事责任条款的虚置。此种局面也影响了侵犯知识产权罪的实行行为与各部门法中刑事责任的有效衔接。

5.3.3.2 促进知识产权各部门法与刑法的对话

同一性解释能够实现刑事司法者与知识产权学者展开学科对话。例如，广州市中级人民法院知识产权庭在"喷码机案"的启示中言明，该案审理引入了"知产民事审判思维"，对类似案件有标杆导向作用。❶ 言下之意，刑事案件中引入民事审判思维，是不寻常的审判方式，因而对同一概念进行同一解释有利于引导刑事司法者参考知识产权各部门法，典型例子如"三审合一"制度，对于准确划清知识产权刑事司法罪与非罪的界限，具有明显的机制和专业优势。❷ 对知识产权的有效保护，前提是对知识产权的民事特征有着较为充分和准确的理解。以商业秘密案件为例，民事、行政和刑事程序都要判定秘密点（保密性、实用性和经济性）。在"三审合一"制度推行前，知识产权民事、刑事、行政案件一般由民庭、刑庭和行政庭分别审理，由于审理思路、经验、知识储备的差异，法官往往对同一问题产生不同见解，使得某一技术点在此案件中被认定是秘密点，而到彼案件中又被认定为不是秘密点，对既判力产生不利影响，而"三审合一"将诉讼置于同一审判庭审理，能够对同一问题形成同一认识，有效避免裁判冲突。

对知识产权同一概念的同一解释创造了基本共识，研究者能够以这一基本共识为前提，在司法保护体系内为保护知识产权提供最优保护模式。

---

❶ （2014）穗中法知刑终字第 21 号刑事判决书。案情可参见：广州法院 2014 年知识产权十大案例［J］. 法治论坛，2015（4）：239-240.

❷ 宋健. 划清知识产权刑事司法罪与非罪的界限［J］. 中国审判，2014（5）：17.

5.3.3.3 提升侵犯知识产权罪的立法和司法解释水平

对于知识产权的民事保护和刑事保护而言，首先应当处理好二者的协调问题，即在司法保护体系内，能够形成不同层次的保护力度。这种协调性在立法上表现为，知识产权各部门法对权利人提供充分的保护手段，并明示何种行为是权利人的核心利益以及何种行为在民事保护框架下无法得到有效保护，因而应留予刑事保护。刑事保护通过对这些行为提供不同程度的刑罚，从而惩罚此类行为。由此，形成保护力度有别的多层次保护体系。

通过比较我国知识产权民事保护和刑事保护，能够看出对于同一用语，刑事保护在立法用语上仍停留在 20 年之前的水平，已与知识产权各部门法不相协调，并滞后于社会发展。

本书认为，在知识产权领域内，贯彻同一概念同一解释，可提升刑事立法和司法的质量和水平，能够在司法保护体系内形成较为明确的民事保护和刑事保护的界限，而不至于民事保护和刑事保护产生重叠、冲突，可最终提升知识产权司法保护的整体水平。

5.4　附属刑法与刑法分歧的处理规则

5.4.1　以刑法规定为适用原则

刑法规范包括刑法、单行刑法和附属刑法，其中以刑法为主。所谓附属刑法，即在非刑事法律中规定刑罚。知识产权各部门法中的刑事责任条款主要包括《著作权法》第 53 条、《商标法》第 67 条和《专利法》第 68 条，其特征在于各部门法列举的应受刑罚处罚的行为的数目与《刑法》规定不一致。例如，《著作权法》第 53 条规定了 8 类行为可构成犯罪，侵犯著作权罪将其中 6 类行为纳入制裁范畴。行为描述与刑法中的罪状不一致，如《专利法》第 68 条要求对"假冒专利"予以刑事制裁，但假冒专利罪的实行行为是"假冒他人专利"。各部门法中并未规定刑罚罚则。

知识产权各部门法对刑事责任的规定当然有效，但当行为人涉嫌侵犯知识产权罪时，应适用《刑法》而非知识产权各部门法中的刑事责任条款。但不应就此否定知识产权各部门法中刑事责任条款的作用，其作用表现在三个层面。其一，刑事责任条款的存在使知识产权司法保护体系得以完善。若认为该附属条款无实际适用余地将其删除，从各部门法的规定来看，则会造成仅有民事保护这一种司法救济渠道。其二，宣示作用。法律不仅有制裁功能，而且也具有指导行为的规范作用。即使该刑事责任条款实质上并未得到适用，但其存在能够起到引导和规范社会公众的作用，此种宣示、警示和指引作用不可忽视。其三，与刑法形成衔接。通过刑事责任条款，知识产权法实现了与刑法的衔接，二者因此能够对同一行为的规制展开对话。

5.4.2 知识产权附属刑法的完善规则

我国知识产权各部门法中的刑事责任既无罪名，也无法定刑，罪状描述也与侵犯知识产权罪并不一致。侵犯知识产权罪的诸多问题，源于知识产权部门法与刑法没有形成对话和互动，这种隔阂导致二者产生众多分歧，解决分歧的突破口之一是完善知识产权附属刑法。

具体而言，知识产权附属刑法的完善规则，即将侵犯知识产权罪的内容移至知识产权各部门法中，在知识产权各部门法中规定明确的刑事责任，即罪名、罪状和法定刑。当将侵犯知识产权罪挪到知识产权部门法时，将涉及《刑法》体例的调整。有研究指出，应使我国《刑法》立法体制从一元向二元转变，赋予附属刑法独立的立法方式，可采纳类似《荷兰经济犯罪法》的"框架立法"模式。❶所谓的"框架立法"模式，即在刑法中保留较为稳定、立法已经非常成熟的犯罪，将变动较为频繁的犯罪放在附属刑法中，刑法仅指明相应的罪名，而具体罪名、罪状和法定刑在附属刑法中予以明确规定，使得刑法能够及时应对社会的发展和回应相应的诉求，从而不仅能保持刑法的相对稳定性、节省立法成本，而且能减少刑法修正案的大量出现。❷对知识产权各部门法中的刑事责任条款予以完善，至少包括以下原因。

5.4.2.1 形成完整的司法救济体系

事实上，我国知识产权刑事保护仍然比较克制，如许多构成侵犯知识产权罪的被告人并未被收监执行，而是被判处缓刑。与此相反，知识产权行政保护仍然在不断扩大，导致的结果就是司法救济体系相对克制，行政保护正在不断扩大其执法权。

如果将侵犯知识产权罪的内容移至知识产权各部门法后，那么侵犯知识产权的民事责任和刑事责任都能够于各部门法内部找到依据，而行政保护也无法以司法保护体系内部存在不衔接之处而过度介入。但若将各罪纳入知识产权各部门法中，会存在侵犯商业秘密类犯罪无法得到安置的问题，鉴于我国目前可能正在考虑制定商业秘密法❸，可将该规定纳入未来的商业秘密法当中。

5.4.2.2 减少冲突

将侵犯知识产权罪的内容移至知识产权各部门法后，能够在较大程度上消除知识产权部门法与侵犯知识产权罪的矛盾。

第一，立法用语问题。立法用语反映了立法水平的高低，在将侵犯知

---

❶ 孟庆华.附属刑法的立法模式问题探讨［J］.法学论坛，2010，25（3）：76-81.

❷ 孟庆华.附属刑法的立法模式问题探讨［J］.法学论坛，2010，25（3）：80-81.

❸ 全国人大财经委建议.适时提出商业秘密法立法建议［EB/OL］.（2023-02-14）［2023-10-26］. http://www.npc.gov.cn/npc/c2/c30834/202302/t20230214_423493.html.

识产权罪的内容移至知识产权各部门法后，在进行下一次修法之时，肯定会将类似"复制发行"的用语进行修订。刑事责任在部门法中完整地得到展示，并且也得到适用。此时，各部门法中的刑事责任的变动将会同时引起知识产权法学者和刑法学者的关注，至少不会再出现类似"复制发行"的用语。事实上，将部分法定犯罪的罪状描述交给非刑事法律，是刑法对非刑事法律的巧妙借用。❶

第二，将进一步制约刑事司法解释可能的越权行为。当将侵犯知识产权罪的内容移至知识产权各部门法后，再以其中的刑事责任条款制定刑事司法解释时，便会受到知识产权各部门法的约束，从而作出相对合理的司法解释，而类似在《刑法修正案（十一）》之前将信息网络传播行为解释为"复制发行"的现象将得到遏制。

第三，不当罚的行为不应当纳入刑事制裁。将刑事责任条款纳入知识产权各部门法后，由于知识产权学者的参与，相关不合理的行为将不会被纳入刑事制裁的考量范围之内，如不会将违约披露、使用商业秘密的行为入罪。

5.4.2.3 提高理论研究水平

当将侵犯知识产权罪的内容移至知识产权各部门法，知识产权学者开始关注刑事保护后，将促进司法保护理论水平的提升，表现在以下两个方面。

第一，促使知识产权学者和刑法学者展开对话。知识产权刑事责任作为知识产权司法救济的重要一环，在研究中呈现"双不管"的特征。刑法学者基本很少会关注侵犯知识产权罪，知识产权学者在涉及刑事责任时，会有意、无意地选择忽视。当具体的知识产权刑事责任进入部门法后，知识产权学者也将力求为刑事责任寻找相应的理论资源，推动知识产权学者

---

❶ 万国海.罪刑法定之"法"应当涵盖非刑事法律［J］.扬州大学学报（人文社会科学版），2007（5）：107.

和刑法学者的对话,从而提高知识产权刑事保护的研究水平。

第二,能够改善知识产权司法保护研究不均衡的现实局面。作为知识产权司法救济的民事保护和刑事保护,从广度和深度上来看,对于民事保护的研究成果要优于刑事保护。囿于各种原因,知识产权学者的精力主要在民事保护上,刑事保护研究则显得薄弱。但应当指出,刑事保护对知识产权保护意义重大,其提供的威慑能够节约社会成本。

以知识产权惩罚性赔偿为例,从传统观点来看,民事保护的功能在于填平、补偿损害,刑事保护的功能则为惩罚。知识产权各部门法已经全面引入了惩罚性赔偿制度,惩罚性赔偿制度不再是一种补充作用。作为类比,对于物权的损害,则没有惩罚性赔偿适用的空间。这是否意味着,当惩罚性赔偿从商标法扩展至专利法、著作权法时,民事保护对某些行为的威慑效用越来越小?事实上,惩罚性赔偿倍数的不断提高,威慑效益并不会一直随之提高,存在某个时间节点的边际效用递减。此种情况下,是否可以考虑采用刑事手段对某些侵犯知识产权的行为予以规制呢?

第 6 章 界限标准对界限模糊的类型化的适用

对于侵犯知识产权罪的构成要件该当性进行解释时，若刑事司法解释与知识产权各部门法相同，则依其解释；若与知识产权各部门法存在根本冲突，则不应当适用刑事司法解释，应以各部门法的规定为准；若与知识产权各部门法存在非根本冲突，应作出有利于二者衔接的妥善安排。

6.1 类型一：同一概念的同一性解释

6.1.1 刑法相对从属性说"复制发行"的解释

6.1.1.1 刑法从属性说"复制发行"的错漏

刑法从属性说要求刑法严格从属于知识产权各部门法，在刑法和知识产权各部门法的规范存在冲突时，易使研究者从刑法规范上逃逸，忽视或不承认刑法的既有规范，或者直接要求修改刑法的规定。这并非一种法教义学的研究方式，既不符合刑事司法实践，也难以为刑事司法实务者所接受。

以"复制发行"的解释为例，持刑民衔接理念的研究者忽视了知识产权刑事司法解释中"复制发行"还包括复制的行为[1]，或称若将"复制"

---

[1] 王迁.知识产权法教程[M].5 版.北京：中国人民大学出版社，2016：138.

入刑，唯一的方案是在《刑法》第217条第1款第（一）项中新增"复制"。❶ 刑民衔接理念显然是刑法从属性说的体现，其目标是尽可能地实现刑法和知识产权各部门法顺利对接。但不可忽视的是，在特定时期，刑法确实作出了与知识产权各部门法不同甚至矛盾的规定，如果断然地说不应采用刑法的规范而径直采用知识产权各部门法，则显然有违罪刑法定原则。从解释论的角度来看，仍应在可能的解释范围内作出最妥帖的解释，这即是刑法从属性理念的体现。

对"复制发行"的解释必然涉及对销售侵权复制品罪中销售行为的解释。有研究指出，从两罪逻辑来看，"复制发行"应被解释为"既复制又发行"，原因如下。首先，刑法未对发行作出界定，则应与著作权法对发行的解释一致，销售侵权复制品是典型的侵犯发行权的行为，实质上《刑法》第218条相当于规定侵犯发行权违法所得数额巨大的应承担刑事责任。其次，从《刑法》条文协调性角度来说，当行为人经过著作权人许可复制其作品，但未经著作权人许可，在明知的心理状态下销售侵权复制品，违法所得数额巨大的，是以侵犯著作权罪定罪，还是以销售侵权复制品定罪，司法解释并未给出答案。为不使《刑法》第218条成为废条，则应当对第217条中"复制发行"作出解释，即应当是既复制又发行的行为，而第218条规范的是单纯侵犯发行权的行为。❷

按上述论者的解释，"销售盗版《读本》案"中的被告不应被定罪。《刑法》第217条规制既复制又发行的行为，而第218条规制发行行为，销售是发行行为的一种方式。那么，在"销售盗版《读本》案"中，被告的行为仅侵犯了发行权，所以应当按照《刑法》第218条定罪，但是由于犯罪嫌疑人违法所得额并未达到巨大的入罪标准（10万元），因而不符合入

---

❶ 王迁.论著作权保护刑民衔接的正当性［J］.法学，2021（8）：18.
❷ 王迁.知识产权法教程［M］.5版.北京：中国人民大学出版社，2016：138.

罪的条件，不构成犯罪，故应作为民事侵权处理。同样依据以上解释，仅"复制"而未"发行"著作权人作品的，无论违法所得数额多寡、情节严重与否，都不应当入罪，而只能构成民事侵权。

应当指出，上述论者的解释值得商榷。其一，针对经许可复制、未经许可销售且违法所得数额巨大行为的规制，虽无司法解释明确规定应适用《刑法》第217条或第218条，但根据想象竞合原理，择一重罪而论处即可，即以侵犯著作权罪定罪。其二，将"复制发行"仅限于既复制又发行，则遗漏了复制行为。

6.1.1.2 刑法相对从属性说下"复制发行"的解释

鉴于刑法从属性说对解释"复制发行"导致的错漏，刑法相对从属性说能够较好地弥补上述缺陷。

第一，限缩发行的范围。侵犯著作权罪中，发行包括通过广告、征订等方式推销、总发行、批发、零售、通过信息网络传播、出租和展销行为共8种。从刑法角度来看，以营利为目的销售侵权复制品时，当然符合销售侵权复制品罪的实行行为。同时，销售行为与"总发行、批发、零售"存在重叠，根据刑法基本理论，同一行为触犯多项罪名，属于想象竞合犯，属于实质的一罪，应择一重罪论处。显然，相对于销售侵权复制品罪，侵犯著作权罪属于重罪。那么，当行为人销售侵权复制品时，将同时触犯侵犯著作权罪和销售侵权复制品罪，按照想象竞合犯择一重罪论处，应以侵犯著作权罪对行为人追究刑事责任。为保证销售侵权复制品罪不被架空，应将"总发行、批发、零售"行为从发行行为中从排除。同时，《刑法修正案（十一）》已规定了信息网络传播行为，则信息网络传播行为也应从发行行为中从排除，故发行只能规制"通过广告、征订等方式推销、出租和展销行为"4种行为。尽管从著作权法层面看，出租和发行控制的是完全不同的行为，但这并非解释者所能逾越的。

第二，制裁大量复制行为可从源头上防止侵犯著作权类犯罪的发生。

即使是单纯的大量复制行为也会造成潜在的极大危害，从源头上打击此种大量的复制行为，可以防止侵犯著作权类犯罪的发生，故不应从"复制发行"中排除复制行为。这也是《侵犯知识产权刑事案件解释》和《侵犯知识产权刑事案件解释（二）》将复制品数量作为确定其他严重情节的因素之一。

第三，"复制发行"包括复制、既复制又发行、发行（通过广告、征订等方式推销、出租和展销行为）行为，而销售行为属于销售侵权复制品罪的实行行为。此结论应是在知识产权刑事保护的框架内最妥帖的解释。

具体到"销售盗版《读本》案"，被告销售超过 500 册盗版书籍，实行行为符合销售侵权复制品罪的犯罪构成，但因未达到入罪数额（10 万元），则仅构成侵犯著作权的民事侵权，而非刑事犯罪，法院判决错误。

6.1.2 规避技术措施入罪条款中禁止规避行为的范围界定

如何看待著作权法和侵犯知识产权罪对规避技术措施的不同界定？本书认为，应当遵循同一概念作同一解释的原则。

第一，有必要界定著作权法下规避技术措施的范围。根据《著作权法》第 49 条的规定可知，禁止规避技术措施条款包括禁止规避接触控制措施、禁止规避著作权保护措施和禁止提供用于规避接触控制措施的手段和禁止提供用于规避著作权保护措施的手段。对于禁止规避著作权保护措施而言，《著作权法》第 49 条第 3 款将专有权仅限于信息网络传播权。事实上著作权保护措施不应仅限于信息网络传播权，譬如有些网页设置了防复制措施，这些防复制措施（复制权）理应也属于著作权保护措施，著作权保护措施应理解为保护其专有权的技术措施。在此种情况下，规避著作权保护措施的行为也侵犯了著作权人的专有权利。此时，由规避行为人承担侵犯著作专有权的行为即可，没有必要单独规定禁止规避著作权保护措施的行为。此外也应注意，著作权保护措施也会限制获得合法复制件的行为人对该复制件进行合理使用，其与合理使用制度有诸多冲突之处。将规避著作权保护措施的行为排除在外可能利大于弊，故著作权法下禁止规避技术措施条款包括三种行为，即禁止规避接触控制措施、禁止提供用于规避接触控制措施的手段和禁止提供用于规避著作权保护措施的手段。

第二，规避技术措施入罪条款与《侵犯知识产权刑事案件解释（征求意见稿）》关系的处理。采用文义解释的方法来认识规避技术措施入罪条款时，规避技术措施入罪条款显然应规制规避接触控制措施和规避著作权保护措施的两种行为。《侵犯知识产权刑事案件解释（征求意见稿）》第9条第2款将提供规避手段的行为也纳入规避技术措施的入罪条款中，涉嫌创设新的罪刑规范，违反罪刑法定的要求，应予以禁止。即使提供规避手段的行为在社会危害性上要大于直接规避行为，若要将提供规避手段的行为入罪，唯一的方法只有全国人民代表大会或其常委会颁布新的刑法修正案，从而将提供规避手段的行为纳入刑事制裁，故规避技术措施入罪条款中禁止规避行为包括禁止规避接触控制措施和规避著作权保护措施两种行为。

第三，在著作权法领域，规避技术措施行为不包括规避著作权保护措施的行为，对于民事部门法不打击的行为，刑法也不应介入，故规避技术措施入罪条款中禁止规避行为仅包括禁止规避接触控制措施的行为。

6.1.3 "假冒他人专利"的适用规则

自1985年以来，虽侵犯专利权的案件频发，但截至2001年未披露一例假冒专利罪的案件。❶2012年，全国检察机关提起公诉的侵犯知识产权

---

❶ 陈建民. 试论专利权的刑法保护——"假冒他人专利罪"之研讨［J］. 科技与法律，2001（1）：80.

罪的案件中，假冒专利罪和销售侵权复制品罪仅占 1%。❶ 2012—2013 年，上海市检察机关针对侵犯知识产权罪提起公诉案件共计 1589 件，但没有 1 件是假冒专利罪案件。❷ 2017 年，上海市检察机关审查起诉侵犯知识产权罪的案件 210 件，未有假冒专利罪案件发生。❸ 深圳市检察院公诉部主任检察官指出，深圳近 10 年来未曾办理过一起假冒专利罪案件。❹ 截至目前，在专业法学案例数据库中进行检索，假冒专利罪的案件为 18 个，以 1997—2023 年这 26 年的时间段来计算，每年的案件不到 1 件。❺

6.1.3.1 制度概貌

对专利权提供刑事保护的模式，主要有刑法模式、附属刑法模式（在附属刑法中规定专利犯罪）以及两者的结合三种。第一种情况较少，第二种较多，而我国则属于第三种，即既在专利法中规定专利犯罪，又在刑法中规定假冒专利罪。

我国 1984 年《专利法》第 63 条规定，情节严重的假冒他人专利行为，应比照假冒注册商标罪来追究其刑事责任。随后，最高人民法院于 1985 年首次明确将上述行为确定为"假冒他人专利罪"，❻ 1997 年《刑法》称之为假冒专利罪，2001 年最高人民检察院和公安部规定了对假冒专利罪的追诉标准，❼《侵犯知识产权刑事案件解释》第 10 条完全移植 2001 年《专利法

---

❶ 于志强. 我国网络知识产权犯罪制裁体系检视与未来建构[J]. 中国法学, 2014（3）：161.

❷ 储国樑, 叶青, 等. 知识产权犯罪立案定罪量刑问题研究[M]. 上海：上海社会科学院出版社, 2014：244.

❸ 上海市检察院发布知识产权检察白皮书[EB/OL].（2018-04-24）[2023-05-09]. http://www.spp.gov.cn/spp/dfjcdt/201804/t20180424_376320.shtml。

❹ 孙伟. 假冒专利罪的立法现状与完善[J]. 人民检察, 2016（8）：27.

❺ 截至 2023 年 10 月 26 日，笔者在北大法宝数据库中进行检索，在"司法案例—案由"中选取"假冒专利罪"，得到 21 个案例，删除重复的 3 个案例，得到 18 个案例。

❻ 1985 年，最高人民法院《关于开展专利审判工作的几个问题的通知》第（二）部分。

❼ 2001 年，最高人民检察院、公安部《关于经济犯罪案件追诉标准的规定》第 64 条规定对假冒他人专利的四项追诉标准：(1) 违法所得数额 10 万元以上；(2) 造成直接经济损失 50 万元以上；(3) 受过两次行政处罚以上，又假冒他人专利；(4) 造成恶劣影响。

实施细则》第 84 条对"假冒他人专利"的规定，2010 年最高人民检察院和公安部重申了《侵犯知识产权刑事案件解释》第 4 条关于假冒专利罪中"情节严重"的标准❶，此即假冒专利罪的制度概貌，若要理解该罪中的实行行为"假冒他人专利"，必须厘清其与专利法中的侵犯专利权、假冒他人专利、冒充专利和假冒专利的异同。

6.1.3.2　相关行为辨析

任何人未经专利权人许可且无法定阻却事由，为生产经营目的实施权利人的专利，即构成侵犯专利权的行为，侵权专利权的行为无须承担刑事责任。

（1）假冒他人专利。

我国 1984 年《专利法》第 63 条指出，可比照 1979 年《刑法》中的假冒注册商标罪来处理情节严重的假冒他人专利行为。对于我国起草首部《专利法》时规定假冒他人专利罪的缘由，有研究指出，在起草专利法涉及刑事制裁的问题上，全国人大法工委认为对于专利侵权行为给予民事制裁就已足够，之后加入假冒专利罪的规定，一是出于平衡的需要，二是因损害了一般消费者的利益，可与假冒商标作同样的处理。❷

2001 年《专利法实施细则》第 84 条中列举了假冒他人专利行为的 4 种形式，此时假冒的对象是他人合法拥有的专利，表现为未经许可在产品、包装、广告、宣传材料或合同中使用他人专利号，或伪造、变造专利文件等，《侵犯知识产权刑事案件解释》第 10 条完全移植了上述规定。

（2）冒充专利。

我国 1992 年《专利法》第 63 条第 2 款首次确定了冒充专利的行为，

---

❶ 2010 年，最高人民检察院、公安部《关于公安机关管辖的刑事案件立案追诉标准的规定（二）》第 72 条。

❷ 汤宗舜. 回忆专利法的起草 [M] // 刘春田. 中国知识产权二十年. 北京：专利文献出版社，1998：105.

即将非专利产品、非专利方法分别冒充专利产品或专利方法。1994年，国家专利局将冒充专利的行为限制为"为生产经营目的"，采取"列举+兜底"的方式规定了冒充专利的5种行为，包括：印制或使用伪造的专利证书，明知被驳回的专利申请号，明知已被撤销的专利证书，制造或销售上述产品等其他冒充行为[1]，冒充的对象是伪造的、被驳回的、被撤销的专利标记或专利证书，即对象不真实。1999年，针对前述1994年的规定，国家知识产权局将冒充专利的行为扩展至8种。[2]2001年《专利法实施细则》第85条列举了5种冒充专利的行为，但都在前述的8种行为之中。与假冒他人专利不同，冒充专利的行为不需要承担刑事责任。

（3）假冒专利。

假冒他人专利、侵犯专利权和冒充专利之间区别明显[3]，在2001年之后，假冒他人专利和冒充专利开始明显区分开来，假冒他人专利的对象是确实存在的他人的专利，冒充专利的对象是不存在的专利[4]，冒充专利是欺骗行为，假冒他人专利侵犯专利标记权[5]。

2008年《专利法》删除了2000年《专利法》第59条关于冒充专利的规定，在第63条中首次规定了"假冒专利"的刑事责任。2010年《专利法实施细则》第84条吸收了2001年《专利法实施细则》中的假冒他人专利和冒充专利的规定，即2010年《专利法实施细则》将冒充专利和假冒他人专利统称为假冒专利。所以，自2010年《专利法实施细则》颁布之后，假冒专利包括假冒他人拥有的专利（假冒他人专利）和冒充不存在的专利

---

[1] 1994年，中国专利局《专利管理机关查处冒充专利行为暂行规定》第2条。

[2] 1999年，国家知识产权局《专利管理机关查处冒充专利行为规定》第2条。

[3] 王作富，赵永红.试论假冒专利罪与非罪的界限[J].法学杂志，2001（2）：9-12.

[4] 王志广，中国知识产权刑事保护研究（实务卷）[M].北京：中国人民公安大学出版社，2007：204.

[5] 刘科.中国知识产权刑法保护国际化研究[M].北京：中国人民公安大学出版社，2009：171.

（冒充专利）。

6.1.3.3 以刑事司法解释为准并采用扩张解释的方案

《侵犯知识产权刑事案件解释》第 10 条吸收了 2001 年《专利法实施细则》第 84 条对假冒他人专利的规定，明确了假冒专利罪中假冒他人专利的具体行为类型，故对非法实施专利行为和冒充专利不能科以刑事制裁。❶专利法视野下，2010 年《专利法实施细则》之前，假冒他人专利和冒充专利相互区别，2010 年《专利法实施细则》通过之后，已无以上两概念，仅有假冒专利。2010 年《专利法实施细则》已经将 2001 年《专利法实施细则》第 84 条的假冒他人专利和第 85 条的冒充专利融合在一起，形成假冒专利。争议在于，2010 年以后在《专利法》及其实施细则中，仅有假冒专利的规定，如何理解假冒专利罪中的假冒他人专利？

第一，本书认为，对假冒他人专利的行为应以刑事司法解释为准，从保障法的稳定性出发，应以《侵犯知识产权刑事案件解释》为准，而非以 2010 年《专利法实施细则》为准。❷《专利法实施细则》属于行政法规范畴，不能直接适用，而仅能适用《侵犯知识产权刑事案件解释》。❸

第二，可通过扩张解释，将"冒充专利"解释到"假冒他人专利"的实行行为中，使得刑法中的"假冒他人专利"与专利法及其实施细则中的"假冒专利"作同一解释。有研究认为，应当重构假冒专利罪的法益，将法益修正为"专利标示制度安全"，通过扩张解释将假冒他人专利涵摄冒充他人专利的行为。❹

第三，从立法论的角度来处理冒充专利的行为。专利法已经作出修

---

❶ 胡云腾，刘科．知识产权刑事司法解释若干问题研究[J]．中国法学，2004（6）：142.
❷ 皮勇．侵犯知识产权罪案疑难问题研究[M]．武汉：武汉大学出版社，2011：469-470.
❸ 孙伟．假冒专利罪的立法现状与完善[J]．人民检察，2016（8）：27.
❹ 贺志军．刑法中的"假冒他人专利"新释[J]．法商研究，2019，36（6）：64.

改，刑法也应当作出调整。❶从立法论角度看，对于冒充专利行为应予入罪处理❷，若要将冒充专利和假冒他人专利的行为纳入刑事制裁，将假冒他人专利中的"他人"删除即可❸，或可在假冒专利罪之后，增设冒充专利罪。❹基于以下原因，刑法应当将冒充专利的行为纳入刑事制裁。其一，假冒他人专利和冒充专利的社会危害性相当。其二，假冒他人专利和冒充专利的行为在收益上基本相同，但后者无须承担刑事责任，成本远低于前者。❺这也是实践中后者的发案率远高于前者的重要原因，行为人会倾向于选择冒充专利而非假冒他人专利，以较轻的责任后果达到相同的目的。其三，多数国家未区别对待假冒他人专利和冒充专利，对此两种行为都规定了刑事责任。❻当然，修改刑法是较理想的做法，但就目前来看，通过解释法律能够回应现实需求，通过扩大解释将冒充专利解释到假冒他人专利的行为当中，不会超出一般国民的预测能力。

6.2 类型二：判断标准的客观化

6.2.1 "同一种商品"判断标准的明确化

在对"同一种商品"判断标准明确化时，有必要了解我国对注册商标提供的刑事保护。1979年，《刑法》第127条规定了假冒注册商标罪。1985年，最高人民法院在对浙江省高级人民法院批复中指出，非法制造或者销售他人注册商标标识的，可依据《刑法》第127条按照假冒注册商标

---

❶ 刘伟.经济刑法规范适用原论[M].北京：法律出版社，2012：213.
❷ 赵秉志，田宏杰.侵犯知识产权犯罪比较研究[M].北京：法律出版社，2004：164.
❸ 赵秉志，田宏杰.侵犯知识产权犯罪比较研究[M].北京：法律出版社，2004：164.
❹ 孙伟.假冒专利罪的立法现状与完善[J].人民检察，2016（8）：28.
❺ 刘科.中国知识产权刑法保护国际化研究[M].北京：中国人民公安大学出版社，2009：171.
❻ 刘宪权，吴允锋.假冒专利罪客观行为的界定与刑法完善[J].华东政法学院学报，2006（1）：65-66.

罪定罪判刑。❶1993年，全国人大常委会在《关于惩治假冒注册商标犯罪的补充规定》中规定了四类商标犯罪，确定了刑法关于商标犯罪的种类，并沿用至今。此规定划清了假冒商标罪与非罪的界限，数额是否较大或情节是否严重成为界分假冒注册商标行为的罪与非罪的标准。❷

1982年《商标法》第40条对假冒注册商标、擅自制造或销售注册商标标识的行为予以刑事制裁，1993年《商标法》第40条规定了四类商标犯罪，并未规定假冒注册商标罪的犯罪构成，但2001年《商标法》第59条予以明确规定，即在同一种商品上使用与注册商标相同的商标。

应指出，为方便商标的检索、注册和管理等工作，世界知识产权组织颁布《商标注册用商品和服务国际分类表》。我国在1988年采用《商标注册用商品和服务国际分类表》，根据我国国情调整了《商标注册用商品和服务国际分类表》，形成《类似商品和服务区分表》。《商标注册用商品和服务国际分类表》将商品或服务分为45类，类下是各种商品，而《类似商品和服务区分表》对《商标注册用商品和服务国际分类表》下的各种商品进行了归类，划分了相应的类似群，也根据我国实际情况增加了相应种类的商品或服务。《商标注册用商品和服务国际分类表》是类—种的划分，而《类似商品和服务区分表》是类—组—种的划分。

6.2.1.1 制度梳理及焦点展开

（1）刑事和民事规范。

对假冒注册商标罪实行行为的确定以1993年全国人大常委会《关于惩治假冒注册商标犯罪的补充规定》为界限，在此之前，刑法并未将实行行为限定于同一种商品和相同商标上，行为人的假冒行为在商品和商标的

---

❶ 1985年《最高人民法院关于个人非法制造、销售他人注册商标标识而构成犯罪的应按假冒商标罪惩处的批复》。

❷ 高铭暄，赵秉志，鲍遂献. 晚近刑事立法中内外法条关系研讨［J］. 法学研究，1994（1）：75.

"同一种+相同""同一种+近似""类似+相同"和"类似+近似"四种组合上,当满足相应情节时,应受到刑法规制。[1]在此之后,刑法仅对"同一种+相同"的组合提供保护,假冒注册商标罪应当仅局限于此种组合,原因在于其危害性最大,其他三种情形明显轻于此种行为,立法者将此三种情况排除在刑事惩治范围之外,旨在缩小刑事打击面[2],且考虑到"类似""近似"的概念弹性大,实践中难以掌握。[3]

《侵犯知识产权刑事案件意见》第5条指出同一种商品包括名称相同以及名称不同但指同一事物的商品的两种类型,相关起草人员指出刑法和商标法对同样的法律概念应作相同理解,因《商标审查标准》将同一种商品分为以上两种情形[4],所以意见采纳了该分类[5],实践中存在将被告实际生产的商品和权利人实际生产的商品进行比较的误区。[6]因而,该意见第5条第2款指出,应当将行为人生产销售的商品与权利人注册商标核定使用的商品进行比较。

在1982年《商标法》及其历次修正中,商标侵权中均使用同一种商品的概念,与之并列的始终是类似商品。

(2)焦点展开。

对于同一种商品的认定,主观说认为,应以普通消费者的客观认识作为标准,通说持客观标准,应以商品分类表作为标准。同一种商品中的同一种指同一品种,应将《商标注册用商品和服务国际分类表》作为客观依据,该分类表将商品分为42类,每类下有若干种商品,同种目下的即为同

---

[1] 王尚国.关于假冒商标犯罪的几个问题[J].政法论坛,1993(1):22.

[2] 张兆松.假冒注册商标犯罪若干问题再探讨[J].法学论坛,1995(3):30.

[3] 周道鸾.假冒注册商标犯罪的法律适用[J].法学杂志,1998(5):7.

[4] 2005,国家工商行政管理总局商标局商标评审委员会《商标审查标准》。

[5] 逢锦温,刘福谦,王志广,等.《关于办理侵犯知识产权刑事案件适用法律若干问题的意见》的理解与适用[J].人民司法,2011(5):19.

[6] 广州法院2014年知识产权十大案例[J].法治论坛,2015(4):240.

一种商品❶，无论商品重量和类型如何，只要是同一种目下的商品，都为同一种商品。❷人们消费习惯各异，难以确定统一标准，故应以商品分类表而非人们的消费习惯来认定同一种商品。❸主观说具有较大的主观性、不确定性和复杂性，客观说直接明了，可避免认识上的误差，操作简单。❹

《侵犯知识产权刑事案件意见》确定了同一种商品的认定标准，同一种商品分为名称相同的商品和名称不同但指同一种事物的商品两种类型。对第一种类型"名称相同"的判断，可分为两种情况❺：第一种情况，名称完全相同的商品。《商标注册用商品和服务国际分类表》下，种为最小分类，若在同一种下，两种商品的名称相同，即为同一种商品。第二种情况，名称实际相同的商品。在《类似商品和服务区分表》和《商标注册用商品和服务国际分类表》中都没有，但实际上就是指同一种商品。如针对"孙某强等假冒注册商标案"❻中，郑州思念食品有限公司是"思念"商标的权利人，该核准注册的"思念"商标上核定使用在饺子和元宵上等，行为人假冒的商品包括水饺和汤圆。研究正确指出❼，水饺是饺子的一种烹饪方式，汤圆和元宵主要原料等基本相同，仅因地域文化差异而叫法不同，以上实际上是同一种商品。所以，争议在于如何认定同一种商品的第二种类型。

6.2.1.2 同一种商品第二种类型的认定

《侵犯知识产权刑事案件意见》第5条确立了认定标准，功能、用

---

❶ 张兆松.假冒注册商标犯罪若干问题再探讨［J］.法学论坛，1995（3）：30.

❷ 姜伟，张为安，等.知识产权刑事保护研究［M］.北京：法律出版社，2004：82-83.

❸ 马克昌.经济犯罪新论：破坏社会主义经济秩序罪研究［M］.武汉：武汉大学出版社，1998：494-495.

❹ 张泗汉.假冒商标犯罪的若干问题研究［J］.政治与法律，2008（7）：31-32.

❺ 李振林.假冒注册商标罪之"同一种商品"认定［J］.法律适用，2015（7）：68-69.

❻ 孙某强等假冒注册商标案，北京一中院二审裁定书第674号。

❼ 张某，张某强等假冒注册商标案［第674号］——如何认定假冒注册商标罪中的同一种商品.载《刑事审判参考》，2011年第1集（总第78集），北京：法律出版社，2011：89-95.

途、主要原料、消费对象、销售渠道五个方面是客观事实，相关公众的一般认识是主观标准。相关起草人员指出，国家工商行政管理总局商标局认为"名称不同但指同一事物的商品"包括两种情况：其一，两种商品名称不同，但商标部门在注册工作中对其作同一使用，或在《商标注册用商品和服务国际分类表》中对应同一商品名称。例如，权利人的商标核准注册在"电吹风（C110020）"上，行为人对其生产的产品命名为"插电式风力干发器"，在《类似商品和服务区分表》中没有插电式风力干发器，但事实上两者应为同一种商品。其二，《侵犯知识产权刑事案件意见》第5条的判定标准，如"象棋（C280025）"和"国际象棋（C280026）"、"人用药（050328）"和"打虫药（人用）（050154）"、"汽车转向指示灯（110255）"和"汽车灯（110256）"。❶针对第二种情况，反对意见认为，如果权利人仅在象棋、人用药和汽车转向指示灯上获得商标注册，即使行为人在国际象棋、打虫药（人用）和汽车灯上使用与权利人相同的商标，也不构成犯罪。❷本书赞同此反对意见。上述相关起草人员提出的第二种办法使得《类似商品和服务区分表》下关于商品的分类变得不可预测，扩大了刑事打击面。

（1）各个要素是否应当必须全部相同或基本相同？

在使用"名称不同但指同一事物的商品"的判断标准来判断时，并不要求两种商品各个要素都应全部相同。如果在客观部分（如功能、用途等）认定时，仅部分相同，但相关公众认为是同一种事物的，则为同一种商品；若相关公众能够将其区分开来，则不为同一种商品。❸反对意见认

---

❶ 逄锦温，刘福谦，王志广，等.《关于办理侵犯知识产权刑事案件适用法律若干问题的意见》的理解与适用[J].人民司法，2011（5）：19.

❷ 徐强.再论假冒注册商标罪"同一种商品"的认定[J].广西政法管理干部学院学报，2017，32（5）：60-61.

❸ 逄锦温，刘福谦，王志广，等.《关于办理侵犯知识产权刑事案件适用法律若干问题的意见》的理解与适用[J].人民司法，2011（5）：19.

为，客观认定的五个方面应当全部相同或全部基本相同，否则不应当认定为同一种商品。[1]

（2）对主观认定予以严格限制。

第一种观点指出，主观标准仅适用于两种情况：①权利人和犯罪嫌疑人生产的商品都未纳入《商标注册用商品和服务国际分类尼斯协定》中；②异名同物，如旱冰鞋（280098）和溜冰鞋。[2]第二种观点指出，异名同物的含义非常明确，即一物多名，不同种称呼约定俗成，具有同一指向性，如土豆和马铃薯。[3]

本书认为，第一种观点的第一种情况至少遗漏了如下情况，即权利人的商品在《类似商品和服务区分表》中，但行为人生产、销售的商品名称与权利人核定使用的商品名称不同此时需要判定，这两种商品是否属于名称不同但指同一事物的商品。第一种观点的第二种情况和第二种观点指出，名称不同但指同一事物的商品仅指异名同物，实际上并没有说明异名同物的判定标准，属于同义反复。相比而言，《侵犯知识产权刑事案件意见》第5条给出了更加具体的判定标准。

（3）适用"名称不同但指同一事物的商品"的建议。

具体而言，"名称不同但指同一事物的商品"包括以下情况。①客观事实和主观认定应当一致，若非一致，则不为名称相同但指同一事物的商品。②对客观事实的确定达到基本相同即可，完全相同的标准较高，会较大限制该认定标准。③对客观事实中的"等"（功能、用途、主要原料、消费对象、销售渠道）字履行严格的论证义务。事实上，法院通常会直接套用该判断标准，缺少论证或说明是常态，如在"李某彬等假冒注册商标

---

[1] 李振林.假冒注册商标罪之"同一种商品"认定[J].法律适用,2015(7):69-70.

[2] 徐强.再论假冒注册商标罪"同一种商品"的认定[J].广西政法管理干部学院学报, 2017,32(5):62.

[3] 涂龙科.假冒注册商标罪的司法疑难与理论解答[J].政治与法律,2014(10):61.

罪案"中❶，被告人提出涉案商品和权利人核定使用的商品并非同一种商品的抗辩，公诉机关提供的权利人函件表明权利人并无与涉案商品同款的商品，法院直接适用"名称不同但指同一事物的商品"判断标准，并未对客观和主观方面论证、说明。对此，法院不仅应当对此判断标准予以说明，而且当涉及客观事实时，应对"等"字方面的因素论证和说明。④严格适用"相关公众一般认为是同一种事物的商品"的判定标准。对"相关公众"范围的界定、比例的确定，以及如何实施对相关公众的调查，都会影响最终的结果。相较于客观事实的相对确定性，相关公众的认识的主观性更强，样本的选取、不同方法的采用，可能会产生截然不同的认定结果。因而，对相关公众认识的调查一般可以交给专业的中间独立机构，但其调查结果仅作为法院认定的参考意见。

事实上，针对"T恤衫案"，法院将日常生活用语"衣服"和《类似商品和服务区分表》中的"衣物"等同，通过将具体商品类别归结到相应的组上，从而证明涉案商品和权利人商品为同一种商品。针对法院判决，本书存在以下疑问：其一，法院并未明确说明权利人的注册商标核定在第25类的具体商品类别，该疑问可在商标局的登记簿以及权利人的《商标注册证》上查明；其二，在2002年版的《类似商品和服务区分表》中，"T恤衫"确实是"衣物"下的具体商品，涉案商品和权利人核定使用商品的比较应当在"衣物（2501）"之下的"种"下进行，未完成论证义务。

对此本书认为，首先法院应当明确权利人注册商标核定使用的商品。其次，应当将行为人生产的商品与权利人核定使用的商品进行比对，比对应在《类似商品和服务区分表》"种"下进行。最后，如果使用的是相同的商标，当商品名称相同时，在满足相应情节时，则构成假冒注册商标罪；当商品名称不同，法院需要判定两种商品是否属于同一种商品的第二

---

❶ （2010）浦刑初字第3276号刑事判决书。

种类型，具体判定标准可参照上文建议。

6.2.1.3 民刑司法解释关系处理

针对《侵犯知识产权刑事案件意见》第5条的"名称相同但指同一事物的商品"和《商标民事纠纷案件解释》第11条规定的"类似商品"的关系，有研究指出，在功能、用途或消费对象等方面相同的商品可能是同一种或类似商品，主体都是相关公众，若其认为是同一种事物，即为同一种商品，若使其混淆，则为类似商品。❶

对此本书持不同意见。从字面解释上来看，《侵犯知识产权刑事案件意见》第5条在界定"名称相同但指同一事物的商品"时，采用的是"和"的关系，而第11条在界定"类似商品"时是采用"或"的关系。再者，《最高人民法院关于审理商标民事纠纷案件适用法律若干问题的解释》第11条规定两种商品在客观方面应是相同的，而《侵犯知识产权刑事案件意见》第5条规定，两种商品在客观方面可以是基本相同的。两者的区别点仍应当从各自内涵出发、予以判断。

6.2.2 "相同商标"判定标准的选择及优化

相同商标的界定对于确定侵犯注册商标行为的罪与非罪至关重要。类似于《侵犯知识产权刑事案件意见》将同一种商品分为两种类型，《侵犯知识产权刑事案件解释》第8条也将相同商标分为两种类型：第一种类型为完全相同的商标，判断此类型的商标并不存在困难；第二种类型是基本相同的商标，判断此类型的商标在理论和实践中存在较多困惑。如何判断第二种类型的商标，主要有以下标准。

---

❶ 凌宗亮.销售假冒注册商标的商品罪中"同一种商品"的认定[N].中国知识产权报，2013-12-11（008）.

6.2.2.1 判断标准

(1)"足以使人误认"标准。

相同商标分为完全相同的商标和基本相同的商标,以"足以使人误认"的标准来认定基本相同的商标可参考五个方面:普通消费者的知识经验、普通消费者的注意力、隔离观察原则、整体观察原则、商标主要部分观察原则。从哲学角度看,世界上不存在完全相同的事物❶,所谓完全相同的两个商标,是指公众认识上的相同,而非客观存在上的完全相同。即使权利人在其同一台机器上制造的两个商标,也存在区别,只是这种区别非常小,肉眼无法分辨。❷将相同的商标理解为只能是完全相同的商标,机械理解了刑法用语,在实践中也不切实际。❸故广义上的相同商标中的"相同",是指人视觉上的"完全相同"或基本无差别,而非哲学上的完全相同,也不是实际上的完全相同。❹

但有研究指出,该标准主观随意性大,消费者的素质、注意力和认识能力都会影响相同商标的认定,易混淆犯罪和民事侵权的区别。❺

(2)"在视觉上基本无差别、足以对公众产生误导"标准。

该标准体现在《侵犯知识产权刑事案件解释》第8条、《侵犯知识产权刑事案件意见》第6条和《侵犯知识产权刑事案件解释(三)》第1条中,是主流的认定标准。《侵犯知识产权刑事案件解释》第8条将相同商标分为完全相同的商标和基本相同的商标,这是对相同商标的扩张解释。❻但它切合实际,从理论上看,世上没有绝对相同的事物,并不存在完全相

---

❶ 朱孝清.略论惩治假冒商标犯罪的几个问题[J].法学,1994(2):20.
❷ 张勇虹.侵犯注册商标犯罪的法律适用与缺失[J].三明学院学报,2007(3):335.
❸ 赵秉志,肖中华.如何把握"相同"商标的含义[N].人民法院报,2003-06-09.
❹ 胡云腾,刘科.知识产权刑事司法解释若干问题研究[J].中国法学,2004(6):140.
❺ 张兆松.假冒注册商标犯罪若干问题再探讨[J].法学论坛,1995(3):31.
❻ 陈兴良.知识产权刑事司法解释之法理分析[J].人民司法,2005(1):13.

同的两个商标。❶

对于"足以对公众产生误导"判定而言,为了防止将一些针对近似商标的侵权行为纳入刑法调整范畴,可以以高度近似为基础,来判断是否达到足以导致相关公众产生误认。❷ 但何为高度近似有待明晰,相对于"视觉上基本无差别"偏客观、易质证和判定的特征,在没有统计数据的支持下,足以对公众产生误导偏主观,需裁判者虚拟消费者视角来观察。❸

(3)"结构要素实质相同、足以对公众产生误导"标准。

"结构要素实质相同、足以对公众产生误导"标准包括两个方面:其一,商标实质上是否有所改变;其二,假冒商标没有从结构要素上改变商标。❹

该标准存在以下疑问:首先,何为在"实质上是否有所改变"。"实质上"的概念赋予了认定主体较大的裁量权,使得在判断上有着较大的不确定性。其次,如何理解和适用结构要素上的改变。最后,商标实质上的改变和结构要素上的改变的关系。所以,如何界定"实质改变"和结构要素上的改变仍然是该标准适用的难题,在某种程度上,此种标准提出了更多待解的疑惑。

6.2.2.2 标准的选择及优化

刑法和商标法都将相同的商标分为两类(即完全相同和基本相同的商标),但针对第二种类型(即基本相同的商标),刑法增加了"足以对公众产生误导"的要件,因而刑法中相同商标的范围小于商标法所规定的范围。❺ 这也是刑法谦抑性的表现。综合前述三种认定标准,为保证法律适用的稳定性,本书认为,应选择在视觉上基本无差别、足以对公众产生误导

---

❶ 张泗汉.假冒商标犯罪的若干问题研究[J].政治与法律,2008(7):32.

❷ 宋健.划清知识产权刑事司法罪与非罪的界限[J].中国审判,2014(5):17.

❸ 袁博.论假冒注册商标罪中相同商标的刑法含义[J].人民司法,2015(9):68.

❹ 涂龙科.假冒注册商标罪的司法疑难与理论解答[J].政治与法律,2014(10):57.

❺ 刘伟.经济刑法规范适用原论[M].北京:法律出版社,2012:230-231.

的标准，但是需要对该标准予以优化，具体如下。

（1）"在视觉上基本无差别"的判定主体最终将转化为司法审查人员的认识，司法审查人员应当从一般消费者的角度来判定。"视觉上基本无差别"是公众之外的主体（主要是司法人员）的认识，"足以对公众产生误导"是公众的认识，前者认识较为客观，后者较为主观。❶ 但也有观点指出，"视觉上基本无差别"的判断主体不应当以相关专家、粗心大意的消费者和一般的消费者为识别主体，而应当以相关消费者为识别主体。❷ 事实上，这种以相关消费者的一般注意力为标准的判定模式，在诉讼中将转化为司法审查人员（检察机关人员、法官等）的认识❸，这要求司法审查人员应当以相关消费者的一般注意力来判别两种商标是否在视觉上基本无差别的。当然，在我国早期有研究指出，应当由工商部门组织专人对假冒商标、商品进行鉴定，民间鉴定和市场鉴定无效。❹

（2）应将"足以对公众产生误导"中的"公众"限定为相关公众。对该标准中的"公众"应限定为"相关公众"，对"相关公众"设定明确的比例，如此才能更好地发挥该规定的规范效力。❺ 但难度在于相关公众范围和比例的确定，何种范围和比例才算合理？交易中参与的人是判断是否产生混淆危险的主体，在对其进行民意调查时，德国司法判例认为存在一个比例问题，即 1% 和 10%，若 1% 的被调查公众认为会混淆，则仅仅是一种抽象可能性；若超过 10%，则不再是微不足道的比例，可认定存在混

---

❶ 肖中华, 涂龙科. 对假冒注册商标罪规定中"相同"的理解 [J]. 人民检察, 2005（17）: 23-24.

❷ 柏浪涛, 谷翔. 假冒注册商标罪疑难问题研究 [J]. 法律适用, 2004（7）: 58-59.

❸ 因为受制于成本等因素的考量，在通常的诉讼中，不可能采用相关消费者混淆度的调查方式。

❹ 田力文. 浅谈适用《关于惩治假冒注册商标犯罪的补充规定》的几个问题 [J]. 法律适用, 1993（10）: 10.

❺ 肖中华, 涂龙科. 对假冒注册商标罪规定中"相同"的理解 [J]. 人民检察, 2005（17）: 24.

淆危险。❶

（3）设立相关公众混淆度的调查制度。相同商标判断主体的三种模式包括司法审查人员判断模式、"司法审查人员＋公众"判断模式和相关公众调查判断模式。《侵犯知识产权刑事案件解释》第8条第1款采用的是"司法审查人员＋公众"判断模式，并建议我国建立相关公众混淆度的调查制度，即设立调查机构，该调查机构以中立方式对相关公众是否产生混淆进行调查，进而司法人员可依据该调查结果判断商标是否相同。❷

6.3 类型三：附属刑法的改进处理

知识产权各部门法中关于刑事责任的规定与刑法中的规定并不一致，这种分歧会带来适用上的困惑，应妥善处理二者的关系。本小节以第5章的"附属刑法与刑法分歧的处理规则"为指导，在当事人涉嫌构成侵犯知识产权罪时，应当适用刑法的规定，而非知识产权部门法的规定，进而可按照如下规则来进一步改进知识产权部门法中的刑事责任。

具体而言，改进方式为在知识产权各部门法中明确规定个罪，既要规定犯罪构成，还需规定罚则（自由刑和罚金刑）。对实行行为的细化、入罪门槛、加重情节和罚则等其他事项可交由刑事司法解释予以细化和明确。此时需要处理与刑法和刑事司法解释的关系。对与刑法的关系而言，刑法应当以知识产权各部门法中的刑事责任规定为依据制定规范，刑事司法解释应当以知识产权各部门法和侵犯知识产权罪为依据制定解释、规定等。事实上，美国、英国、德国和法国等国都将知识产权刑事规范规定在

---

❶ 邵建东. 德国反不正当竞争法 [M]. 北京：中国人民大学出版社，2001：249.

❷ 涂龙科. 假冒注册商标罪的司法疑难与理论解答 [J]. 政治与法律，2014（10）：57-58.

知识产权单行法中，这种体例确保了法律的连贯性和一致性。❶

以著作权法为例。美国在其著作权法中规定了侵犯著作权罪的实行行为，在刑法和刑事诉讼法中针对该实行行为规定了具体的罚则。1988年《英国著作权、设计和专利法》详细规定了犯罪构成和刑罚，第107条至第110条为刑事责任条款，第107条为"制作或处分侵权物品的刑事责任"，其是主要的实体条款。对我国著作权法而言，首先，需要将刑事犯罪条款单独列出，并列明罪名、犯罪构成和刑罚，而非将刑事犯罪条款与民事责任条款、行政责任条款混同。其次，考虑到我国刑法体系的问题，刑法直接将著作权法中的刑事责任纳入刑法文本中。最后，参照英国、美国的做法，将对侵犯著作权罪的犯罪构成和刑罚中的细节问题、适用问题和具体罚金等可留予刑事司法解释解决。对于商标法也可采纳类似方式。

再以对专利权提供的刑事保护为例。各地区对侵犯专利权或专利法上的违法行为提供刑事制裁的方式各有不同，呈现出附属刑法规定型和刑法规定型。英国、美国、德国、法国和日本等，都是在专利法或知识产权法中提供对专利权的刑事保护，属于附属刑法保护模式，而我国、罗马尼亚和巴西在刑法中予以规定，属于刑法保护模式。❷ 刑法作为基本法律，需保持相对稳定，而技术发展使得专利制度变动频繁，附属刑法保护模式不能维护刑法的统一和权威，而刑法保护模式无法及时应对实践中的新情况，应将两种模式结合，采用结合性立法，在刑法中作原则性规定，在专利法等附属刑法中规定其犯罪构成特征。❸

以上改进方式兼顾了刑法稳定性和部门法变动性的内在矛盾，也减少了在刑法中规定犯罪构成和刑罚而与部门法在基本概念、用语和规则上的

---

❶ 刘军华，丁文联，张本勇，等. 我国知识产权刑事保护的反思与完善[J]. 电子知识产权，2018（5）：92.

❷ 王冠. 专利犯罪立法比较研究[J]. 科技进步与对策，2007（12）：12.

❸ 田宏杰. 侵犯专利权犯罪刑事立法之比较研究——兼及我国专利权刑法保护的完善[J]. 政法论坛，2003（3）：80.

不必要冲突。此种在部门法中直接规定罪刑规范的方式，能够解决语境差异带来的争端，既能增强刑法的明确性，便于司法者理解和援引，也有利于公众清晰地明白刑法规范。❶

6.4 类型四：对入罪数额或情节的改进

6.4.1 非法经营数额计算方式的完善——以600份刑事裁判文书为例 ❷

本节以600份假冒注册商标罪的刑事裁判文书为对象，以改进非法经营数额的计算方式。侵犯知识产权罪为情节犯或数额犯，行为人的犯罪数额决定行为人是否构成犯罪以及罪行轻重，犯罪数额的准确确定取决于计算方式的科学性。实践中，犯罪数额往往成为争议焦点，《侵犯知识产权刑事案件解释》规定了非法经营数额的计算方式，但该司法解释已逾19年，适用中存在较多问题。本节以假冒注册商标罪为例，通过600份刑事裁判文书的实证分析，对非法经营数额的计算方式予以改进。

6.4.1.1 司法判决对计算方式提出的问题

本书在北大法宝"高级检索"中选取"假冒注册商标罪"，在"审结期限"中选择2016年9月1日到2018年9月1日，然后在全文中输入"非法经营数额"，截至2018年9月27日，共有1339个案例，按照"排序"方式展开，选取前607个案例，其中有7个案例重复或不相关。不同计算方式的案件数量分布如表6-1所示。

---

❶ 王桢. 向死而生：我国附属刑法的立法批判与体系重构［J］. 天府新论，2019（1）：126-127.

❷ 本部分内容已发表于《中国物价》2019年第8期第89~92页。

表 6-1　不同计算方式下的案件数量

单位：件

实际销售价格	标价	实际销售平均价格	市场中间价格	鉴定价格	未予以说明	其他	总和
259	6	23	88	145	72	7	600

除法定的四种计算方式外，实际裁判中，法院会以鉴定价格、不予以说明或以其他方式来计算。计算包括已经销售的和未销售的商品，一般而言，执法机关都会查获到未销售的商品。对已经销售商品的非法经营数额的计算，取决于其查获的销售记录、报价单、销售单价、数量、发货单、销售商的供述和证人证言等能够证明商品单价、数量和总金额的证据。

难点在于未销售商品的计算，即涉及标价、实际销售平均价格和市场中间价格。标价，即吊牌价格，出于逃避查处等原因，在 600 件案件中，仅有 6 件案件中行为人在侵权商品上贴附价格，❶ 法院最终也以标价来计算。实际销售平均价格与实际销售价格联系紧密，由于市场行情等因素，同一种侵权产品在不同时期存在不同价格，此时应以已经销售的商品总额除以数量，从而得到同一种商品的平均价格，此种计算方式主要依靠查获的已销售商品的证据。应注意，该价格应当针对的是同一种侵权商品。在未予以言明的案件里，公诉机关和法院不会阐明是采取何种方式进行计算，而是直接得出非法经营数额，表现为经认定❷、经统计❸、经核算❹、经核

---

❶ 这 6 件案件分别来源于（2018）晋 03 刑终 39 号刑事判决书、（2017）冀 0632 刑初 16 号刑事判决书、（2018）闽 0581 刑初 52 号刑事判决书、（2017）晋 0302 刑初 295 号刑事判决书、（2017）川 01 刑终 1230 号刑事判决书和（2017）闽 0582 刑初 1778 号刑事判决书。

❷ 如（2018）津 0113 刑初 160 号刑事判决书。

❸ 如（2017）闽 0304 刑初 524 号刑事判决书。

❹ 如（2017）赣 0121 刑初 214 号刑事判决书。

实[1]和经查实[2]等。此方式存在以下风险，即计算的是涉案假冒注册商标的商品价值，而此做法违背司法解释，况且如果是鉴定获得的结果，也无法获知是法定鉴定机构还是营利性市场机构。[3]

通过对600份裁判文书的分析，发现非法经营数额计算方式存在以下疑问：计算方式的顺序是否需要改变，如何确定市场中间价格受托方的法律地位和选择，以及法院创设计算方式的合法性问题。

6.4.1.2 计算方式的逻辑构成

在解决以上疑问前，有必要了解该计算方式的逻辑构成。《侵犯知识产权刑事案件解释》第12条的计算顺序依次为：实际销售价格、标价或实际销售平均价格、市场中间价格。若侵权产品已销售，则按实际销售价格计算；若未销售，则按标价或实际销售平均价格计算；若没有标价或无法查清实际销售平均价格，则按市场中间价格计算。实际销售价最能反映侵权产品的市场价值和行为人的主观犯意，标价和实际销售平均价在不能获得实际销售价下为次要选择，被侵权产品的市场中间价对于行为人而言，将使其面临数额上达到最大值的刑事指控。

在我国，检察机关承担被告有罪的举证责任，若负有证明被告有罪责任的检察院无法提供证据，或该证据无法证明其主张，或未完全履行相应的举证责任，将承担败诉法律后果。[4]检方应提供证据证明行为人的假冒商品达到相应数额。显然，《侵犯知识产权刑事案件解释》的计算方式对检方而言，在难度上逐渐降低，而行为人遭受到的刑事指控的概率却不断升高，在假冒商品难以计算以及经常存在争议的情况下，检方存在使用对其最简单而对行为人最严厉的计算方式的可能。

---

[1] 如（2017）渝0113刑初261号刑事判决书。
[2] 如（2017）粤0605刑初4188号刑事判决书。
[3] 如（2017）鲁1721刑初333号刑事判决书。
[4] 陈卫东. 刑事诉讼法［M］. 北京：中国人民大学出版社，2012：138-139.

实践中，检方经常无法获得行为人的销售记录，行为人为逃避查处，一般也不会在假冒商品上标价，由于无法获得相应的销售记录，实际销售平均价格也较难获得。此时，既然无法查清侵权商品的售价或标价，检方应当承担举证不能的责任。而《侵犯知识产权刑事案件解释》采兜底方式，即市场中间价格，通过最为严厉的指控，促使行为人提供侵权产品的销售价格，该计算方式的存在决定检方能够完成举证。此方式隐含如下观点：通过权衡成本收益，行为人会提供不同的证据。如若行为人以远低于正品的价格销售，在可能面对检方以市场中间价格进行指控时，其必然会积极举证；而如若行为人是以接近或等于正品的价格销售，行为人必然没有提供证据的动力，甚至会故意隐藏、提供虚假证据。此时该解释第12条的计算方式符合"疑点利益归于被告"原则的例外，即被告能全面接触该证据，且证据的提出有利于被告。❶

6.4.1.3 入罪计算方式的重新确定

（1）顺序调整。

当同时存在标价和实际销售平均价格时，由于《侵犯知识产权刑事案件解释》并未规定相应顺位，这是否会赋予公诉机关较大裁量权？在600个案件中，存在标价的案件极少，仅有6件，同时有标价和实际销售平均价格的案件更少，似乎没有充分的理由改变该现状。

但不能否认确实存在两者并存的可能，2010年"假冒鄂尔多斯羊毛衫天价罚金案"❷便为一例。鄂尔多斯市中级人民法院一审对2.6万余件假冒商品以吊牌价（即标价）2180元、1680元和968元计算非法经营额，共计4000余万元，判处被告有期徒刑5年并处罚金2000余万元。此案一经判决，便引发较大舆论关注，后经该自治区高级人民法院发回重审，该中院

---

❶ 袁志，黄海燕."疑点利益归于被告"的例外及法理分析：以侵犯知识产权刑事案件司法解释中关于"非法经营数额"计算为例［J］.四川理工学院学报（社会科学版），2012（6）：77.

❷ （2011）鄂中法刑知初3号刑事判决书。

在扣押被告的电脑文件中发现不同批次衣服的平均销售价格为148.3元和170.9元，共计约400万元，随即判处被告有期徒刑4年零6个月并处罚金近200万元。抛开未移送重要证据的事实和程序性瑕疵外，对未销售侵权商品而言，当同时存在标价和实际销售平均价时，公诉机关依《侵犯知识产权刑事案件解释》享有裁量权，故按照标价计算不存在问题；重审后公诉机关选择实际销售平均价也不存在问题，但问题在于，赋予这种裁量权是否有利于追诉和打击犯罪？

本书认为，应调整顺序，不赋予公诉机关此种裁量权。原因在于：其一，实际销售平均价格能够反映行为人的获利和实际危害性。其二，当同时存在这两种价格时，标价一般远高于实际销售平均价格，公诉机关选择标价时，当量刑过重从而引发公众质疑，从而对司法权威造成不必要的负面影响。建议修改为，"若已查清，则按实际销售平均价格计算，若无法查清，再按标价计算"。

（2）确立市场价格。

分析600个裁判文书发现，被侵权产品的市场中间价格的界定存在争议，法院的认定标准呈现差异性，如二手市场价格区间的起始价❶、市场零售中间价❷、市场零售价格❸、市场批发价❹和被侵权人同期产品的出厂售价❺，大部分法院直接以鉴定机构认定的价格作为市场中间价格。

本书大胆揣测，《侵犯知识产权刑事案件解释》认为应当依据被侵权产品的市场中间价格，可能是为了防止认定数额过高引起对司法解释公正性的质疑，因而对被告人留有余地，但后果是实践中被告人认为以上方

---

❶ 如（2018）粤03刑终541号刑事判决书。

❷ 如（2017）粤1973刑初1578号刑事判决书。

❸ 如（2017）粤06刑终372号刑事判决书。

❹ 如（2017）闽0582刑初1981号刑事判决书。

❺ 如（2017）鄂1221刑初3号刑事判决书。

151

式（如市场批发价）违背了司法解释，况且法院对何为市场中间价格也存在疑问。2016年《价格认定行为规范》规定的价格认定办法包括市场法、成本法、收益法和专家咨询法等。对价格认证中心而言，如何界定市场中间价格也是不小的难题；况且，在市场中间价格和市场最高价、最低价之间，对于同一产品而言，差距不会大到如侵权产品和被侵权产品的价格差距，以至于让被告人无法接受。鉴于当事人、法院和鉴定机构对市场中间价格的困惑与分歧，建议将"被侵权产品的市场中间价格"修改为"被侵权产品的市场价格"。

（3）接受认定市场价格的唯一受委托方：价格认证中心。

法院将鉴定机构认定的价格直接作为市场中间价格[1]，此乃普遍做法，而被告人往往会质疑鉴定机构的法律适格性，因此有必要澄清鉴定机构的法律地位及其提供的鉴定价格在审判中的作用。在有权机关查获假冒注册商标的商品后，首先将鉴定该商品是否为正品，一般会委托鉴定机构或者商标权人，之后才涉及价格认定。对案件进行梳理之后发现，接受委托的多为价格认证中心。

具体而言，价格认证中心经历了以下变化：1994年《关于统一赃物估价工作的通知》规定，各级价格部门设立的价格事务所为指定的赃物估价机构；公检法需对赃物估价时，应委托价格事务所；经审查，确认无误的赃物估价鉴定结论，才能作为定案的根据。1997年《扣押、追缴、没收物品估价管理办法》进一步指出价格事务所的法定性，其他任何机构和个人不得对扣押、追缴、没收物品估价。2000年《关于规范价格鉴证机构管理意见》规定，价格鉴定机构[2]是不以营利为目的的事业单位，其主要业务来源于公安机关、检察院、法院、海关、仲裁等办理的民刑案件，主要任

---

[1] 如（2017）粤03刑终541号刑事判决书。

[2] 该意见指出，价格鉴定机构名称不统一，有价格事务所、价格认证中心、价格鉴定中心、涉案物品价格认证中心、价值认证中心、价格管理处，建议统一规范为价格认证中心。

务是保证司法和执法活动的正常运转，并再次强调其法定性，以及其他机构不得承办此类业务。

2008年《关于扣押追缴没收及收缴财物价格鉴定管理的补充通知》将以上性质的鉴定机构统称为价格认证中心；各司法、行政机关在其管辖的刑事案件中，需价格鉴定时，应委托同级的价格鉴定中心进行鉴定；对接受国家机构委托的鉴定事项不收费，由财政部门核定拨款或补贴。2021年，《最高人民法院关于适用〈中华人民共和国刑事诉讼法〉的解释》对鉴定意见进行了详细规定。国家发展和改革委员会价格认证中心也颁布了系列规范，如《价格认定行为规范》。

总体而言，由以上规定可知价格认证中心属于非营利性的事业单位，是公安机关、检察院、法院等国家机关指定委托价格认定机构。当司法机关、行政机关在认定价格存在困难时，应当委托该价格认证中心。而当公诉机关委托营利性的中介机构时，该中介机构所作出的鉴定结论不应当作为定罪量刑的依据。实践中，被告人认为价格认证中心不是法定鉴定机构，以及检察院和法院在某些案件中也并未遵守该规定而委托其他机构进行价格鉴定，如检察院以被侵权单位出具的价格证明[1]、营利性的市场鉴定机构[2]和其他机构[3]来确定市场中间价格，法院以被侵权单位[4]和营利性的市场鉴定机构[5]确定的价格作为非法经营数额。当然，部分检察院和法院肯定了价格认证中心的地位。[6]

因此，价格认证中心作为物价部门直属事业单位，为唯一一个接受行政机关和司法机关进行价格认定的法定鉴定机构，这种客观、中立的地

---

[1] 如（2017）浙0327刑初923号刑事判决书。

[2] 如（2017）赣0781刑初197号刑事判决书。

[3] 如（2016）浙0483刑初1262号刑事判决书。

[4] 如（2017）黔03刑初65号刑事判决书。

[5] 如（2017）京0111刑初359号刑事判决书。

[6] 如（2017）川0107刑初305号刑事判决书。

位，也使其认定的价格更具权威性、公正性和合理性。❶ 在明确其性质后，当公诉机关认为在价格确定上存在疑惑时，应委托当地物价部门下设的价格认证中心，而非委托其他市场中介机构。也有研究指出，若行为人要求且被害人无异议，可按行为人要求的市场在销同类侵权产品销价计算，而"就无需再坚持市场中间价计算标准"。❷ 姑且不论公诉机关代表国家意志对行为人进行追诉，市场在销同类侵权产品的计算难度也不会小于市场价格的计算。

（4）禁止超越司法解释的法律续造。

司法判决具有以下三个功能：法官"有思考地服从"法律、法官发现漏洞进行法律续造、法官对现行法律"拒绝服从"，法院通过法官自己评价来排斥和替代法律评价。❸ 与民事案件不同，法官必须在最狭小的范围内适用法律，不能放任法官的法律续造行为。❹ 因而，对于超越刑事司法解释的法律续造，应当予以禁止，具体体现在法院创设了以鉴定价格、其他方式来认定非法经营数额，以及以涉案假冒注册商标的商品鉴定价值作为非法经营数额。

市场中间价格和鉴定价格存在明显区别，主要表现在认定主体上。在涉及市场中间价格的案件中，法院几乎将价格认证中心的鉴定价格等同于市场中间价格，并肯定了价格认证中心的地位。而在涉及鉴定价格的案件中，鉴定主体经常并不明确，从法院的判决中，几乎无法确定鉴定价格是否由法定鉴定机构作出。在其他方式当中，法院认定非法经营数额的方式

---

❶ 张昌瑞.论刑事诉讼制度改革背景下价格认定的证据属性（一）[J].发展改革理论与实践，2017（7）：62.

❷ 阳贤文.知识产权犯罪中非法经营数额认定标准[J].中华商标，2014（10）：71.

❸ 魏德士.法理学[M].丁晓春，吴越，译，北京：法律出版社，2003：351.

❹ 安雪梅.指导性案例的法律续造及其限制——以知识产权指导性案例为视角[J].政治与法律，2018（1）：114.

各异，表现为平均批发价❶、被侵权产品成品出厂价格❷、被侵权产品批发环节的市场价格❸或价值❹、正品出厂环节的市场价格❺、商标权人鉴定的市场价格❻和商标权人出具的产品价格证明❼，司法实践以以上方式来确定非法经营数额无法得到《侵犯知识产权刑事案件解释》的支持，且与《侵犯知识产权刑事案件解释》法定计算方式之间的关系也不清楚，应禁止此种法官造法行为。实践中，存在法院对涉案侵权产品的价值进行鉴定的情况。❽事实上，司法解释并不要求对假冒侵权产品的价值进行认定，需要进行价格鉴定的仅为被侵权产品，以涉案假冒注册商标的商品鉴定价值来认定非法经营数额属法院创设方式，应予以禁止。

鉴于非法经营数额的计算方式并未规定标价和实际销售平均价格的顺序，为体现行为人的主观恶性、社会危害性以及提高裁判效率，应当将实际销售平均价格作为第二顺位，标价紧随其后。为减少实践中被告、司法机关以及价格认证中心对被侵权产品市场中间价格的争议，应当将市场中间价格修改为市场价格，同时应当确定价格认证中心为接受认定市场价格的唯一受托方。所以，应禁止法官在刑事领域造法，法官应当严格按照《侵犯知识产权刑事案件解释》中的计算方式来计算非法经营数额。

---

❶ 如（2017）川 0121 刑初 85 号刑事判决书。
❷ 如（2017）闽 0582 刑初 2974 号刑事判决书。
❸ 如（2017）闽 0582 刑初 2553 号刑事判决书。
❹ 如（2017）闽 0582 刑初 866 号刑事判决书。
❺ 如（2017）闽 05 刑终 518 号刑事判决书。
❻ 如（2017）内 02 刑初 15 号刑事判决书。
❼ 如（2017）京 02 刑终 325 号刑事判决书。
❽ 如（2018）川 0180 刑初 126 号刑事判决书。

6.4.2 侵犯商业秘密罪中损失数额的优化

6.4.2.1 具体数额的改进方向

（1）从《刑法修正案（十一）》前作为界限标准的重大损失中得到的经验。

针对重大损失范围的确定，2001 年《关于经济犯罪案件追诉标准的规定》第 65 条指出，侵犯商业秘密的，造成直接经济损失 50 万元以上、致破产或其他严重后果的应追诉。《侵犯知识产权刑事案件解释》第 7 条规定，造成重大损失的数额是 50 万元。2010 年《关于公安机关管辖的刑事案件立案追诉标准的规定（二）》第 73 条指出，侵犯商业秘密，涉嫌以下情况之一的，应立案追诉：造成权利人损失数额 50 万元以上的；违法所得数额 50 万元以上的；导致破产的；造成其他重大损失的。2020 年《关于修改侵犯商业秘密刑事案件立案追诉标准的决定》将侵犯商业秘密刑事立案追诉标准修改为：损失数额或违法所得数额 30 万元以上，致破产、倒闭，以及其他情形。《侵犯知识产权刑事案件解释（三）》第 4 条的规定与前述规定一致。从作为罪与非罪界限的重大损失的规定来看，可得如下结论。

第一，界限不应仅唯数额论。重大损失的认定不能唯金额论，也可引入侵权品数量标准，如销售侵权产品达到相应的数量标准。[1] 在侵犯知识产权个罪中，以侵权商品的数量作为入罪标准的有针对注册商标标识的犯罪、侵犯著作权罪。以针对注册商标标识的犯罪为例，刑法以注册商标标识数量入罪的原因在于该罪实行行为的特殊性，此类犯罪中行为人主要以非法制造商标标识为业，批量制造是该行为的典型特征，以数量入罪能够切实反映其行为的危害性。在《侵犯知识产权刑事案件解释（三）》对重

---

[1] 杨帆.侵犯商业秘密罪"重大损失"司法认定的困境、成因及突破——以"刑、民损失"认定区分为切入点[J].政治与法律，2013（6）：59.

大损失的界定中，不仅有数额，而且有定性（破产、倒闭）标准，《侵犯知识产权刑事案件解释（征求意见稿）》对于情节严重更是增加了特定时间段中不法获取商业秘密或侵犯商业秘密的次数，使得对情节严重的评价更加多元化，也使得界限标准呈现多元标准。

第二，界限是区分罪与非罪的标准。造成重大损失应是犯罪成立的条件，而非犯罪既遂的标准，没有造成重大损失的，只能是无罪，而不能够作为犯罪未遂予以处理，造成重大损失是侵犯商业秘密罪与非罪的标准。❶若认为不满足该要件而按侵犯商业秘密罪未遂处理，则民事侵权法上的侵犯商业秘密的行为将不存在，刑法打击面太广，不符合谦抑性原则和市场经济发展。❷《侵犯知识产权刑事案件解释》和《关于公安机关管辖的刑事案件立案追诉标准的规定（二）》没有明确重大损失的计算方式，导致实践中重大损失的计算方式种类繁多，出现多种罪与非罪的界限。此种局面在《侵犯知识产权刑事案件解释（三）》第5条中得到改进，即在该条中针对重大损失中的损失数额或违法所得数额明确规定了相应的认定方式，计算方式得到明确。

应说明，这种界限根源于我国立法既定性又定量的传统，我国反不正当竞争法借鉴了日本的反不正当竞争法，我国的侵犯商业秘密罪也与日本的侵犯商业秘密罪非常类似，但仍有一定区别，表现在我国的侵犯商业秘密罪是结果犯，日本的侵犯商业秘密罪为行为犯。在日本法的语境下，行为人构成侵犯商业秘密罪，不需要满足相应的犯罪数额，即只定性不定量。在日本的司法实践中，司法机关不是对任何侵犯商业秘密的行为都作入罪处理，其仍要考虑多种因素，如主观罪过、身份特征及其他与罪行严

---

❶ 高晓莹.论商业秘密保护中的刑民分野与协调[J].北京交通大学学报（社会科学版），2010，9（4）：112.

❷ 刘佑生，屈学武，周光权，等.非法披露商业秘密尚未投产该如何处理？[J].人民检察，2005（5）：31.

重程度相关的各种因素，从而作出是否起诉及定罪的决定。这种模式赋予了法官极大的自由裁量权，这也依赖司法官员的职业操守，我国目前并不适合采用此种模式。❶

（2）改进方向。

针对情节严重的认定，《侵犯知识产权刑事案件解释（征求意见稿）》在《侵犯知识产权刑事案件解释（三）》的基础上扩充了两种新类型，即第 14 条第 1 款规定，1 年内以不正当手段获取 3 次以上的，或 2 年内因侵犯商业秘密受行政处罚 2 次以上又实施的，仍将 30 万元作为损失数额的门槛，若行为人给权利人造成的损失不足 30 万元，则构成商业秘密民事侵权，否则构成刑事犯罪。

在侵犯知识产权罪中，若仅从数额来讨论，假冒注册商标罪的入罪标准是违法所得数额 3 万元，或非法经营数额 5 万元。销售假冒注册商标的商品罪的入罪标准尚无最新刑事司法解释予以明确，可参考《侵犯知识产权刑事案件解释》和《侵犯知识产权刑事案件解释（征求意见稿）》，入罪标准是违法所得数额 3 万元，或销售金额 5 万元。针对注册商标标识的犯罪，入罪标准是违法所得数额 3 万元，或非法经营数额 5 万元。假冒专利罪的入罪标准是违法所得数额 10 万元，或非法经营数额是 20 万元。侵犯著作权罪的入罪标准是违法所得数额 3 万元，或非法经营数额 5 万元。销售侵权复制品罪的入罪标准是违法所得数额 10 万元。侵犯商业秘密罪的入罪标准无最新刑事司法解释予以明确，可参考《侵犯知识产权刑事案件解释（三）》和《侵犯知识产权刑事案件解释（征求意见稿）》，损失数额和违法所得数额是 30 万元，而《刑法》第 219 条之一的商业间谍罪是行为犯，与其他侵犯知识产权罪又有所不同。

总体上看，仅从入罪标准的数额来看，入罪标准从低到高依次为：注

---

❶ 刘科.中日侵犯商业秘密犯罪比较研究［J］.中国刑事法杂志，2011（3）：60-65.

册商标类犯罪、著作权类犯罪、假冒专利罪和侵犯商业秘密罪。这也和我国侵犯知识产权罪的案件发生数量相互印证，即我国侵犯知识产权罪的案件发生数量主要以注册商标类犯罪、著作权类犯罪，该二类罪占据绝大部分，而假冒专利罪和侵犯商业秘密罪则占据很小比例。

从入罪数额上看，侵犯商业秘密罪的入罪数额显著高于其他侵犯知识产权罪，是注册商标类犯罪、著作权类犯罪入罪标准的10倍，是假冒专利罪的入罪标准的3倍。为保持与其他侵犯知识产权罪的协调，是否应考虑继续降低侵犯商业秘密罪的入罪数额，以增强对侵犯商业秘密行为的打击？

6.4.2.2 计算方式的改进

对于损失数额计算方式的认定，《侵犯知识产权刑事案件解释（三）》第5条作出了明确规定。该条根据不同的行为类型规定了不同的认定方式，若不正当获取商业秘密但未披露、使用，以合理许可使用费确定，否则以权利人销售利润的损失和合理许可使用费中较高者为准；若明知或属于违约型披露、使用，以权利人销售利润的损失确定；若侵权行为导致商业秘密公开或灭失，以商业秘密价值来确定，商业秘密价值以开发成本和实施该商业秘密的收益来综合确定。该解释第5条第2款进一步明确了权利人销售利润损失的计算方法。针对上述计算方式，本书认为需作如下改进。

第一，《侵犯知识产权刑事案件解释（三）》第5条第2款明确权利人销售利润损失的计算包括三种方式。前两种方式是从权利人视角出发，包括权利人销售量减少总数乘以权利人每件产品的利润、侵权产品销售量乘以权利人每件产品的利润。该规定与2015年《最高人民法院关于审理专利纠纷案件适用法律问题的若干规定》第20条类似。第三种方式是以侵权产品销售量乘以每件侵权产品的利润，《侵犯知识产权刑事案件解释（三）》将第三种方式归为权利人损失数额，但在知识产权部门法中，上述方式是典型的侵权人获益，故将第三种方式归为违法所得更加合适。还应注意，侵权人的获利不仅包括其获得的利润，而且包括侵权人节约的成本。❶

第二，商业秘密价值的确定。由于商业秘密的秘密性特征，在确定其范围和价值上都存在较大模糊性，这些模糊性给侵犯商业秘密行为的入罪带来较大挑战。《侵犯知识产权刑事案件解释（三）》第 5 条第 1 款第（五）项规定，当商业秘密已为公众所知悉或灭失时，才以商业秘密的商业价值来认定损失数额。事实上，若商业秘密脱离了权利人的控制且导致权利人无法利用该商业秘密时，也应将商业秘密的价值作为损失数额。具体到商业秘密的价值，除了该项商业秘密所涉及的研发成本、实施该商业秘密的收益外，还应考虑商业秘密的利用周期、受害人营业额的实际减少量、行为人的窃取程度、披露范围等因素。❷

第三，有必要区分技术信息和经营信息的计算方式。侵犯商业秘密罪中商业秘密包括技术信息和经营信息，技术信息包括技术诀窍、技术配方和工艺流程等，经营信息包括经营决策、经营方式和客户资料等。❸ 实践中主要以侵犯技术信息为主，技术信息价值的计算方式包括许可费、研发成本、市场价值或同类产品的市场价值等，管理信息价值的计算方式包括经营信息的形成成本等。❹ 对于技术信息和经营信息而言，在计算时应注意，相对于技术信息，经营信息在可计算性方面更弱，若行为人非法获取权利人的经营信息并使用，则应以侵权获利来计算重大损失，原因在于这些经营信息对于权利人而言，损失无法计算。❺ 因此，在《侵犯知识产权刑事案件解释（三）》第 5 条的规定下，可将侵权获利归为违法所得数额。

---

❶ 杨正鸣，倪铁．刑事法治视野中的商业秘密保护——以刑事保护为中心［M］．上海：复旦大学出版社，2011：125-126．

❷ 魏玮．商业秘密刑事保护优先论的思考［J］．知识产权，2007（6）：61．

❸ 陈兴良．侵犯商业秘密罪的重大损失及数额认定［J］．法律适用，2011（7）：32-33．

❹ 刘秀．商业秘密的刑事保护［M］．北京：知识产权出版社，2014：99-106．

❺ 陈兴良．侵犯商业秘密罪的重大损失及数额认定［J］．法律适用，2011（7）：33．

第四，合理许可使用费的设置问题。《侵犯知识产权刑事案件解释（三）》第 5 条第 1 款设置了合理许可使用费，以确定损失数额。不同于其他知识产权，商业秘密的价值在于其秘密性，一旦许可可能导致权利人无法控制商业秘密，所以商业秘密的许可频率不高，甚至可能经常并不存在。当并不存在许可的情况下，可将商业秘密类比于相类似的专利技术，以相应的专利技术的许可费来确定商业秘密的许可费。

6.4.3 对多个商标原样假冒的处理

在"永久商标案"中，问题是对同一商品上多个商标原样假冒时，应以多少种商标计算入罪数额，也即如何理解"假冒两种以上注册商标"。根据《侵犯知识产权刑事案件解释》第 1 条的规定，假冒两种以上注册商标，其非法经营数额或违法所得数额低于假冒一种商标的入罪数额，该解释针对的典型行为是"假冒不同种商品的不同商标"。司法解释之所以对假冒两种以上的注册商标进行惩罚，可能的原因是在实践中行为人侵犯了不同种商品的不同商标，但是每一个侵权行为都未达到相应的入罪数额，此时只能以民事侵权处理，但是多种侵权数额加起来却较大，如若不对此种行为进行刑事处罚，会导致其他行为人纷纷效仿此法。

本书认为，对同一商品上多个商标原样假冒属于假冒两种以上注册商标的非典型情况，即假冒的两种以上的注册商标而非一种。原因在于：其一，注册商标乃注册取得，应以商标局核准注册的商标来确定商标数量；其二，以注册数量来认定，清晰明了，有利于实现司法解释的明确化。

6.4.4 入罪门槛的应有之义 ❶

6.4.4.1 不同国家对商业规模的不同解释

入罪门槛的高低事关民事侵权和刑事犯罪的界限。《TRIPS 协定》第 61 条指出，各成员方应当对以商业规模且故意地假冒商标和盗版的行为提供刑事救济，其中，商业规模即是界定知识产权民事侵权和刑事犯罪的界限之一。

事实上，在 2007 年中美知识产权争端中，专家组在专家报告中提供了第三方对商业规模的认识。其中，如澳大利亚认为，规模的通常含义包含了一种比较性的评价，对商业规模应个案评价，考虑包括对以数字技术为基础的潜在影响的所有相关情况，这就包括即使侵权活动并无收益，但对权利人却造成了实质性的不利影响的情况，如公众能够在网络上获得侵权作品。巴西认为，解释商业规模需要同时考虑数量级（order of magnitude）和营利目的，当故意的假冒或盗版行为涉及营利目的且存在众多侵权产品时，成员国应当提供刑事制裁。加拿大认为，商业规模包括多种因素，不仅意味着工业生产，也包括如下情形：以营利为目的或以此为业且在足够的规模上实施的故意假冒和盗版行为。欧洲共同体认为，商业规模必须包括能够产生潜在危害的所有活动，这些危害源于侵权人专门从事此种商业活动或以利益为导向，单独的量化门槛无法抓住这些专业组织或有计划、有步骤的合作的特征，为制止以商业规模所进行的所有侵犯知识产权的侵权活动，刑事执行需考虑额外因素，如商业组织的特征、活动的利润导向。日本认为，对商业规模进行单纯的量化无法规制所有的具有商业规模的假冒行为，需考虑额外的定性因素，如活动的组织特征。韩国认为，商业规模代表一种数量的程度，任何人以侵犯知识产权为业并获得经济收益，无论数额大小，应被认定为以商业规模侵犯知识产权。中国台湾地区

---

❶ 本部分内容已发表于《南海法学》2023 年第 2 期第 24～33 页。

认为，商业规模属于抽象的法律概念，涉及当地环境的多种因素，如侵权的方法和规模和当地的生活水准等。泰国认为，《TRIPS 协定》并未规定商业规模的含义，成员国可以采取其认为合适的解释。❶

6.4.4.2 国际条约对于商业规模的规定愈加趋向零门槛

最近的国际条约对于商业规模的规定愈加趋向零门槛。由于技术的发展，《TRIPS 协定》已经因为过时而饱受批评，中美知识产权争端成为促成一项新的执行协议的主要触发器。事实上，《反假冒贸易协定》应当考虑降低由《TRIPS 协定》最初所引入的知识产权刑事犯罪门槛，以更好地反映新的创新环境。❷《反假冒贸易协定》第 23 条第 1 款规定，以商业规模所实施的假冒商标或盗版行为至少包括为直接的或间接的经济或商业利益目的的商业活动。❸ 随后，《跨太平洋伙伴关系协定》在刑事程序和刑罚条款中扩大了《TRIPS 协定》语境下"商业规模"的内涵，《跨太平洋伙伴关系协定》第 18 章第 77 条第 1 款指出，商业规模至少包括：为商业利益或经济收益目的而实施的行为，或非为商业利益或经济收益，但对权利人造成实质不利影响，并在第 1 款（b）项的脚注中指出，在考虑是否对权利人造成实质不利影响时，可考虑侵权产品的数量或价值。❹ 美墨加协定对于商业规模的解释与《跨太平洋伙伴关系协定》一致。❺

---

❶ China‐Measures Affecting the Protection and Enforcement of Intellectual Property Rights. Report of the Panel. WT/DS362/R.26 January 2009.PP.98‐110.

❷ Miriam Bitton, Rethinking the Anti-Counterfeiting Trade Agreement's Criminal Copyright Enforcement Measures [J]. The Journal of Criminal Law & Criminology, 2012, 102: 117.

❸ Anti-Counterfeiting Trade Agreement [EB/OL]. [2023-05-16]. https://www.mofa.go.jp/policy/economy/i_property/pdfs/acta1105_en.pdf.Article 23.2023-05-16.

❹ Trans-Pacific Partnership Agreement [EB/OL]. [2023-05-16].https://ustr.gov/sites/default/files/TPP-Final-Text-Intellectual-Property.pdf.2023-05-16.

❺ Agreement between the United States of America, the United Mexican States, and Canada[EB/OL]. [2023-05-16].https://ustr.gov/sites/default/files/files/agreements/FTA/USMCA/Text/20-Intellectual-Property-Rights.pdf.Article 20.84.2023-05-16.

6.4.4.3　国际趋势下我国对入罪门槛的调整问题

在2007年中美知识产权争端中，第三方国家、区域联盟或地区对商业规模的解释存在争议，澳大利亚、加拿大、欧洲共同体、日本和韩国等国认为，在解释商业规模时，不仅应当考虑量的标准，而且要考虑定性，即行为性质。其中，量的标准可以用金钱数额、侵权产品的数量等具体标准予以量化，定性即从侵权行为的组织性、对权利人利益导致的危害性和行为的专业性等角度来出发。显然，欧洲共同体、日本、澳大利亚和韩国都认为单纯的量化无法有效规制具有商业规模的盗版和假冒，而巴西和泰国则认为需要考虑数量的程度，泰国则进一步指出，各成员国可采取其认为合适的解释。显然，发达国家认为，对于商业规模的理解，数量不是唯一的考量因素，此外还要考量组织特征、行为性质等；发展中国家则认为，数量、规模的大小是判断商业规模的重要因素。WTO争端解决机构专家组指出，我国对故意假冒和盗版行为设置的数额门槛符合《TRIPS协定》中商业规模的规定。显然，我国与巴西、泰国的看法和理解更为接近。从定性的角度出发似乎扩大了商业规模具有的一般含义，商业规模从一般意义上可作如下理解：应当是以营利为目的所实施的具有一定数量或程度的行为。这也正如专家组在中美知识产权争端的最终报告中所言，对商业规模的认定，应当是具体化和个案化的，应具有典型或通常商业活动的数量或程度。

但是，美国、英国、法国和德国等国家，对于侵犯知识产权的行为予以入罪时不需要犯罪数额的要求，也即只要实施了相应的侵权行为，公诉机关就可以发动刑事追诉[1]，这些国家对侵犯知识产权行为实行零门槛。并且，以美国、欧盟和日本为首的发达国家和地区正在试图通过新的多边国际条约，进一步将商业规模推向零门槛，这种国际趋势值得我

---

[1] 刘军华，丁文联，张本勇，等. 我国知识产权刑事保护的反思与完善[J]. 电子知识产权，2018（5）：92.

国关注。在知识产权全球治理体系中，美国采取的国际俱乐部模式和胡萝卜加大棒的政策[1]，使得我国对于侵犯知识产权罪的刑事门槛的解释空间日趋缩小，未来我国大概率要面临侵犯知识产权罪的刑事门槛降低的问题，并向零门槛趋近。事实上，对于侵犯知识产权罪的刑事门槛问题（主要是2004年两高的司法解释）也已有近19年未发生变革了，我国的市场环境已经发生了重大变化，知识产权权利人对于刑事门槛可能有其自身需求。

从2020年中美经贸协定第1.7条所处位置来看，其处于第一章"知识产权"的第二节（商业秘密和保密商务信息）下，故该条所谓的"显著降低启动刑事执行的所有门槛"针对的是侵犯商业秘密罪，而非整个侵犯知识产权罪，但是面对国际趋势和国内环境的变化，我国对整个侵犯知识产权罪刑事门槛的变革势在必行。本书初步认为，零门槛暂时并不符合我国侵犯知识产权罪的现状和整个刑罚体系，降低门槛可能是未来立法的选项之一。至于具体门槛的设定则需要立法者、最高人民法院、最高人民检察院和公安部等主体深入实践，制定相对合理的数额，同时需要考虑侵犯知识产权罪与知识产权惩罚性赔偿之间的关系，而如何形成合理的威慑梯度则超出了本书所要讨论的主题。

6.5 类型五：相对从属性之适用

独立性反映民刑的区别，从属性反映二者联系，应强调二者并存。[2]民事不法和刑事违法的判断是双轨的，在判断某项行为是否具有刑事违法性时，根据相对从属性说，需讨论此项行为是否具备民事不法性；若在民

---

[1] 万勇. 知识产权全球治理体系改革的中国方案[J]. 知识产权，2020（2）：17-25.
[2] 李铁军. 刑民实体关系论[M]. 上海：上海人民出版社，2012：44.

事上是合法的行为，则不具有刑事违法性，民事不法行为是否同时构成犯罪，需依据刑法判断等。❶

6.5.1 知识产权各部门法存在争议、刑法采纳主流意见规则

6.5.1.1 以深层链接为例

针对深层链接行为的定性问题，知识产权法学者和司法裁判者对设链者的设链行为是否构成向公众传播并未达成一致，解决方案包括服务器标准❷、用户感知标准、实质呈现标准❸、实质替代标准❹、法律标准、间接提供理论❺、著作权法下的违法行为和反不正当竞争法规制（违反公平、诚信原则和商业道德）。目前，国内尚未有规避技术措施入刑的案件，故暂且不考虑深层链接构成规避技术措施的行为；但存在法院将深层链接行为纳入刑法规制的范围之内的情况，其论证思路是设链者对作品设置深层链接的行为属于向公众提供作品，即通过信息网络向公众传播作品。在设链者以营利为目的的主观状态下，满足数额或情节标准时，即构成侵犯著作权罪。

知识产权部门法存在争议的问题，是否影响刑事违法性判断？以虚拟财产为例，民法上对虚拟财产的定性存在争议，包括物权、债权或其他民事权利。当盗窃虚拟财产并达到相应数额，此时虚拟财产是否属于盗窃罪中盗窃公私财物的"财物"？事实上，只要该行为构成一种民事不法行为，则不影响相对从属性的观念，即盗窃虚拟财产可能构成盗窃罪。❻

---

❶ 时延安. 论刑事违法性判断与民事不法判断的关系 [J]. 法学杂志，2010，31（1）：94-95.

❷ 王迁. 网络环境中的著作权保护研究 [M]. 北京：法律出版社，2011：368.

❸ 崔国斌. 加框链接的著作权法规制 [J]. 政治与法律，2014（5）：74.

❹ 石必胜. 论链接不替代原则——以下载链接的经济分析为进路 [J]. 科技与法律，2008（5）：62.

❺ 万勇. 论国际版权公约中"向公众提供权"的含义 [J]. 知识产权，2017（2）：33.

❻ 时延安. 论刑事违法性判断与民事不法判断的关系 [J]. 法学杂志，2010，31（1）：95-96.

依据相对从属性的判断规则，深层链接行为在知识产权法上是一种不法行为，因而可能会被纳入刑法规制。但是针对这种不法行为，至少有四种解释路径：将设链行为解释为向公众提供作品的行为；将向公众提供权解释为包括向公众间接提供的行为，从而将深层链接纳入规制；设链行为若破坏技术措施，是违法行为；设链行为是一种不正当的竞争行为。刑法只在第一种解释下可以将设链行为解释为向公众提供作品的行为，但事实上，理论和实务界对此都未达成共识，且存在较大争议。况且，在《刑法修正案（十一）》前，刑法司法解释将信息网络传播行为解释为复制发行，存在正当性疑问。所以，本书认为，在知识产权法领域仍有争议的情况下，刑法应当采知识产权领域内的主流意见规则。目前，针对深层链接行为，知识产权领域内的主流意见规则是对作品设置深层链接不属于提供行为，不构成信息网络传播行为。此时，在刑法领域则不能将深层链接行为解释为信息网络传播行为，以至以侵犯著作权罪定罪。

6.5.1.2　以制作、出售假冒他人署名的美术作品为例

目前，在著作权法内，对于"制作、出售假冒他人署名的作品"的行为存在争议，内部无法达成一致意见，这导致在司法实践中，对于该行为是否构成侵犯著作权的行为产生争议。那么，在著作权法仍存在较大争议的情况下，在立法论层面，刑法不应当将其纳入刑事制裁，因为很可能存在如下情况：针对同一行为，法院判定行为人侵犯著作权而其他法院判定侵犯姓名权，若行为侵犯著作权并满足数额或情节时，将面临刑事追诉，而行为侵犯姓名权时，则不会被刑事追诉，导致对同一行为作出民事侵权和刑事犯罪的不同评价，造成裁判冲突。

本书认为，对于"制作、出售假冒他人署名的美术作品"的行为，刑事司法适用者应当对该构成要件该当性进行实质解释，即侵犯著作权罪保护的法益是权利人享有的著作权，而此时行为人侵犯的仅是他人的姓名权，不构成法益侵害，不符合该构成要件，不具有违法性，应当作出罪处

理。所以，如果刑法无视著作权法上的争议、著作权法上资源，对于此行为的解释大概率会以入罪处理，而划清知识产权民事侵权和刑事犯罪的界限，以免行为人遭受不测之风险，正是本书的目的之所在。这也是本书认为的，对于侵犯知识产权罪的刑法解释应当采实质解释，而非形式解释的缘由。

6.5.2 知识产权各部门法无争议，刑法应以无争议结论为适用前提

商标法上的注册商标包括商品商标、服务商标、集体商标和证明商标已无争议。刑事立法和司法未明确注册商标类犯罪中注册商标的范围，导致刑事司法实践中屡屡针对此问题产生较大争议。针对知识产权各部门法上已无争议的行为，本书认为，刑法应当予以尊重并吸收。那么，对于注册商标类犯罪中注册商标的范围，当然包括商标法中的全门类商标，而非仅包括商品商标和服务商标。采此结论，原因在于以下四个方面。

其一，知识产权各部门法已无争议的问题，是各部门法已达成的共识，刑法作为保障法和二次法，应予以尊重，在立法和解释中均应予以吸收，以更好地衔接民事责任和刑事责任。其二，此为客观解释的要求，对刑法条文的解释应以客观解释为主，而非主观解释。例如，1997 年《刑法》制定时注册商标不包括集体商标和证明商标而拒绝将上述两种商标纳入注册商标的保护范围内，未能反映当下商标法发展实践。其三，不会超出一般国民的预测范围。当今社会，信息传播迅速，国民获取刑法信息的成本可忽略不计，将注册商标类犯罪中的注册商标解释为包括商标法中的所有注册商标，不会超出国民的预测范围。其四，能够减少注册商标类犯罪的司法适用冲突。实践中，各刑事司法机关对注册商标的范围进行了不同程度的解释，导致了司法适用的混乱局面，有损刑法威严，为尽量避免该局面，有必要对此予以明确。

6.5.3 相对从属性中"何时独立"的体现：以过失侵犯商业秘密的出罪化为例

相对从属性中"何时独立"的理念体现出刑法独立的特征，这在过失侵犯商业秘密的出罪化过程中表现得尤为明显。在《刑法修正案（十一）》生效之前，侵犯商业秘密罪制裁过失侵犯商业秘密的行为。《刑法》第219条侵犯商业秘密罪第2款指出，明知或应知第1款行为的以下三种行为构成侵犯商业秘密罪：获取、使用或披露商业秘密。其中，"应知"指应当知道而不知道，对危害结果的发生主观上存在过失，而刑法以制裁故意为原则、制裁过失为例外，对于过失行为，刑法的介入应当非常谨慎，除重大过失造成严重后果外，刑法一般不对过失行为进行制裁，否则将违背刑法谦抑性原则。将过失侵犯商业秘密的行为纳入刑法规制的范畴，刑法介入过深。

刑法以惩罚故意犯罪为原则，对于过失行为，有明文规定的才能作为犯罪处理。《刑法》第219条侵犯商业秘密罪第1款的三项行为，行为人在主观上是故意，是一种直接侵犯商业秘密的行为；而第2款的行为，行为人在主观上既包括故意，也包括过失，过失行为是间接侵犯商业秘密的行为[1]，该罪同时惩罚故意（明知）和过失（应知）的行为。

所谓应知，即第三人负有预见义务但却疏忽大意未能预见，最终导致侵犯商业秘密行为的发生，但商业秘密的秘密性阻断了一般人员的这种认知，且不合理地对信息的流动施加了额外的成本。[2] 应知是指行为人主观上过失的心理。[3] 从美国、英国、德国和法国等主要工业国家的立法来看，这些国家并未将过失侵犯商业秘密的行为纳入刑事制裁。[4] 从谦抑性角度

---

[1] 雷山漫.中国知识产权刑法保护［M］.北京：法律出版社，2014：100.
[2] 赵秉志，刘志伟，刘科.关于侵犯商业秘密罪立法完善的研讨［J］.人民检察，2010（4）：31.
[3] 田宏杰.论我国知识产权的刑事法律保护［J］.中国法学，2003（3）：149.
[4] 单海玲.我国商业秘密刑事救济困境的成因分析与对策研究［J］.法律适用，2006（Z1）：54.

出发，刑法不应对过失行为予以刑事制裁；从公平角度出发，刑法只制裁第二人的故意行为，却对第三人间接侵犯他人商业秘密的故意和过失行为都予以制裁，有失公平。❶ 这就造成刑事惩罚的不均衡现象：刑法不惩罚第二人的过失侵犯商业秘密的行为，但惩罚第三人过失侵犯商业秘密的行为，难言公平。❷ 同时，增设过失泄露商业秘密罪也不尽合理。在我国百余种经济犯罪中，只有两种是过失犯罪，其他均为故意犯罪，且侵犯知识产权个罪也均为故意犯罪。❸

《刑法修正案（十一）》将过失侵犯他人商业予以出罪化，体现了刑法独立于民法的特征，是刑法相对从属性中"何时独立"的体现。

6.5.4 相对从属性中"何时从属"的体现

6.5.4.1 《刑法修正案（十一）》对信息网络传播行为的正确定位

在《刑法修正案（十一）》通过之前，信息网络传播行为与复制发行呈现出错综复杂的关系。1997年《刑法》并未对网络环境下侵犯著作权的行为提供保护。2001年《著作权法》新增了信息网络传播权，该法第47条对未经许可实施的信息网络传播行为提供刑事保护。《侵犯知识产权刑事案件解释》第11条第3款将信息网络传播行为解释为"复制发行"。2005年，《最高人民法院、最高人民检察院关于办理侵犯著作权刑事案件中涉及录音录像制品有关问题的批复》将通过信息网络传播其制作的录音录像制品的行为视为《刑法》第217条第（三）项的"复制发行"。《侵犯知识产权刑事案件意见》第12条规定，"发行"包括信息网络传播行

---

❶ 黄洪波.中国知识产权刑法保护理论研究［M］.北京：中国社会科学出版社，2012：151-152.

❷ 高晓莹.论商业秘密保护中的刑民分野与协调［J］.北京交通大学学报（社会科学版），2010，9（4）：112.

❸ 赵秉志，刘志伟，刘科.关于侵犯商业秘密罪立法完善的研讨［J］.人民检察，2010（4）：32.

为。事实上，针对将信息网络传播行为解释为复制发行，研究者之间存在对立局面。支持者认为，1997年《刑法》的复制、发行针对的对象是实物作品，随着信息技术的发展，行为人可以通过网络复制或发行非实物作品，且更容易达到其犯罪目的，刑法语境下的复制、发行包括通过网络形式实施的复制、发行行为。❶ 支持者并未考虑著作权法中法定权利的差异，认为二者会导致相同的结果，且通过网络能够使得行为更加便利，便将其行为类推于复制、发行。反对者认为，该解释涉嫌越权。除美国外，世界各国家和地区都严格区分"发行权"和"网络传播权"，虽然网络传播行为与发行行为在后果上相似，均使得公众获得作品复制件，但二者差别明显、互不包容，网络传播权控制交互式行为，"复制发行"不应当应用于"网络传播"行为。《侵犯知识产权刑事案件解释》第11条第3款将网络传播视为复制发行，似有超权之嫌，法理上应受到质疑，而是否将严重侵犯"网络传播权"的行为纳入刑事制裁，应由全国人民代表大会或其常委会决定，而非由司法机关予以解释。❷

《刑法修正案（十一）》彻底终结了上述争议，将信息网络传播行为从复制发行中独立出来，与复制发行并列，反映出立法者对信息网络传播行为的正确认识，也是刑法相对从属性理念中"何时从属"的具体体现。刑法相对从属性理念中"何时从属"的观念也在《侵犯知识产权刑事案件解释（征求意见稿）》中有所体现，即第10条直接将著作权法中对复制、发行、信息网络传播的定义借用过来。

6.5.4.2 《刑法修正案（十一）》对侵犯商业秘密罪实行行为的改造

《刑法修正案（十一）》对侵犯商业秘密罪实行行为的改造体现出了刑法相对从属性中"何时从属"的特征。无论是1997年《刑法》，还是《刑

---

❶ 胡云腾，刘科. 知识产权刑事司法解释若干问题研究［J］. 中国法学，2004（6）：145.

❷ 王迁. 论著作权法中"发行"行为的界定——兼评"全球首宗BT刑事犯罪案"［J］. 华东政法学院学报，2006（3）：57-64.

法修正案（十一）》，该罪第1条第（一）项的行为分别来自1993年和2019年的《反不正当竞争法》，在《反不正当竞争法》对侵犯商业秘密的实行行为修订后，刑法也基本将其原样照搬过来。

  以侵犯商业秘密行为中的"利诱"为例，利诱属于一种窃取商业秘密的方式，实践中，利诱的认定存在极大的不确定性。市场经济活动日趋加快，企业必定以相应的待遇吸引人才，当乙企业以优厚待遇吸引获知甲企业商业秘密的丙人员时，丙人员在乙企业工作时使用了甲企业的商业秘密，是否可以认定乙企业具有利诱丙人员获取甲企业商业秘密的行为？商业秘密不具有公示性，在认定商业秘密时，面临着较大难题。与此同时，丙员工在甲企业工作时，围绕该商业秘密所获得了相关技能和知识，当丙员工在乙企业运用这些技能和知识时，裁判者在将员工所获知识、技能和经验与该商业秘密进行区分时也将面临较大挑战。以民事责任或刑事责任相威胁，则员工的流动性将减弱，并且技术的运用效率也较低，故《反不正当竞争法》在2017年修法时便将利诱行为删除，并被2019年的《反不正当竞争法》所继承。在民事部门法已作删除的情况下，《刑法修正案（十一）》也随之将利诱行为从刑事打击的范畴之内排除出去。

第7章 界限标准对知识产权刑事立法的指引

在第6章中,将界限标准用于解决类型模糊化的问题,主要是从解释论角度出发,回应第2章中的前五个类型。本章通过界限标准,从立法论角度来确定侵犯知识产权罪的广度和深度,确立该罪的犯罪圈,这是对类型六和该罪未来发展方向的回应。

7.1 广度与深度的确立

7.1.1 广度:谦抑性原则下刑事保护扩张的谨慎性

如前文所述,将侵犯知识产权罪从"破坏社会主义市场经济秩序罪"移至"侵犯财产罪",是为了还原侵犯知识产权罪是财产犯罪的本质特征。侵犯知识产权行为是典型的市场非法逐利行为,其目的是获取利润,民法的核心在于填平损害,民法的威慑程度取决于侵权行为的发现率和赔偿力度。然而,对侵犯知识产权行为的发现率不可能达到100%,而赔偿也只是填平损害,在不考虑惩罚性赔偿时,民法无法对侵权行为提供充足威慑,这正是刑法介入侵犯知识产权行为的最核心理由。与规范法益(如国家安全、社会经济秩序和管理秩序)相较,法益与事实法益(如生命、健康和财产等)越远,其解释力越弱。在确定侵犯知识产权罪为侵犯财产罪之后,侵犯知识产权罪所保护的法益即是知识产权权利人的市场经济利益。那么，关于何种行为最为严重地侵害知识产权权利人的利益，知识产权部门法最为知晓，而刑法对此却无从知起。

刑法谦抑性原则要求刑法对某项行为的制裁应当秉持最后手段性和比例性，刑法的扩张则意味着国家权力的扩张，而国民的自由将随之缩减。我国刑法已对商标、专利、著作权和商业秘密提供了刑事保护，在广度上已经将知识产权的四大重要领域涵盖其中。那么，是否应当在广度延展，扩展到其他类别的知识产权上？对此，在1997年第八届全国人大五次会议分组审议《刑法（修订草案）》时，有代表指出应当在侵犯知识产权罪中增加侵犯研究成果权和新培育的农作物品种权的规定。❶

本书认为，知识产权刑事保护目前应限于四类知识产权，暂不宜扩张，理由如下：其一，刑事保护在广度上并非越广越好，对重要的知识产权提供民法所无法给予的保护，才能发挥刑事保护的最大价值。在集成电路布图设计和植物新品种等领域，类似纠纷案例相对较少，在刑事保护的需求上也相对较少。因此，刑法应当集中有限的资源着力对著作权、专利权、注册商标和商业秘密提供刑事保护。其二，在涉及技术领域时，不同技术人员掌握不同技术，任何技术人员不可能垄断所有技术，技术竞争是市场常态，技术人员也可能不希望引入刑事制裁。正如在专利法领域，由于权利人的分散，其并不期待对侵犯专利权的行为予以刑事制裁，否则今天的权利人可能在未来的某个时间点侵犯他专利而被刑事制裁。在集成电路布图设计和植物新品种等技术领域，刑法在介入之前应当谨慎，针对我国目前的技术发展状况，刑法不应当介入。其三，知识产权在刑事保护广度上的有限性体现了刑法的谦抑性特征，对涉及技术的知识产权领域保留宽容环境，一则能够降低公众的学习成本，二则能够为创新创设较大的试错空间，这为我国参与国际竞争提供重要保障。

---

❶ 高铭暄，赵秉志. 新中国刑法立法文献资料总览［M］. 2版. 北京：中国人民公安大学出版社，2015：1100.

7.1.2 深度：以侵犯核心利益为制裁中心和惩罚性赔偿限制各罪深度扩张

7.1.2.1 以侵犯知识产权人的核心利益为刑法制裁中心

在知识产权刑事保护的深度上，应以侵犯知识产权权利人的核心利益为刑法制裁中心。从《刑法修正案（十一）》来看，刑法新增了不法类型，提高了刑罚的惩罚力度，从深度上加强了对知识产权的刑事保护。

第一，从对注册商标提供的刑事保护来看，1997年《刑法》采取的方式比较激进。1993年《商标法》第38条规定了4类侵犯注册商标专用权的行为，即3种具体的侵权行为和兜底的侵权行为。1997年《刑法》选取了前3种行为作为规制对象。由此观之，1997年《刑法》对注册商标的保护力度很大，侵犯注册商标专用权的民事侵权行为在满足相应的数额或情节后，将会落入刑事保护的范畴。在本书看来，对于注册商标的刑事保护，应当严格限制在"同一种"商品上使用"相同"的商标，因为此种行为直接落入商标权人权利的最核心领域，除此之外，刑法应保持谨慎与克制。

第二，从对著作权提供的刑事保护来看，类似于我国刑法对注册商标提供的刑事保护。1997年《刑法》侵犯著作权罪的4种实行行为源自1990年《著作权法》第46条的7种行为。《刑法修正案（十一）》新增的2种侵犯著作权罪的实行行为，都来自2010年《著作权法》第48条。从1997年《刑法》到《刑法修正案（十一）》，立法者将更多的侵犯著作权的行为纳入刑事制裁中。

第三，从对商业秘密提供的刑事保护来看，在深度上更是如此。1997年《刑法》侵犯商业秘密罪直接将1993年《反不正当竞争法》中关于商业秘密的规定全部挪至刑法，《刑法修正案（十一）》同样将2019年《反不正当竞争法》的规定纳入其中，并新增商业间谍罪，对于商业秘密的刑事保护不可谓不周全。

针对注册商标、著作权和商业秘密，我国刑法实际上提供了几乎全面的刑事保护，立法层面几乎网罗了可以制裁的民事侵权行为，这与我国整体知识产权发展状况不相称，同时也反映出立法者并未甄别出何种行为侵害的是权利人的核心利益。例如，著作权法是否无法制裁未经许可出版他人享有专有出版权图书的行为？

所以，首先应确立知识产权各部门法中权利人的核心利益，然后围绕这些核心利益考量侵权行为或违法行为是否普遍、是否能够被各部门法所威慑，如果围绕这些核心利益的侵权或违法行为相当普遍且不能被威慑，那么给予刑事保护才具有正当性。

第四，我国刑法对专利权提供的刑事保护较谨慎。侵犯专利权的行为无疑侵犯了专利权人的核心领域，但是基于专利技术的复杂性、权利人的分化以及对创新的影响，我国刑法并未对侵犯专利权的行为提供刑事保护。本书认为应当坚持此做法，创新活动需要宽容的环境，动辄以刑事制裁相威胁，不利于技术进步和产业发展，我国台湾地区对侵犯专利权的除罪化便是例证。

7.1.2.2 惩罚性赔偿限制各罪的深度扩张

民事责任，即损害赔偿者，义为补偿既生之实害；刑事责任，即刑罚者，义为预防将生之害恶。[1]前者填平、补偿损害，后者惩罚、威慑行为人，几成定论。填平与补偿是民事责任承担的特点，刑事责任则为惩罚。目前，惩罚性赔偿制度已全面进入知识产权各部门法，惩罚在知识产权司法保护体系中体现为法定赔偿、惩罚性赔偿、刑事制裁，惩罚性赔偿制度突破了侵权损害赔偿的损益相当原则、填平原则，使得侵权法增加了惩罚

---

[1] 牧野英一.日本刑法通义[M].陈承泽，译.李克非，点校.北京：中国政法大学出版社，2002：3.

功能。[1] 法定赔偿的精确是"不可欲"的，惩罚性赔偿不以填平损害为目的，法定赔偿中隐含着惩罚性理念。[2] 通过对商标法中惩罚性赔偿制度的观察能够发现，惩罚性赔偿与补偿性赔偿间建立了一种比例关系，由于之前商标法中未规定惩罚性赔偿，使得具有一定惩罚性质的法定赔偿被频繁适用。[3] 当然，也有研究认为，为严格界分填平性补偿和惩罚性补偿，去除填平性赔偿的惩罚色彩，建议删除法定赔偿制度。[4]

在知识产权领域，法定赔偿具有惩罚性的内涵，惩罚性赔偿更是旗帜鲜明地对恶意侵犯知识产权的行为施加制裁，知识产权惩罚性赔偿具有准刑罚性，惩罚性赔偿金介于民事损害赔偿金和刑事罚金之间。[5] 惩罚性赔偿会与刑事责任发生竞合，并对刑事惩罚产生替代效应。[6] 这种替代效应，在一定程度上削减了对刑事惩罚的需求，进而限制了侵犯知识产权个罪在深度层面的扩张。

7.1.3 影响因素：刑事保护应考虑对创新的影响

在现代法律史中，对创新的追捧也不过是一个相对较新的现象，通过对美国1946—2005年的判例进行实证分析发现，知识产权"战争"的爆发以及技术的发展使得每个消费者都可以成为创造者，创新一词才在20世纪80年代中后期获得其在知识产权中的现代中心地位。[7]

---

[1] 冯晓青，罗娇. 知识产权侵权惩罚性赔偿研究——人文精神、制度理性与规范设计[J]. 中国政法大学学报，2015（6）：46.

[2] 袁秀挺. 知识产权惩罚性赔偿制度的司法适用[J]. 知识产权，2015（7）：28.

[3] 舒媛. 商标侵权惩罚性赔偿适用情形研究[J]. 法学评论，2015，33（5）：151.

[4] 罗莉. 论惩罚性赔偿在知识产权法中的引进及实施[J]. 法学，2014（4）：32.

[5] 张鹏. 知识产权惩罚性赔偿制度的正当性及基本建构[J]. 知识产权，2016（4）：103-104.

[6] 和育东，石红艳，林声烨. 知识产权侵权引入惩罚性赔偿之辩[J]. 知识产权，2013（3）：58.

[7] BERNSTEIN G. In the Shadow of Innovation[J]. Cardozo Law Review，2010，31：2274-2290.

从来源角度来看，创新来源于私有财产和公有物的结合。最超出寻常的创新，不是建立在完全自由的结构之上，不是在所有层面都是公有的世界里，也不是在"控制就是规则"的结构里。换句话说，不是在每一层都被拥有的结构里。相反，创新建立在财产和公有物之上，它从财产和公有物的混合中获得生命。[1]

从世俗的角度来看，创造是内在的、不可抗拒的冲动。Creativity 源于拉丁文 creo，即"成为……的父亲、生育、产生"。[2] 创造叙述（creation narratives）透露了一种反映社会对人类创造进取心的理解的社会规范。[3] 第一创造叙述作为一个高度重要的资源，反映了人类将其自身视为创造者的意愿，以及以像父亲般的方式对其作品进行占有的潜力；第二创造叙述表明创造者在一定时间内作为其作品的守护人的角色[4]，解释创造性理论的世俗性的文本认为创造的内在维度极其重要。因而，世俗的叙述表明人类的创新是由内在的不可抗拒的维度所定义的，这种内在的维度集中于创造性，它是对内在驱动的一种回应，而不是一种对经济奖励的简单追求。[5] 这也指出了知识产权所面临的挑战，即如何把对专利权或著作权奖励的外在现实性转化为发明者或艺术家内在的机会，只要专利权或著作权仅仅被视为一种外在动机，那就只能期待发明者或艺术家生产出仅仅具有算数性努力（algorithmic efforts）的产品，对专利或著作权驱动的内在化的程度决

---

[1] LESSING L. The Architecture of Innovation [J]. Duke Law Journal, 2002, 51: 1799. 苏伦斯·莱斯格（Lawrence Lessing）教授指出互联网的三个层次，分别是私有的（物理层）、公共的（逻辑层）、私有和公共的（内容层），互联网的这种创新使得文化得以繁荣和创新得以发生。

[2] Russ VerSteeg, Rethinking Originality [J].William and Mary Law Review, 1993, 34: 826.

[3] Roberta Rosenthal Kwall, Inspiration and Innovation: The Intrinsic Dimension of the Artistic Soul [J]. Notre Dame Law Review, 2006, 81: 1951.

[4] Roberta Rosenthal Kwall, Inspiration and Innovation: The Intrinsic Dimension of the Artistic Soul [J]. Notre Dame Law Review, 2006, 81: 1953-1956.

[5] Roberta Rosenthal Kwall, Inspiration and Innovation: The Intrinsic Dimension of the Artistic Soul [J]. Notre Dame Law Review, 2006, 81: 1964-1970.

定其成果创造性的高低。❶

从心理学角度来看，创新对人的认知带来极大挑战。心理学家认为创新至少具有新和合适的（novel and approriate）这两个特征。"新"对应著作权法中的原创性和专利法中的新颖性要件，"合适的"在技术发明方面，指实用性，在艺术表达领域，它要求能使观众保持注意力或者对其有情感上的巨大影响能力。"新"是一种求异思维过程，是直觉性的，而"合适的"是一种趋同思维过程，是分析性的。但是，大部分人只倾向于其中之一，在交替使用两种思维过程上存在困难，这种困难性使得创造活动是一项艰难的挑战。❷

同时，创新具有不确定性特征，因而充满风险。❸ 以往研究仅关注创新过程的某个片段，随着实践活动的深入，此种方法不利于理解复杂的创新活动，创新行为的系统性不仅关注片段，并合理配置系统中的各要素，实现创新系统的最佳效率。技术的变化并非以线性顺序出现，而是从系统的反馈循环中产生，这种创新系统结构的非线性表现在创新系统结构的复杂性、技术方面的不确定性、市场需求的多变性以及创新环境的不稳定性。❹

经济理论证明，著作权的民事保护甚至也让未来的创新更加困难和昂贵，对已提高的民事保护增加刑事处罚，同样地增加了创新降低的可能性，表现在：刑事制裁的威胁让守法公民只从事完全合法的行为，不敢越雷池半步；后续创造者不敢使用先前的材料，即使此种行为完全合法。并

---

❶ Gregory N. Mandel, To Promote the Creative Process: Intellectual Property Law and the Psychology of Creativity [J]. Notre Dame Law Review, 2011, 86: 2010-2011.

❷ MANDEL G N. To Promote the Creative Process: Intellectual Property Law and the Psychology of Creativity [J]. Notre Dame Law Review, 2011, 86: 2002-2004.

❸ 陈其荣. 技术创新的哲学视野 [J]. 复旦学报（社会科学版），2000（1）：20.

❹ 宝胜. 创新行为的系统性和创新系统的非线性特征 [J]. 中国科技论坛，2005（1）：95-96.

且相对于原始生产者，消费者经常是更好的创新者，主要是因为他们使用这些产品。《美国数字千年版权法案》（DMCA）即为一例，其为一个更小程度的著作权刑事法律。❶ 知识产权保护与创新呈现倒 U 形关系，仅在经济发展到一定水平，法律的完备性和保护力度的提高才会提升国家创新能力。❷

对专利权和著作权提供刑事保护应当考虑到激励创新的问题。相对于有形财产，智力成果作为公共物品有着更强的正外部性，对其创作者的救济规则应兼顾权利人和使用者双方的利益。❸ 在对专利权和著作权提供刑事保护时，应考虑二者之创新对社会的正外部性效果，也即刑事制裁应当维系在合理的程度，能够确保专利制度和著作权制度尽可能地释放其在创新活动中的正外部性，使得社会能从中受益。

7.2 刑事制裁在商标领域的范围和程度

7.2.1 以侵犯注册商标专用权为刑事制裁范围

正如前文所言，1997 年《刑法》对注册商标的保护力度很大，几乎囊括了当时所有的侵犯注册商标专用权的行为，民事侵权和刑事犯罪的界限只在于情节或数额。对于非法制造注册商标标识罪，有研究建议删除"擅自制造"，将其替换为"仿造"行为。研究指出，"擅自制造"指在合同之外超量印刷注册商标标识，实际发生率不高，民事和行政手段即可达到预防效果，无须刑事制裁；而实践中"伪造"行为大量存在，应借鉴国外

---

❶ MOOHR G S. The Crime of Copyright Infringement: An Inquiry Based on Morality, Harm, and Criminal Theory [J]. Boston University Law Review, 2003, 83: 759-760.

❷ 吕新军，胡晓绵. 到底是什么阻碍了国家创新？——影响国家创新的制度性因素分析 [J]. 科学学与科学技术管理，2010，31（5）：119.

❸ 蒋舸. 著作权法与专利法中"惩罚性赔偿"之非惩罚性 [J]. 法学研究，2015，37（6）：91.

做法，将其纳入刑事制裁，建议将"伪造、擅自制造"修改为"伪造、仿造"。❶ 当然，擅自制造是否属于违反合同义务的行为仍应考察实践中的做法，若确实属于上述行为，本书认为应当将此种违反合同义务的行为作出罪处理，但同时也应当考虑其与商标法的协调问题。

《商标法》规定了7种侵犯注册商标专用权的行为，其中3种行为被纳入刑法规制，还剩下4种未被纳入：同一种商品上使用近似商标或类似商品上使用相同或近似商标而导致混淆的行为；反向假冒行为；提供便利、帮助侵权行为；给注册商标权利人造成的其他损害。其中，对于侵犯商标权提供便利的侵权行为，可用共同犯罪理论予以解决。下文将对另外3种情况及其他情形展开讨论。

7.2.2 潜在的刑事制裁对象的区别化对待

7.2.2.1 "类似"商品上使用"相同"或"近似"商标的行为不应被纳入刑法规制

行为人在"类似"商品上使用"相同"或"近似"商标的行为不应被纳入刑法规制，原因如下。其一，相对于在同一种商品上使用相同商标的行为，此种行为在主观恶性和法益侵害性上都相对较小，入罪的正当性不足。其二，入罪不恰当地将大量民事侵权行为纳入刑事制裁的范畴。实践中，此类侵权行为大量发生，若将此类行为均纳入刑事制裁，一方面将极大扩大打击范围，另一方面势必将极大占用有限的刑事司法资源，在我国目前侵犯商标权案件多发的情况下，刑事司法机构将面临较大压力。

7.2.2.2 避免"口袋罪"：兜底条款的入罪

在商标法中，立法者将给"权利人造成其他损害"作为兜底条款，已

---

❶ 雷山漫. 中国知识产权刑法保护［M］. 北京：法律出版社，2014：83-84.

有学者建议将其他的商标侵权行为纳入刑法调节的范畴。❶ 本书对此持反对意见，否则将形成"口袋罪"。

"口袋罪"是对刑法中因内涵、外延模糊而容易混淆罪与非罪的称呼❷，典型如寻衅滋事罪和非法经营罪。口袋罪本身具有贬义性，因违反罪刑法定主义原则而招致学界和民众批判。如寻衅滋事罪中的罪状描述，"随意殴打"他人、"追逐、辱骂"他人、"强拿硬要"、"起哄闹事"，此种罪状描述具有极大的不确定性，也很难以一定标准予以约束。❸ 如非法经营罪，该罪不仅设置了空白罪状❹，即非法经营罪首先是"违反国家规定"，更为重要的是该罪设置了兜底条款，即其他严重扰乱市场秩序的非法经营行为，这种以空白罪状与弹性条款相结合的罪状描述模式，使得"非法经营罪是一个难以捉摸的罪名"。❺

鉴于社会发展迅速，立法者无法完全预测可能发生的民事违法行为，因而创设兜底条款以解决法律滞后性和社会迅速发展之间的冲突。但是，刑法作为最为严厉的制裁手段，应当具有明确性原则，这也是罪刑法定原则的实质侧面。在入罪方面，应当尽量避免"口袋罪"，从而保证国民的可预测性。基于此，本书认为不应当将侵犯商标专用权的兜底条款纳入刑事制裁的范畴。

7.2.2.3 谨慎规制反向假冒行为

在我国，首例涉及反向假冒行为的案例是"北京市某服装厂诉鳄鱼公司案"。❻ 鉴于反向假冒行为破坏了权利人对其商标的正常使用，刑法学者

---

❶ 谢望原, 张雅. 略论中国内地的知识产权刑法保护［J］. 现代法学, 2003（5）: 62.

❷ 张训. 口袋罪视域下的寻衅滋事罪研究［J］. 政治与法律, 2013（3）: 37.

❸ 张训. 口袋罪视域下的寻衅滋事罪研究［J］. 政治与法律, 2013（3）: 37.

❹ 所谓空白罪状，即条文没有直接规定某一犯罪构成的特征，而是指明确定该罪构成需要参照的法律、法规的规定，因而有关经济、行政管理法规的规定直接制约着犯罪的构成。

❺ 高翼飞. 从扩张走向变异：非法经营罪如何摆脱"口袋罪"的宿命［J］. 政治与法律, 2012（3）: 37-38.

❻ 北京市第一中级人民法院（1994）中经知初字第566号民事判决书。

建议应将此类行为规定为犯罪❶，即将假冒注册商标罪的实行行为修改为不仅包括假冒他人商标，也包括在他人商品上使用自己商标。❷

笔者认为不应将反向假冒行为入罪，理由如下。其一，反向假冒行为不属于典型的侵权行为，刑法规制的对象应当是发生频率较高且较难以威慑的行为。其二，在法益侵害程度上相对较小，基于此种行为发生频率不高，在刑法可责性上较弱，虽其危害客观存在，但尚未达到应受刑罚处罚的社会危害性。❸

7.2.2.4 刑法上"商标使用"应具有"识别商品来源"的功能

（1）刑法上"商标使用"的争议：是否需要"识别商品来源"。

2002年《商标法实施条例》第3条规定了"商标使用"的内涵，2013年《商标法》第48条引入该条款，并将其限定为"用于识别商品来源的行为"。《侵犯知识产权刑事案件解释》第8条第2款对假冒注册商标罪中"商标使用"的界定基本上采用2002年《商标法实施条例》第3条的规定，该司法解释将商标使用分为以下4种情况：①使用在商品上；②使用在商品包装或容器上；③使用在产品说明书和商品交易文书上；④在广告宣传、展览和其他商业活动中使用。但该司法解释未规定商标使用是用于识别商品来源的行为。

对于刑法上的"商标使用"，存在较多批评。例如，将刑法上的商标使用扩大到广告宣传和展览等业务活动中，存有疑问，即商标和商品在某种程度的结合才能使商标具有意义，而广告宣传和展览等活动较难体现商标的意义，仅假冒商标用于宣传等活动而不用于商品本身或容器上的行为

---

❶ 高铭暄，张杰.国际法视角下商标犯罪刑法适用若干疑难问题探析［J］.江苏警官学院学报，2008（3）：8-10.其他如：赵秉志，许成磊.侵犯注册商标权犯罪问题研究［J］.法律科学.西北政法学院学报，2002（3）：73.

❷ 邱玉梅，罗开卷.论反向假冒商标行为的刑法规制——兼论假冒注册商标罪的立法完善［J］.长沙理工大学学报（社会科学版），2005（2）：49-50.

❸ 齐文远，唐子艳.反向假冒商标行为之刑法思考［J］.现代法学，2011，33（2）：114.

较少发生，处罚行为人在广告上使用商标没有必要❶，否则将违反刑法谦抑性，因为此类活动与商品生产、销售等环节有本质区别。此时，商标和商品的结合程度低，这种分离会影响消费者对商品和商标的认识，商标的标示作用不能得到体现。况且，该第 4 种行为的先前或后续行为肯定会被其他三项中的一项或多项所涵盖。❷

上述批评意见主要集中在刑法上的"商标使用"是否应当扩展至广告宣传、展览和其他商业活动中。这并不足虑，商标的使用只是确定相关侵犯商标专用权的行为是否应当入罪的因素之一。以假冒注册商标罪为例，需考察行为人是否在同一种商品使用相同商标，以及是否满足情节严重的情形，以理性人的视角看，行为人在广告宣传、展览和商业活动中使用商标，目的是销售假冒注册商标的商品。在这一点上，刑法对于"商标使用"的规定并无不妥。

但问题在于，刑法上的"商标使用"是否应当具有识别商品来源的功能？有研究指出，假冒注册商标罪并不需要考虑注册商标是否在商业活动中发挥识别商品来源的作用。❸

（2）刑法上"商标使用"应具有"识别商品来源"的功能——以涉外定牌加工为例。

涉外定牌加工，即对于同一种商品上的同一商标，权利人 A 依据 A 国商标法取得商标专用权，权利人 B 依据 B 国商标法取得商标专用权，B 委托 A 国的 C 进行定牌加工，C 在生产商品完毕后，通过海关将该商品运送至 B 国。问题在于：C 的行为是否属于商标使用以及是否会导致混淆。同

---

❶ 赵秉志,许成磊.侵犯注册商标权犯罪问题研究[J].法律科学.西北政法学院学报,2002（3）：66-67.

❷ 侯克鹏.假冒注册商标罪司法认定中若干问题的解读[J].湖南广播电视大学学报,2011（3）：83.

❸ 周波."商标使用"概念在商标法及刑法中的区别[N].中国知识产权报,2015-07-17（007）.

时应指出，C 在 A 国的加工、生产行为未获得 A 的授权。假设 A 国代表我国，依据我国商标法，双方的争议焦点集中在 C 的行为是否构成商标法上的商标使用和导致混淆。

我国司法实践和理论学说在不同层面论证此种使用不属于商标法上的使用且不会导致消费者混淆。例如，最高人民法院指出，贴牌商品不在中国销售，不会与国内权利人生产的商品发生来源混淆和误认的可能性，不属于商标使用行为。❶ 也有学者指出，贴牌产品直接销往境外，不会导致我国境内消费者的实际混淆，不会导致商标法激励功能制度失灵，不构成侵权。❷ 对于贴牌加工行为，从产业导向出发，现有观点倾向于认为此行为并未侵犯商标专用权，根据相对从属性规则，民法上合法的行为，刑法上也合法。因此，定牌加工行为不可能构成刑事犯罪。

本书认为，应当对刑法上的"商标使用"作一定的限制，要求刑法上的"商标使用"应当具有识别商品来源的功能，即如果不具有识别商品来源的功能，将不会导致混淆，则既不会构成侵犯商标专用权的行为，也不会构成刑事犯罪。

---

❶ 最高人民法院（2014）民提字第 38 号。

❷ 黄汇. 商标使用地域性原理的理解立场及适用逻辑 [J]. 中国法学，2019（5）：80-96.

7.3 刑事保护在侵犯专利权行为上的克制[1]

7.3.1 刑事保护介入侵犯专利权行为的理论争议

对于专利侵权行为是否应当入罪，学界存在较大争议。德国[2]、法国[3]和日本[4]已经对专利侵权行为予以入罪。[5]支持入罪的学者认为，刑法对专利权和其他知识产权实行区别保护，违背同等保护原则[6]，侵犯专利权的行为比假冒他人专利的危害性更大[7]，将该行为纳入刑事制裁具有可行性，更严厉的专利保护适合现阶段经济发展水平，有助于优化我国产业结构。[8]但专利侵权入刑限于两种情况：其一，造成重大经济损失，且在司法机关采取保全财产措施之前，转移财产使得权利人无法获得民事赔偿；其二，因侵犯专利权的行为受到2次行政处罚，继续实施且数额累计达100万元以上。[9]

部分学者认为，我国不应当将侵犯专利权的行为纳入刑事制裁[10]，理由

---

[1] 本部分内容已发表于《政法学刊》2023年第2期第112~118页。

[2] 《德国专利法》第142条对一般的专利侵权行为和以商业规模专利侵权的行为给予不同的监禁或罚金。

[3] 《法国知识产权法典》第L.615-14条对故意专利侵权的行为给予监禁及罚金。参见：法国知识产权法典：法律部分［M］. 黄晖，朱志刚，译. 郑成思，审校. 北京：商务印书馆，2017：187-188.

[4] 《日本专利法》第196条对侵犯专利权或独占许可使用的人给予监禁或罚金。

[5] 赵秉志，田宏杰. 侵犯知识产权犯罪比较研究［M］. 北京：法律出版社，2004：165.

[6] 黄玉烨，戈光应. 非法实施专利行为入罪论［J］. 法商研究，2014，31（5）：43.

[7] 陶阳，徐继超. 论"侵犯专利犯罪"的立法完善［J］. 科技进步与对策，2004（5）：140.

[8] 李晓秋，刘少谷. 基于产业政策论专利侵权入刑的可行性［J］. 西南民族大学学报（人文社科版），2017，38（8）：111-113.

[9] 田宏杰. 侵犯专利权犯罪刑事立法之比较研究——兼及我国专利权刑法保护的完善［J］. 政法论坛，2003（3）：82.

[10] 莫洪宪，贺志军. 欧盟《知识产权刑事措施指令（草案）》研究［J］. 政治与法律，2008（7）：43-44.

如下。其一，多数情况下侵犯著作权和商标权不仅会损害权利人利益，而且欺骗公众，后者仅能通过刑罚威慑，专利侵权不涉及欺骗公众的问题，不应受刑法规制。❶ 英国❷、美国❸ 未对专利侵权行为予以入罪，将专利侵权行为入罪的中国台湾地区于2003年全面废除对专利侵权提供刑事制裁的规定。❹ 其二，权利人可能会借用检察官的侦查权打击竞争对手。❺ 其三，从国家经济安全视角出发，我国也不应当增设"专利侵权罪"。❻

7.3.2 刑事保护是否介入的不同立法例

对于刑事保护是否应当介入侵犯专利权的行为，英美法系与大陆法系国家采取了不同立场，以美国和英国为代表的英美法系国家拒绝将刑事保护延伸至侵犯专利权的行为，以德国、法国和日本为代表的大陆法系国家则对侵犯专利权的行为提供刑事保护，但英美法系国和大陆法系国家都对专利的虚假标记行为、欺骗行为提供刑事保护。

7.3.2.1 美国和英国不对侵犯专利权的行为提供刑事保护

美国在其专利法中规定了虚假标记罪。美国现行专利法以1952年《美国专利法》为蓝本，1952年《美国专利法》第292条规定虚假标记罪

---

❶ 郑成思. 专利侵权的刑事制裁问题[J]. 专利与发明, 1983（5）: 9.

❷ 1977年《英国专利法》未对专利侵权行为给予刑事制裁，但该法第109～112条分别规定了专利登记簿作假罪、擅自声称专利权罪、假冒已申请专利罪和滥用"专利局"名义罪，其中除专利登记簿作假罪规定有监禁的刑罚外，其他罪处以不同等级的罚金。参见英国知识产权局：https://assets.publishing.service.gov.uk/government/uploads/system/uploads/attachment_data/file/950221/consolidated-patents-act-1977.pdf.

❸ 《美国专利法》及刑法不对专利侵权行为给予刑事制裁，《美国专利法》第292条规定虚假标记罪，《美国法典》18编犯罪和刑事程序下第497条规定伪造专利证书罪。

❹ 吕占江. 我国台湾地区新型专利制度的沿革与发展[J]. 中国发明与专利, 2008（11）: 78-79.

❺ 莫洪宪, 贺志军. 欧盟《知识产权刑事措施指令（草案）》研究[J]. 政治与法律, 2008（7）: 43.

❻ 莫洪宪, 贺志军. 国家经济安全视角下我国知识产权之刑事保护——对"专利侵权罪"增设论之否定[J]. 法学论坛, 2008（1）: 114-120.

(false marking)。❶1994年美国国会对《美国法典》第35章第292条(a)款进行细节性修订❷，2011年美国国会对该条进行较大幅度修订❸，此后并未对该条款进行修订。美国国会在对该条的立法史和修订注释中指出，该条以1946年版本的《美国专利法》第50条为依据❹，明确表明该条是刑事条款。虚假标记罪对以下行为处以500美元以下罚金：（a）款第一项是未经专利权人许可，在其商品上标注专利权人的姓名、模仿该姓名、"专利号"或"专利权人"等标记；第二项是为欺骗公众，在未取得专利的物品上标注或广告中使用"专利"用语或表明该物已经获得专利的词汇；第三项是为欺骗公众，当并未申请专利或专利并未进行审查时，行为人就在物品或广告中使用"已经申请专利"和"专利正在审查"的用语，或任何表明已申请专利的用语。

虚假标记罪下的解释与目的指出，该条款于1953年生效，本质上是一个刑事条款，并基于之前的成文法，意图欺骗公众是该罪的先决条件。鉴于虚假标记条款是刑事条款，其应当被严格解释，意图欺骗公众是承担刑事责任的绝对必备条款，该条款的目的是保护专利权人的名称或设备免受欺诈性使用，以及防止公众被以下行为所欺骗，即通过广告虚假声称其产品为专利产品。通过对美国的虚假标记专利罪能够看出，第一项相当于我国假冒他人专利的行为，第二项、第三项相当于我国冒充专利的行为，该条款在刑罚上，仅有罚金，没有自由刑。

美国在《犯罪和刑事诉讼》中规定了伪造专利证书罪。《美国法典》第18编《犯罪和刑事诉讼》中第497条规定了伪造专利证书罪（letters

---

❶ PUBLIC LAW 593-JULY 19, 1952.66 STAT.814. §292. False marking.

❷ PUBLIC LAW 103-465-DEC.8, 1994.108 STAT.4990.

❸ PUBLIC LAW 112-29-SEPT.16, 2011.125 STAT.329.

❹ 应指出，至少在1925—1926年版本的《美国专利法》中第50条已有虚假标记罪。关于此条，1952年版本与1925—1926年版本有一些区别，但总体相似。Bluebook 20th ed. 1925-1926 Edition Titles 1-50 1165（1925-1926）Sections 1-13.

patent），即假造、仿造、伪造或变造已获或将获授权的专利证书，以及明知上述情况仍制作或传送的行为，实施上述行为将被处以罚金或 10 年以下监禁。❶ 与 1948 年《犯罪和刑事诉讼》的区别在于，1948 年《犯罪和刑事诉讼》中的伪造专利证书罪应被处以 5000 美元罚金，❷ 后在 1994 年《犯罪和刑事诉讼》将其修改为"处以本编下的罚金"❸ 并沿用至今。综上所述，美国对专利法上的违法行为予以刑事制裁的情形为虚假标记罪和伪造专利证书罪，虚假标记罪和伪造专利证书罪的实行行为所规制的行为，类似于我国《专利法》上的"假冒专利"行为。

《英国专利法》第 109 ~ 112 条❹ 规定了针对专利权所实施的违法行为所应承担的刑事责任，分别是专利登记簿作假罪、未经授权声称专利权罪、未经授权声称已提出专利申请罪和滥用"专利局"名义罪，除专利登记簿作假罪规定有监禁的刑罚外，其他罪处以不同等级的罚金。同时，英国专利法并未对侵犯专利权的行为给予刑事制裁。

7.3.2.2　主要大陆法系国家对侵犯专利权的行为提供刑事制裁

《德国专利法》第 142 条❺ 将侵犯专利权的行为纳入刑事制裁，若非商业规模地侵犯专利权将处以 3 年以下监禁或罚金，若商业规模地侵犯专利权将处以最多 5 年的监禁或罚金，两者在监禁的刑罚幅度上有差别。《德国专利法》第 9 条赋予了专利的排他权，即使行为人不以生产经营为目的实施专利权所控制的行为，行为人也侵犯专利权。而我国《专利法》第 11 条规定，侵犯专利权的行为必须以生产经营为目的，《德国专利法》采用的"立法定性，司法定量"，如何区分商业规模或非商业规模有赖于司法机关

---

❶ 18 U.S.C. § 497.

❷ PUBLIC LAWS-CH.645-JUNE 25，1948.62 STAT.712. § 497.

❸ PUBLICLAW 103-322-SEPT.13，1994.108 STAT.2147.（K）.

❹ 1977 年《英国专利法》，https：//assets.publishing.service.gov.uk/government/uploads/system/uploads/attachment_data/file/950221/consolidated-patents-act-1977.pdf.

❺ 《德国专利法》，https：//www.wipo.int/wipolex/en/text/475855.

予以确定。

法国于 1992 年颁布《法国知识产权法典》,该法典包括三部分,分别是文学和艺术产权、工业产权,以及在海外领地及马约尔属地的适用。《法国知识产权法典》L.615-12 条至 L.615-16 条对发明和实用新型专利提供刑事保护。❶ 其中,第 L.615-12 条规定,对冒充专利人或专利申请人的,处 7500 欧元罚金;第 L.615-14 条规定,对故意侵害他人专利权的,处 3 年监禁及 30 万欧元罚金;第 L.615-14-1 条规定,违反第 L.615-14 条的累犯,或同受害人有或有过协议的初犯,应加倍处罚,并处以相应的资格处罚(可在不超过 5 年内剥夺罪犯在行业协会等的选举权和被选举权)。❷ 法国对侵犯专利权的行为和冒充专利权人或专利申请人的行为给予刑事制裁。

现行《日本专利法》以 1959 年《日本专利法》为基础,在第 196~200 条等条款❸ 中分别规定了侵犯专利权罪、欺诈罪、虚假标记罪、伪证罪和泄露秘密罪等,可见日本对侵犯专利权、专利欺诈、虚假标识、伪证、泄密商业秘密等行为给予刑事制裁。

7.3.3 刑事保护由介入到废除——以我国台湾地区为考察对象

7.3.3.1 1994 年之前对专利权提供刑事保护

1994 年之前,我国台湾地区对专利权侵权行为提供相应的刑事制裁。例如,在 1986 年的"专利法"中,第 89~94 条分别规定了伪造专利品罪,仿造专利品或实用专利方法罪,故意贩卖、陈列、输入伪造仿造之

---

❶ 黄晖,朱志刚,译. 郑成思,审校. 法国知识产权法典:法律部分 [M]. 北京:商务印书馆,2017:249-274.

❷ 黄晖,朱志刚,译. 郑成思,审校. 法国知识产权法典:法律部分 [M]. 北京:商务印书馆,2017:187-188.

❸ 《日本专利法》,https://www.wipo.int/wipolex/en/text/585163。

发明品罪，虚伪标示罪，自诉案件和泄露秘密罪❶；第 106～108 条、第 125～127 条分别规定了伪造新型专利品罪，仿照新型专利品罪，故意贩卖、陈列、输入伪造仿造新型罪，伪造新式样专利品罪，仿造新式样专利品罪，故意贩卖、陈列输入伪造、仿造新式样物品罪。❷可以看出，我国台湾地区对专利权犯罪规定了 11 项罪名。

7.3.3.2 1994 年之后逐步废止至 2003 年完全废止对专利权提供刑事保护的规定

1994 年我国台湾地区修改"专利法"时，开始讨论是否废除关于侵犯专利权的刑事规定。1994 年修订"专利法"时，废除了针对侵犯发明专利应承担有期徒刑的规定，但保留罚金刑，以及保留了针对侵犯新型专利权和新式样专利权（分别对应实用新型和外观设计专利权）的刑事责任的规定。❸作出上述修订的理由如下：其一，是否侵犯发明专利，涉及技术判断，而专家之认知时有疑义；其二，权利人借助检察官发动侦查权，纵使最后不起诉或获得无罪判决，但已对行为人造成名誉和财产损害，不利于产业发展。❹

2001 年修改"专利法"时，废除了针对侵犯发明专利的罚金刑。2003 年在修改"专利法"时，废除了针对侵犯新型专利权和新式样专利权的刑事责任。❺自 2003 年之后，我国台湾地区不再对侵犯专利的行为提供刑事保护，侵犯专利权的行为无须再承担刑事责任。❻

---

❶ 林辰彦，梁开天，郑炎生律师.综合六法审判实务——专利法：第一册［M］.台北：大追踪出版社，2011：457-471.

❷ 林辰彦，梁开天，郑炎生律师.综合六法审判实务——专利法：第二册［M］.台北：大追踪出版社，2011：947-1137.

❸ 黄章典.发明专利侵害之除罪化［J］.理律法律杂志双月刊，2001（7）：10.

❹ 陈文吟.我国专利制度之研究［M］.4 版.台北：五南图书出版股份有限公司，2004：335.

❺ 吕占江.我国台湾地区新型专利制度的沿革与发展［J］.中国发明与专利，2008（11）：77-79.

❻ 谢铭洋.智慧财产权法［M］.6 版.台北：元照出版有限公司，2016：342-343.

我国台湾地区在2001年修订"专利法"时，部分专家基于以下理由主张对"专利法"全面除罪化：侵犯专利权行为在刑法上的道德可非难性低；专利侵权涉及专业技术问题，法官无法判断，以专家认定结果作为论罪依据，过于牵强；借刑事制裁以威慑被告，此行为易被权利人滥用，影响产业发展；此类案件案发少，且法院多处以罚金刑。❶

7.3.3.3 我国台湾地区学者关于存废刑事制裁上的两方观点

支持废除者观点。在1994年修改"专利法"前后，一位专家指出，对专利权提供刑事保护，不仅不利于发明的蓬勃发展和专利质量的提升，而且会增加产业成本，以及司法警察为权利人目的启动刑事追诉还会增加社会成本。另一位专家指出，侵犯专利权行为的可责性低于普通刑事犯罪，并且专利因涉及高科技，不易判定是否侵犯他人专利权，采用刑事处罚将阻碍科技发展。

反对废除者观点。有学者基于以下三个理由指出，应当保留对专利权提供刑事制裁的规定。其一，自由刑最能符合现代刑罚理论，之前既已规定，为满足社会正义感、教育行为人和预防犯罪的目的，处以自由刑并无不当；其二，自由刑比罚金刑更能达到预防目的；其三，特许实施制度和法定例外制度，已经限制了专利权，应当对权利人赋予民事、刑事救济予以平衡。

7.3.4 刑事保护由提议到废止——以欧盟的立法历程为参照

7.3.4.1 立法背景

欧盟《知识产权实施指令》（2004）规定，除了该指令提供的民事和行政措施、程序和救济以外，在恰当的情况下，刑事制裁也是确保执行知识

---

❶ 黄章典. 发明专利侵害之除罪化[J]. 理律法律杂志双月刊，2001（7）：10-11.

产权的一种手段。❶ 该指令并不影响各成员国为履行国际义务而规定的刑事程序和刑罚，以及关于侵犯知识产权而规定的任何刑事程序或刑罚。❷

2005年，欧盟委员会在提议加强对知识产权刑事保护的"解释备忘录"中指出，该提议的直接目标是实施《基本权利宪章》第17条第2款的"知识产权应当受到保护"条款，该提议要求各成员国考虑将所有以商业规模侵犯知识产权，认定为刑事犯罪，包括尝试、帮助、教唆和引诱实施以上行为的侵权行为。❸

7.3.4.2 刑事保护的提出、修改及撤回

（1）基本内容——将侵犯专利权的行为纳入刑事制裁。

2005年，欧盟委员会在《旨在确保知识产权实施的刑事措施的提议》中指出，各成员国应确保将所有以商业规模故意侵犯知识产权的行为（包括尝试、帮助、教唆和引诱实施以上行为的侵权行为）认定为刑事犯罪。❹对于自然人，应处以监禁刑；对于自然人和法人，应处以罚金刑，并可没收相应侵权物品。在合适的情况下，成员国应当提供以下处罚：销毁侵权物品、永久或暂时地全部或部分关闭主要用于违法行为的设施、永久或暂时地禁止行为人实施商业活动、将其纳入司法监督等。❺

---

❶ DIRECTIVE 2004/48/EC OF THE EUROPEAN PARLIAMENT AND OF THE COUNCIL of 29 April 2004 on the enforcement of intellectual property rights（Text with EEA relevance）. OJ L 195, 2.6.2004.Recital（28）. p.19.

❷ DIRECTIVE 2004/48/EC OF THE EUROPEAN PARLIAMENT AND OF THE COUNCIL of 29 April 2004 on the enforcement of intellectual property rights（Text with EEA relevance）. OJ L 195, 2.6.2004.Article 2（3）. p.19.

❸ COM（2005）276 final.PP.2-3.

❹ Proposal for a DIRECTIVE OF THE EUROPEAN PARLIAMENT AND OF THE COUNCIL on criminal measures aimed at ensuring the enforcement of intellectual property rights（Text with EEA relevance）. 2005/0127（COD）.Article 3.P.6.

❺ Proposal for a DIRECTIVE OF THE EUROPEAN PARLIAMENT AND OF THE COUNCIL on criminal measures aimed at ensuring the enforcement of intellectual property rights（Text with EEA relevance）. 2005/0127（COD）.Article 4.P.7.

（2）修改版本——将侵犯专利权的行为排除刑事保护的范畴。

2005年9月6日，欧盟委员会将《旨在确保知识产权实施的刑事措施的提议》提交给欧盟议会，进入一读程序；2006年10月5日欧盟理事会进行讨论；2007年3月20日，欧盟委员会对该提议进行投票，明确指出应当将专利排除在外；❶ 2007年3月23日，欧盟法律事务委员会随后提交了修改后的提议，其中与本书有关的重要修改包括以下内容。

修改第1条第2款，将专利权排除在刑事保护的范围之内。在第1条中新增2a款，即专利下的商业权利应当被排除在本指令的条款中。对该新增条款的正当性说明如下：考虑到大多数科研项目高度复杂，发明者在实施其项目时，不断面临侵犯专利权的风险；将侵犯专利权的行为作为刑事犯罪，将阻止发明者和科研人员创新。在第1条中新增2b款，特别指出，本指令不适用于与下列有关的侵犯知识产权的行为：发明和实用新型。❷ 修改第2条，进一步明确该提议中"知识产权"的范畴，明确了"以商业规模侵权"的内涵，即任何一种旨在获得商业优势的侵犯知识产权的行为，这将私人用户为个人和非营利目的的行为排除在外，明确了"故意侵犯知识产权的行为"，即为获得经济优势的目的，以一种商业规模、故意和有意识地侵犯知识产权。❸

（3）对立的双方及提议的撤回。

2007年4月23日，欧盟议会对修改后的提议进行了讨论，围绕提议

---

❶ Criminal measures aimed at ensuring the enforcement of intellectual property rights［EB/OL］.［2023-05-20］.https：//oeil.secure.europarl.europa.eu/oeil/popups/summary.do?id=948069&t=e&l=en.

❷ Committee on Legal Affairs. Report on the amended proposal for a directive of the European Parliament and of the Council on criminal measures aimed at ensuring the enforcement of intellectual property rights.FINAL A6-0073/2007.COM（2006）0168 - C6-0233/2005 - 2005/0127（COD）.P.9.

❸ Committee on Legal Affairs. Report on the amended proposal for a directive of the European Parliament and of the Council on criminal measures aimed at ensuring the enforcement of intellectual property rights.FINAL A6-0073/2007.COM（2006）0168 - C6-0233/2005 - 2005/0127（COD）. PP.10-11.

是否应当对专利权提供刑事保护，呈现两方意见。❶一方为反对对专利权提供刑事保护。欧洲社会党代表尼占拉·津加雷蒂（Nicola Zingaretti）指出，通过将专利排除，《旨在确保知识产权实施的刑事措施的提议》的范围更加清楚，同时也受到了限制，就专利纠纷而言，民法是最适合的解决手段。无党派代表吉姆·阿利斯特（Jim Allister）认为上述指令将刑事制裁拓展到专利，是欧盟委员会对成员国的干涉及其权力的扩张，来自英国的代表强烈反对将刑事制裁延伸至侵犯专利权的行为。欧洲自由民主联盟代表沙伦·鲍尔斯（Sharon Bowles）认为，将刑事制裁扩展到专利超过了《TRIPS协定》的要求，过于超前且无人能证明将专利纳入刑事制裁的正当性。

另一方为支持对专利权提供刑事保护。欧洲联合左派——北欧绿色左派代表丹尼尔·斯特罗兹（Daniel Strož）认为，将专利纳入刑事制裁，是对2004年《知识产权实施指令》（2004/48/EC）中民事和行政责任的补充，有足够宽泛的空间来讨论导致将技术方案排除在刑事保护之内的提议的因素，不幸的是，有影响的利益集团在其中扮演了相应角色。最终，在2010年9月18日，欧盟委员会撤回了该提议，该提议废止。❷

7.3.4.3 后续发展：《加强刑事法律框架以打击知识产权犯罪的提议》

欧盟委员会在《加强刑事法律框架以打击知识产权犯罪的提议》中对《旨在确保知识产权实施的刑事措施的提议》进行细化，如对一般知识产权犯罪处以最高额10万欧元的罚金，对有组织犯罪或对健康或人身安全构成风险的知识产权犯罪，至少处以4年监禁以及最高额30万欧元的罚

---

❶ Enforcement of intellectual property rights（criminal measures）（debate）[EB/OL].[2023-05-20]. http://www.europarl.europa.eu/sides/getDoc.do?pubRef=-//EP//TEXT+CRE+20070423+ITEM-018+DOC+XML+V0//EN&language=EN.

❷ 立法过程详见：https://oeil.secure.europarl.europa.eu/oeil/popups/ficheprocedure.do?reference=2005/0127（COD）&d=en.

金。❶为何以4年监禁作为分界点？"解释备忘录"中指出，选择4年的监禁门槛是因为它符合用于区别严重犯罪的标准。❷除此之外，还包括其他细化条款，如第4条的共同调查组，第5条的司法管辖和程序的协调。但是，在欧盟议会经过一读程序后，2009年3月25日，欧盟委员会撤回了该提议，即该提议废止。❸

7.3.5　历史资料梳理："侵犯专利权罪"在我国刑法修订草案中的出现及隐没

在1997年《刑法》规定假冒专利罪之前，在全国人大常委会法制工作委员会（以下简称"全国人大法工委"）等主体公布的草案中，能够看出当时立法者已经试图对侵犯专利权的行为提供刑事保护，但在最终通过的刑法文本中，并未保留"侵犯专利权罪"，而仅保留了假冒专利罪，个中原因仍有待更充分的史料予以说明。

具体而言，1996年8月31日，全国人大法工委编撰《刑法（修改草稿）》，在分则第3章第4节规定"侵犯知识产权罪"，在该节第4条规定了"侵犯专利权罪"。❹应当注意，此做法是各个修改草案中首次将侵犯专利权的行为纳入刑事制裁的版本。1996年10月10日，全国人大法工委编撰《刑法（修订草案）（征求意见稿）》，在分则第3章第7节规定"侵犯

---

❶ Proposal for a COUNCIL FRAMEWORK DECISION to strengthen the criminal-law framework to combat intellectual property offences. 2005/0128（CNS）.Article 2.PP.13-14.

❷ Proposal for a COUNCIL FRAMEWORK DECISION to strengthen the criminal-law framework to combat intellectual property offences. 2005/0128（CNS）.P.9.

❸ Strengthening the criminal law framework to combat intellectual property offences [EB/OL]．[2023-05-23]．https：//oeil.secure.europarl.europa.eu/oeil/popups/summary.do?id=1096056&t=e&l=en.

❹ 1996年《刑法（修改草稿）》第4条规定："未经专利权人许可，使用其专利，违法所得数额较大或者有其他严重情节的，处3年以下有期徒刑或者拘役，可以并处或者单处罚金；违法所得数额巨大或者有其他特别严重情节的，处3年以上7年以下有期徒刑，并处罚金。"高铭暄，赵秉志．新中国刑法立法文献资料总览［M］.2版．北京：中国人民公安大学出版社，2015：489.

知识产权罪"，在第 188 条中规定了"侵犯专利权罪"，与 1996 年 8 月 31 日全国人大法工委草案中的罪状一致，区别在于，此次草案删除了加重情节的内容，最终条文为"违法所得数额巨大的，处……"❶ 1996 年 12 月中旬，全国人大法工委编撰《刑法（修订草案）》，第 198 条规定了"侵犯专利权罪"，与 1996 年 10 月 10 日全国人大法工委草案中的罪状一致，区别在于，在基本刑罚上增加"管制"，最终条文为"处 3 年以下有期徒刑、拘役或者管制，可以并处……"❷ 1996 年 12 月 20 日，在第八届全国人大常委会第 23 次会议文件（八）、全国人大常委会办公厅秘书局公布的《刑法（修订草案）》的版本中，第 198 条规定了"侵犯专利权罪"，❸ 与 1996 年 12 月中旬全国人大法工委公布的草案内容一致。1997 年 1 月 10 日，全国人大常委会法制工作委员会编撰《刑法（修订草案）》，1997 年 1 月 13 日到 24 日，全国人大法律委员会、全国人大内务司法委员会讨论该修订草案，其中，第 205 条规定"侵犯专利权罪"。❹ 1997 年 2 月 17 日，第八届全国人大常委会第二十四次会议文件（六）、全国人大常委会办公厅秘书局印制《刑法（修订草案）（修改稿）》，其中第 216 条规定"侵犯专利权罪"。❺ 1997 年 3 月 1 日，在第八届全国人大第五次会议文件（十七）、第八届全国人大第五次会议秘书处所使用的《刑法（修订草案）》中，第 216

---

❶ 高铭暄，赵秉志. 新中国刑法立法文献资料总览[M]. 2 版. 北京：中国人民公安大学出版社，2015：518.

❷ 高铭暄，赵秉志. 新中国刑法立法文献资料总览[M]. 2 版. 北京：中国人民公安大学出版社，2015：549.

❸ 高铭暄，赵秉志. 新中国刑法立法文献资料总览[M]. 2 版. 北京：中国人民公安大学出版社，2015：578.

❹ 1997 年《刑法（修订草案）（修改稿）》第 205 条规定："未经专利权人许可，使用其专利，违法所得数额较大或者有其他严重情节的，处 3 年以下有期徒刑、拘役或者管制，可以并处或者单处罚金。"高铭暄，赵秉志. 新中国刑法立法文献资料总览[M]. 2 版. 北京：中国人民公安大学出版社，2015：612.

❺ 1997 年《刑法（修订草案）（修改稿）》第 216 条规定："未经专利权人许可，使用其专利，情节严重的，处 3 年以下有期徒刑、拘役或者管制，可以并处或单处罚金。"高铭暄，赵秉志. 新中国刑法立法文献资料总览[M]. 2 版. 北京：中国人民公安大学出版社，2015：645.

条规定了"假冒专利罪"❶，与现行《刑法》一致。应注意，此时的版本中，已经没有"侵犯专利权罪"，而仅有"假冒专利罪"，在此次修订草案中，为何删除"侵犯专利权罪"，不得而知。1997年3月13日，全国人民代表大会第五次会议主席团第三次会议通过《刑法（修订草案）》，第216条规定"假冒专利罪"。❷

7.3.6　我国将侵犯专利权的行为不纳入刑事保护的理由

7.3.6.1　国际条约并未规定且在各国或地区中存在争议

《TRIPS协定》第61条要求成员国对具有商业规模的假冒商标和盗版行为提供刑事救济，对其他知识产权案件是否提供刑事救济由成员国自行决定。在迄今30个左右的知识产权国际公约中，仅《TRIPS协定》规定了刑事程序，其推进了知识产权刑事保护的国际化。❸对于世界知识产权组织的成员国而言，仅需对具有商业规模的假冒商标和盗版行为提供刑事保护，而对于侵犯专利权的行为或专利法内的违法行为是否提供刑事保护，各国家或地区的做法仍有差异。

对侵犯专利权是否提供刑事保护的态度基本分为两派：拒绝提供刑事保护和提供刑事保护。英国和美国并未对侵犯专利权的行为提供刑事制裁。我国台湾地区在1994年之后，启动对侵犯专利权除罪化的修改，截至2003年，我国台湾地区已经全面废除对侵犯专利权的行为提供刑事保护的规定。德国、法国和日本对侵犯专利权的行为提供刑事制裁。而欧盟在提议中先是将侵犯专利权的行为纳入制裁，后又排除刑事保护，最后撤回提

---

❶ 高铭暄，赵秉志.新中国刑法立法文献资料总览［M］.2版.北京：中国人民公安大学出版社，2015：679.

❷ 高铭暄，赵秉志.新中国刑法立法文献资料总览［M］.2版.北京：中国人民公安大学出版社，2015：717.

❸ 莫洪宪，贺志军.欧盟《知识产权刑事措施指令（草案）》研究［J］.政治与法律，2008（7）：41.

第 7 章 界限标准对知识产权刑事立法的指引

议，表明对侵犯专利权的行为是否给予刑事制裁仍有争议。

面对我国台湾地区对侵犯专利权的行为去罪化、欧盟内部的争议以及《TRIPS 协定》并不要求对侵犯专利权的行为提供刑事保护的现实，我国没有必要引入有争议的内容。针对英国和美国不将侵犯专利权纳入刑事保护的缘由，有研究指出，由于美国等国对侵犯专利权实施高额惩罚性赔偿，此种赔偿足以遏制侵犯专利权的行为，因而构成其未将侵犯专利权纳入刑事保护的理由之一。❶ 我国已经在专利法中规定了惩罚性赔偿制度，这也使得我国具备了类似英美国家相同的背景。

7.3.6.2 专利权的稳定性、复杂性与刑事制裁形成矛盾

不应对侵犯专利权行为施加刑事制裁的最大理由是，专利权的不稳定性与刑罚确定性所形成的难以调和的矛盾。❷ 由于专利权不稳定性的特征，若将侵犯专利的行为纳入刑事制裁，可能导致刑法保护一种不存在的对象，构成对象不能犯。❸ 非法实施他人专利仅侵犯专利权人利益而不侵害公共利益，由于专利权涉及复杂的技术事实，对检方而言举证责任较大，刑法也不应当对侵犯专利权不确定的行为纳入规制范畴。❹

专利权对技术发展有着重要影响，专利权本身是否稳定，以及侵权判定的复杂性，使得对其进行刑事制裁将遏制研发人员的创新能力，从而将影响产业发展。我国台湾地区在对专利实行除罪化后，国内有学者向台湾政治大学智慧财产研究所所长请教时，该研究所所长指出，技术具有经济上的外部性，在对专利进行除罪化之后，我国台湾地区的工业获得长足迅猛的发展。❺

---

❶ 王冠.专利犯罪立法比较研究[J].科技进步与对策，2007（12）：12-13.
❷ 康添雄.专利侵权非罪化辨析[J].河北科技大学学报（社会科学版），2014，14（1）：51.
❸ 张新锋.侵犯专利权罪之辩驳[J].电子知识产权，2010（1）：53.
❹ 孙伟.假冒专利罪的立法现状与完善[J].人民检察，2016（8）：28.
❺ 康添雄.专利侵权非罪化辨析[J].河北科技大学学报（社会科学版），2014，14（1）：51.

7.3.6.3 侵犯专利权的行为更容易侦查且侵权人通常具有赔付能力

相对于著作权、商标存在"黑市"交易，侵犯专利权的行为通常更容易被侦查。不同于著作权"黑市"的发展，对于专利市场而言并不存在。原因在于：其一，生产专利产品的成本一般高于复制享有著作权作品的成本；其二，相对于作品，人们更加重视专利产品的质量（如药品），相应地，消费者倾向于从信任的来源地而非"黑市"来选择购买专利产品。部分由于此种原因，在专利语境下，刑事调查工具并不是那么重要。案情相同时，侦查机关比私人原告在调查侵权行为时更具准确性以及低成本，但涉及专利时，此种优势就变小了，原因有二：其一，因为大多数侵犯专利权的产品需要摆在货架上，通过使用或者出售行为，产品所涉的关键信息可能就会被权利人所了解，此时私人相对于侦查机关，能以较小的成本发现侵权行为；其二，对于何种侵犯专利权的行为最为严重，以及值得权利人投入资源予以阻止，此时权利人处于最优位置，对于专利的价值，权利人比任何公共机构都更加了解。❶

通常而言，相对于侵犯著作权和商标权的侵权人，侵犯专利权的行为人更具有支付能力。原因在于：其一，以销售为目的生产享有专利权产品的设备相当高昂；其二，侵权人一般不会无法偿付损害赔偿，因为其有营业收入。

7.3.6.4 侵犯专利权对社会秩序的不同影响及权利人的分化

针对侵权行为对社会秩序的影响，侵犯专利权与侵犯著作权、商标权存在差异。专利侵权并不像软IP侵权那样经常与普通公民的生活有接触，假冒会对普通消费者经济和身体上带来影响，著作权侵权，特别是通过文件共享机制，会将普通群众牵涉其中，并使其进行其他非法活动。但专利侵权经常发生在大公司之间，它很少会破坏公民实体、个性化的方式，也

---

❶ BUCCAFUSCO C, MASUR J S. Innovation and Incarceration: An Economic Analysis of Criminal Intellectual Property Law [J]. Southern California Law Review, 2014, 87: 325-326.

不会试图扰乱社会的基础,此种状况减少了政府直接干预的正当性。❶

在著作权、商标权和专利权领域,权利人存在分化。不像大的专利游说团体,大的著作权游说团体试图通过任何可能的手段联合在一起,这些团体不相信强保护对其有任何的缺点。在商标法语境下,这同样正确,一系列案件证明大的商标所有者的利益是趋向一致的,不像在专利领域是分化的。❷

7.4 刑事保护在著作权领域的范围、坚持和改革方向

7.4.1 侵犯著作权罪仅有极窄范围

本书认为,对于侵犯著作权的犯罪,应当仅具极窄的范围。具体而言,针对侵犯著作权的犯罪,仅限于大量复制和销售有商业价值的作品,其他的都不应当被纳入刑事制裁的领域。

不同于一般的劳动创设物权的行为,创作活动的结果在本质上是公共物品,这种创作活动具有正外部性,社会和公众能够从此种创作中获得关于表达的、技术进步的启示。作品的创作不是凭空而来,往往建立在前人的基础之上,允许公众对作品借用,能够促进作品的传播和文化的繁荣。因此,对于著作权的保护应在严厉和宽松之中找到平衡。刑事处罚作为最为严厉的手段,在著作权领域应当有其适用范围,但这种范围应当是狭小的。在主观上,应当要求行为人以营利为目的;在客观上,应当要求行为人具有大规模的复制和销售行为,这种"大规模"的范围可由司法机关通

---

❶ MANTA I D. The Puzzle of Criminal Sanctions for Intellectual Property Infringement [J]. Harvard Journal of Law & Technology, 2011, 24: 504.

❷ MANTA I D. The Puzzle of Criminal Sanctions for Intellectual Property Infringement [J]. Harvard Journal of Law & Technology, 2011, 24: 510-511.

过实践的总结予以确定。

同时，对于其他著作权法上的违法行为是否应当入罪，仍应谨慎。例如，《美国版权法》对技术措施提供刑事保护。首先，技术措施自出现以来便因对合理使用的影响引发较大争议，为此，《美国版权法》通过各种例外予以缓解，形成了复杂的例外机制，但效果不尽如人意。其次，技术措施保护作品，著作权法保护技术措施，由此对作品形成双重保护，是否应当对权利人提供全面的保护也是争议的焦点。最后，刑法应当对著作权法上最为严重且无法威慑的行为提供保护，但著作权法是否无法有效对规避技术措施和提供技术措施的行为予以威慑，仍有待观察。从目前我国的立法实践来看，《刑法修正案（十一）》对规避技术措施的行为提供刑事制裁引发诸多争议。

7.4.2 维持"以营利为目的"的犯罪构成要件

7.4.2.1 "U.S.v.LaMacchia案"对"商业利益或私人经济目的"要件的反思

20世纪90年代中期，美国一大学生布莱恩·拉马奇亚（Brian LaMacchia）开设了计算机互联网服务，该服务是在网络上上传和下载文件，布莱恩·拉马奇亚鼓励用户上传商业性软件包，上传之后，该用户拥有下载其他用户上传的商业性软件包的优先权。对于整个未经授权的服务，布莱恩·拉马奇亚并不收取任何费用或者金钱补偿，其行为导致原告损失近100万美元。[1] 缺少任何"商业利益或私人经济目的"意味着，虽然布莱恩·拉马奇亚要为成千上万的商业软件的侵权复制件负责，但不能被刑法所规制，政府最终以"电信诈骗"起诉布莱恩·拉马奇亚，但初审

---

[1] U.S. v. LaMACCHIA, 871 F.Supp.535, 536–537（D.Mass.1994）.

法院认为政府不能对此种行为建立罚则，判其无罪。❶ 法院建议国会修改立法，修改立法的结果是通过1997年《美国反电子盗窃法》(*No Electronic Theft Act*)，最终促使美国法上的侵犯著作权罪不需要以营利为目的。

在我国，针对侵犯著作权罪，有研究指出应当取消"以营利为目的"的构成要件，原因如下：首先，其他类侵犯知识产权罪都没有"以营利为目的"的要件；其次，可能存在并非"以营利为目的"但给权利人带来极大损害的情形。❷ 互联网环境下不以营利为目的的侵犯著作权的行为危害巨大，具有较为严重的社会危害性，建议取消"以营利为目的"的限制规定，而将其作为加重情节。❸ 犯罪的社会危害性具有易变性，信息网络技术的发展，使得不以营利为目的的侵犯著作权的行为的社会危害性逐渐增大，而行政救济和民事救济显然无法遏制此种行为，应取消该犯罪构成要素。❹

7.4.2.2　不应对"非经济"目的的版权侵权者施加刑事制裁

以美国为例，在美国法下，在大公司和私人之间存在不公平的对待，大公司能够起诉数字文件分享者使其承担监禁的刑罚，而如果大公司自身侵犯了发明人的专利，大公司只需承担民事责任，不是通过对侵犯专利的行为引入刑事制裁以确保大公司和私人的公平同等的地位，美国或许应当考虑对非经济目的的侵犯著作权的行为人免除刑事制裁。❺

美国对我国侵犯著作权罪的营利要件向来颇有微词，早在美国2005年

---

❶　HARDY I T. Criminal Copyright Infringement［J］. William & Mary Bill of Rights Journal，2002，11：318.

❷　王然. 新刑法关于知识产权犯罪立法的优缺点［J］. 知识产权，1998（4）：39.

❸　阴建峰，张勇. 挑战与应对：网络知识产权犯罪对传统刑法的影响［J］. 法学杂志，2009，30（7）：47.

❹　刘科，高雪梅. 刑法谦抑视野下的侵犯知识产权犯罪［J］. 法学杂志，2011，32（1）：126-127.

❺　MANTA I D. The Puzzle of Criminal Sanctions for Intellectual Property Infringement［J］. Harvard Journal of Law & Technology，2011，24：517.

"特别301报告"中，美国即指出，侵犯著作权罪中的营利动机要件将严重阻碍施加刑事责任的努力。[1]诚然，存在不以营利为目的但给著作权人带来较大损害的行为，但本书认为，在现阶段仍予以维持，原因如下。

第一，保留"以营利为目的"能够缩小刑事打击面。不同于针对注册商标、专利和商业秘密等工业产权，著作权与公民个人联系更加紧密。不同于著作权制度在西方国家已经历经数百年之久，对我国而言，著作权制度也不过短短30余年，国民保护著作权的意识尚待提高，其可支配收入也限制了购买享有著作权的作品，在此种情况的约束下，我国对于著作权的刑事保护不应过于激进。

第二，著作权与其他工业产权有着明显区别。例如，针对注册商标的犯罪，行为人在同一种商品上使用与他人相同的注册商标，其行为本身已经表明其具有营利目的，并不需要"以营利为目的"作为犯罪构成要件来打击此种行为。

7.4.3 美国版权法民事侵权和刑事犯罪界限的发展历程对我国的借鉴

美国对版权的刑法保护呈现出从无到有、逐步加强的特征。1790年，《美国版权法》未规定侵犯版权的刑事责任。1897年，《美国版权法》首次规定侵犯著作权应当承担刑事责任，在实行行为上，仅针对未经许可公开表演和再现戏曲和音乐作品，主观上需满足故意和营利目的，违者将被判处不超过1年的监禁，此刑罚为轻罪（misdemeanor）。[2] 1909年，《美国版权法》将版权的刑事保护覆盖到所有作品，若行为人故意并以营利目的

---

[1] The Office of the United States Trade Representative.2005 SPECIAL 301 REPORT [EB/OL].[2023-05-21].https：//ustr.gov/archive/assets/Document_Library/Reports_Publications/2005/2005_Special_301/asset_upload_file195_7636.pdf.

[2] Act of January 6, 1897, 54 Congress, Public Law 54-4.29 Stat.481, 481-482.

实施侵犯著作权的行为，或应当知道且故意帮助他人实施侵权的，构成轻罪，应被处以1年以下监禁，或100美元以上1000美元以下的罚金，或并处。❶ "故意"和"营利目的"的主观要件将大多数刑事犯罪从民事违法中区分开来。❷

现行《美国版权法》以1976年《美国版权法》为蓝本，1976年《美国版权法》第506条规定了版权刑事犯罪条款。❸ 1982年《美国盗版和假冒修正案》修改了1976年《美国版权法》第506条第（a）款，也在第18编《美国刑法和刑事诉讼法》中新增关于侵犯著作权罪的刑罚。❹ 1990年《美国版权法》第506条增加一款，即（f）款。❺ 1992年美国国会通过法案，将重罪扩展至所有作品。❻ 针对侵犯版权的犯罪，轻罪和重罪在入罪和刑罚上有所不同，前者入罪门槛和刑罚一般低于后者。❼ 在监禁的刑罚上，轻罪监禁期一般是1年以下，重罪监禁期不超过3年和5年，而加重刑不超过6年和10年。❽ 1997年，美国国会通过《美国反电子盗窃法》，在《美国版权法》第101条增加对经济收益的解释，修改《美国版权法》

---

❶ Copyright Act of 1909. Public Law 60-349, Chapter 320, 60 Congress, 35 Stat. 1075, 1082 (1909).

❷ PYUN G. 2008 Pro-IP Act: The Inadequacy of the Property Paradigm in Criminal Intellectual Property Law and Its Effect on Prosecutorial Boundaries [J]. Depaul Journal of Art Technology & Intellectual Property Law, 2009, 19: 360.

❸ Copyright law of 1976.PUBLIC LAW 94-553-OCT.19, 1976.90 STAT.2541, 2586.

❹ Piracy and Counterfeiting Amendments Act of 1982.PUBLIC LAW 97-180-MAY 24, 1982.96 STAT.91, 91-93.

❺ 1990年，《美国版权法》第506条（f）款确认作者身份权和保护作品完整权。"本条不适用于侵犯106A（a）款所赋予的权利的情形。"PUBLIC LAW 101-650-DEC.1, 1990.104 STAT.5131.

❻ PUBLIC LAW 102-561-OCT.28, 1992.106 STAT.4233.

❼ 张燕龙. 中美比较视野下调整我国版权犯罪门槛的思考 [J]. 西安交通大学学报（社会科学版），2018, 38（3）: 89-90.

❽ 张燕龙. 论美国的版权犯罪刑事责任体系 [M]. 北京：中国政法大学出版社, 2019: 146-147.

第506条第（a）款的规定。❶ 2005年，美国国会通过《美国作者权利和反盗窃法案》，该法案对《美国版权法》第506条第（a）款进行修订，增设（a）(1)(C)目和（a）(3)项。❷ 2008年，美国国会对第506条（b）款作出修订。❸ 以上修订构成现行《美国版权法》第506条关于版权刑事犯罪的规定。总之，在过去的100多年间里，美国对版权提供的刑事保护，不仅扩展到每一种版权作品上，并且规定了更为严厉的刑事制裁。❹ 下文将以自1976年以来《美国版权法》的历次修订为线索，探讨《美国版权法》下侵犯著作权行为的民事侵权和刑事犯罪的界限。

7.4.3.1　1976年《美国版权法》中对于侵犯著作权的刑事责任的规定

1976年《美国版权法》第506条的版权刑事犯罪条款包括五项内容，分别是（a）侵犯著作权罪、（b）没收和销毁、（c）欺诈性版权标记、（d）欺诈性移除版权标记和（e）虚假陈述。其中，第（a）款是主要条款，该款指出，任何人故意以商业利益或私人经济收益为目的侵犯著作权的，构成侵犯著作权犯罪，处罚金（1万美元以下）或监禁（1年以下）或并处；对于初犯，以商业利益或私人经济收益为目的，故意复制、演绎或发行录音作品的，或故意复制、发行或公开表演电影作品的，处罚金（2.5万美元以下）或监禁（1年以下）或并处；再犯，处罚金（5万美元以下）或监禁（2年以下）或并处。（b）款则是针对（a）款的侵权复制件，或用于制作上述侵权复制件的设备等予以没收和销毁。对于（c）(d)和（e）款

---

❶ No Electronic Theft（NET）Act. PUBLIC LAW 105-147-DEC. 16, 1997.111 STAT. 2678.

❷ Aritists' Rights and Theft Prevention Act of 2005.PUBLIC LAW 109-9-APR.27, 2005.119 STAT.218, 220.

❸ 2005年，《美国版权法》第506条（b）款规定："没收、销毁和恢复原状－除了本法规定的其他类似救济，本条所涉及的没收、销毁和恢复原状应适用第18编2323条，以达到该条所规定的程度。" PUBLIC LAW 110-403-OCT.13, 2008.122 STAT.4260.

❹ BITTON M. Rethinking the Anti-Counterfeiting Trade Agreement's Criminal Copyright Enforcement Measures [J]. The Journal of Criminal Law & Criminology, 2012, 102: 88.

的欺诈性版权标记、欺诈性移除版权标记和虚假称述，均处以罚金（2500美元以下）。❶ 从第506条（a）款可知：其一，美国在版权法中明确、具体地规定了侵犯著作权罪的犯罪构成和刑罚，可以直接适用。其二，侵犯版权的民事侵权和刑事犯罪的界限有两种。

界限一，若侵权作品类型是录音作品或电影作品，侵权人故意、为商业利益或私人经济收益目的，复制、演绎或发行录音作品，或复制、发行或公开表演电影作品，构成侵犯著作权罪。1976年《美国版权法》针对录音作品和电影作品规定了初犯和再犯的刑罚，针对的实行行为是录音作品的复制、演绎和发行行为，电影作品的复制、发行和公开表演行为，再犯的刑罚是初犯刑罚的两倍，1976年《美国版权法》第一次将刑事重罪（felony）引入针对电影作品和录音作品的重复侵权当中。❷ 因此，当行为人故意以商业利益或私人经济收益为目的针对录音作品和电影作品实施以上受特定专有权控制的行为时，应适用该特别条款。该特别条款的刑事罚责重于一般的侵犯著作权罪的刑事罚责，而当行为人故意、为商业利益或私人经济收益目的实施针对以上两种作品的其他行为时，构成一般的侵犯著作权罪。例如，故意、为商业利益或私人经济目的对电影作品进行演绎，只构成一般的侵犯著作权罪。

界限二，若侵权作品类型是录音作品或电影作品以外的作品，或行为类型是针对复制、演绎或发行录音作品以外的行为，或复制、发行或公开表演电影作品以外的行为，行为人故意且以商业利益或私人经济收益为目的侵犯版权，符合上述条件构成犯罪，否则是民事侵权。应注意，此时对侵犯版权的入罪没有数额门槛，即在特定的作品类型或行为类型之外，只

---

❶ Copyright law of 1976.PUBLIC LAW 94-553-OCT.19，1976.90 STAT.2541，2586.

❷ PYUN G. 2008 Pro-IP Act：The Inadequacy of the Property Paradigm in Criminal Intellectual Property Law and Its Effect on Prosecutorial Boundaries［J］. Depaul Journal of Art Technology & Intellectual Property Law，2009，19：360.

要行为人在主观上是故意侵犯他人的版权，且以商业利益或私人经济收益为目的，那么行为人构成刑事犯罪，应被处以罚金或监禁或并处。该刑罚为轻罪，可只处罚金不监禁，也可只监禁不罚金，或者并处，共三种模式。而我国侵犯著作权罪的基本刑必须要交罚金，刑罚体现为罚金，或罚金与监禁，共两种模式，而加重刑只有一种模式，即罚金与监禁。

综上所述，1976年《美国版权法》侵犯著作权行为的民事侵权和刑事犯罪的界限如下。界限一，特定作品、特定行为类型，侵权人故意，且以商业利益目的或私人经济收益为目的侵权，构成侵犯著作权罪，否则为民事侵权。界限二，特定作品、特定行为类型之外，侵权人故意，且以商业利益目的或私人经济收益目的侵权，构成侵犯著作权罪，否则为民事侵权。上述两种界限均对侵犯著作权行为的入罪无数额要求，入罪的门槛体现在作品类型（录音作品或电影作品）、行为类型（对前述两种作品的特定使用行为）、行为人的主观状态（故意）以及行为目的（商业利益目的或私人经济收益目的）。

7.4.3.2　1982年《美国盗版和假冒修正案》对侵犯著作权罪的修订

（1）具体修订内容。

1982年，美国国会通过《美国盗版和假冒修正案》，该修正案第5部分修订了《美国版权法》第506条第（a）款，即任何人以商业利益或私人经济收益为目的故意侵犯著作权，构成侵犯著作权罪，该修正案指出应按照第18编第2319条定罪惩处。该修正案在《美国法典》第18编《刑法和刑事诉讼法》中新增了第2319条，即侵犯著作权罪刑事罚责，其中该条第（a）款说明了其与《美国版权法》第506条第（a）款的关系，即违反《美国版权法》第506条第（a）款（涉及刑事犯罪）的行为人应被本条（b）款所惩罚。

第2319条第（b）款规定了具体的罚则，第2319条第（b）款第（1）项是加重刑，违者处罚金（2.5万美元）或监禁（5年以下）或并处。具体实行行为包括以下三种：第2319条第（b）款第（1）项第（A）目规定，在任何一个180天内，复制或发行至少侵犯1部或多部录音作品著作权的1000份录音作品或复制件的；第2319条第（b）款第（1）项第（B）目规定，在任何一个180天内，复制或发行至少侵犯1部或多部电影作品或其他视听作品著作权的65份复制件的；第2319条第（b）款第（1）项第（C）目规定，在本条第（b）款第（1）项或第（b）款第（2）项下的第二次或随后的犯罪行为，而先前的犯罪行为涉及录音作品，或电影作品或其他视听作品的。

第2319条第（b）款第（2）项是基本刑，违者处罚金（2.5万美元）或监禁（2年以下）或并处。具体实行行为包括以下两种：第2319条第（b）款第（2）项第（A）目规定，在任何一个180天内，复制或发行侵犯1部或多部录音制品著作权的、超过100份但少于1000份的录音制品或复制件的；第2319条第（b）款第（2）项第（B）目规定，在任何一个180天内，复制或发行侵犯1部或多部电影作品或其他视听作品著作权的、超过7份但少于65份的复制件的。第2319条第（b）款第（3）项是兜底条款，即其他侵犯著作权的行为，应被处以罚金（2.5万美元）或监禁（1年以下）或并处。❶

（2）三种界限。

根据上述内容，可得以下结论：

第一，《美国版权法》第506条第（a）款规定了侵犯著作权罪的实行行为，但未规定具体刑罚，需要结合《美国刑法和刑事诉讼法》第2319条的规定才能够确定具体刑罚。这不同于1976年《美国版权法》，其直接规定具体刑罚。

第二，特别针对录音作品、电影作品和其他视听作品规定了初犯和再

---

❶ Piracy and Counterfeiting Amendments Act of 1982.PUBLIC LAW 97-180-MAY 24, 1982.96 STAT.91, 91-93.

犯的刑罚。对于初犯，需满足"在任何一个180天之内"的时间限制，且行为人的实行行为限于复制或发行行为；对于累犯，当初犯对象是录音作品、电影作品和其他视听作品时，再犯时只要满足第2319条第（b）款第（1）项或第（b）款第（2）项中的任何一项即可。

第三，《美国盗版和假冒修正案》下侵犯著作权的民事侵权和刑事犯罪的界限有以下三个。界限一，侵权的作品类型是录音作品时，行为人故意且以商业利益或私人经济收益为目的复制或发行侵犯1部或多部录音作品著作权的，复制件总量少于100份。界限二，侵权的作品类型是电影作品或其他视听作品时，行为人故意且以商业利益或私人经济收益为目的复制或发行侵犯1部或多部电影作品或其他视听作品著作权的，复制件总量少于7份。界限三，当侵犯的作品类型不包括录音作品、电影作品或其他视听作品时，或并非前述特定的行为类型（复制或发行），行为人故意且以商业利益或私人经济收益为目的侵犯著作权的行为。

7.4.3.3　1992年《美国刑法和刑事诉讼法》对侵犯著作权罪的修订

1992年，美国国会对《美国法典》第18编《美国刑法和刑事诉讼法》第2319条第（b）款和第（c）款进行修订。其中，第2319条第（b）款规定了三项实行行为：第2319条第（b）款第（1）项规定，如果在任何一个180天内，行为人复制或发行至少1部或多部版权作品的10份❶复制件或录音制品，其零售总值超过2500美元的，应被处以监禁（5年以下）或该编所规定的罚金或并处；第2319条第（b）款第（2）项规定，如果该犯罪行为是第（1）项下的再犯或后续犯罪，行为人应当被处以监禁（10年以下）或该编所规定的罚金或并处；第2319条第（b）款第（3）项规定，其他情况，应被处以监禁（1年以下）或本编所规定的罚金或并处。第2319

---

❶　1997年，美国国会对1992年《美国刑法和刑事诉讼法》第2319条第（b）款进行了文字修订，将"最后（at last）10份"删除，插入"至少（at least）10份"。PUBLIC LAW 105-80-NOV.13, 1997.111 STAT.1536.

条第（c）款涉及术语增删和细节修订，本书不再赘述。❶

该次修法有如下特征：其一，将版权重罪从之前仅限于录音作品、电影作品和其他视听作品，扩展到所有作品；其二，对于加重情形，《美国刑法和刑事诉讼法》采用"数量（10份复制件）+价值（超过2500美元）"的方式，提高了累犯自由刑的上限（最高10年），对罚金刑在《美国法典》第18编《美国刑法和刑事诉讼法》中做统一处理。

综上，结合其《美国版权法》第506条的规定可知，《美国法典》第18编《美国刑法和刑事诉讼法》第2319条第（b）款第（3）项是侵犯著作权行为的民事侵权和刑事犯罪的界限标准，故1992年《美国版权法》下侵犯著作权行为的民事侵权和刑事犯罪的界限是，行为人的主观心态是故意且为商业利益或私人经济收益目的实施了侵犯著作权的行为。

7.4.3.4　1997年《美国反电子盗窃法》对侵犯著作权罪的修订

1997年《美国反电子盗窃法》修改《美国版权法》第506条和《美国法典》第18编《美国刑法和刑事诉讼法》第2319条。《美国版权法》第506条第（a）款被修改为："任何人故意侵犯版权，有下列情形之一的，构成侵犯著作权罪：（1）以商业利益或私人经济收益为目的；（2）在任何一个180天内，复制或发行（包括以电子形式）1部或多部版权作品的1份或多份复制件或录音制品，总的零售价值超过1000美元的。"上述行为应根据《美国刑法和刑事诉讼法》第2319条予以处罚。

《美国刑法和刑事诉讼法》第2319条（b）款被修改为，任何人实施《美国法典》第17编第506条第（a）款第（1）项的犯罪行为时，将分别承担如下刑事责任：第2319条第（b）款（1）项规定，如果在任何一个180天内，行为人复制或发行（包括电子形式）至少1部或多部版权作品的10份复制件或录音制品，其零售总值超过2500美元的，应被处以监禁

---

❶ PUBLIC LAW 102-561-OCT.28, 1992.106 STAT.4233.

（5年以下）或本编所规定的罚金或并处。第2319条第（b）款第（2）项和第2319条第（b）款第（3）项未被修改。第2319条第（c）款被修改为："任何人实施《美国法典》第17编《美国版权法》第506条第（a）款第（2）项的犯罪行为时，将分别承担如下刑事责任。"第2319条第（c）款第（1）项规定，如果复制或发行1部或多部版权作品的10份或更多的复制件或录音制品，其零售总值超过2500美元的，应被处以监禁（3年以下）或本编规定的罚金或并处；第2319条第（c）款第（2）项规定，如果行为是第（1）项的再犯或后续的犯罪，应被处以监禁（6年以下）或本编规定的罚金或并处；第2319条第（c）款第（3）项规定，如果复制或发行1部或多部版权作品的1份或多份的复制件或录音制品，其零售总值超过1000美元的，应被处以监禁（1年以下）或本编规定的罚金或并处。此外，在《美国版权法》第101条中新增对经济收益（financial gain）的定义，经济收益包括收到或期待收到任何有价值的事物，以及收到其他版权作品。❶

结合1997年《美国版权法》第506条可知，侵犯著作权的民事侵权和刑事犯罪的界限有以下两种。界限一，违反1997年《美国版权法》第506条第（a）款第（1）项时，侵犯著作权的民事侵权和刑事犯罪的界限是，行为人的主观心态是故意，且为商业利益或私人经济收益目的实施了侵犯著作权的行为。界限二，故意违反1997年《美国版权法》第506条第（a）款第（2）项时，侵犯著作权的民事侵权和刑事犯罪的界限是，行为人的主观心态是故意，且在任何一个180天内复制或发行（包括以电子形式）1份以上版权作品的复制件，该复制件的总的零售价值超过1000美元。

应注意，上述两个界限中，均有故意的构成要件。美国国会指出，复

---

❶ PUBLIC LAW 97-180-MAY. 24, 1982.96 STAT. 92. 以及 PUBLIC LAW 102-561-OCT.28, 1992.106 STAT.4233. 以及 No Electronic Theft（NET）Act. PUBLIC LAW 105-147-DEC. 16, 1997.111 STAT. 2678, 2678-2680.

制或发行版权作品本身对于认定故意的侵权构成要件是不足够的❶，还需要其他因素来判定侵权人是否具有故意侵权的主观状态。

7.4.3.5　2005年《美国作者权利和反盗窃法案》对侵犯著作权犯罪的修订

2005年，美国国会通过《美国作者权利和反盗窃法案》，该法案对1997年《美国版权法》第506条第（a）款进行修订，增设第（a）款第（1）项第（C）目和第（a）款第（3）项。第（a）款第（1）项第（C）目规定，如果行为人知道或应当知道该作品是为商业销售而创作，发行该作品，或将该作品上传至公众能够访问的计算机网络中；第（a）款第（3）项界定了"为商业销售而创作"的内涵。❷该法案也修订和调整了《美国法典》第18编《美国刑法和刑事诉讼法》第2319条，增设（d）款，即任何人实施2005年《美国版权法》第506条第（a）款第（1）项第（C）目禁止的犯罪行为时，会根据以下四种情况进行量刑。第2319条第（d）款第（1）项至第（4）项内容如下：应被处以监禁（3年以下）或该法规定下的罚金或并处；如果是以商业利益或私人经济收益为目的，应被处以监禁（5年以下）或该法规定下的罚金或并处；如果是再犯或后续的犯罪，应被处以监禁（6年以下）或该法规定下的罚金或并处；如果是第（2）项下的再犯或后续犯罪，应被处以监禁（10年以下）或该法规定下的罚金或并处。❸根据该法案，2005年《美国版权法》第506条第（a）款和《美国刑法和刑事诉讼法》第2319条的对应关系为：违反2005年《美国版权法》第506条第（a）款的规定，应依据《美国刑法和刑事诉讼法》第2319条

---

❶ No Electronic Theft（NET）Act. PUBLIC LAW 105-147-DEC. 16, 1997.111 STAT. 2678, 2678.

❷ Aritists' Rights and Theft Prevention Act of 2005. PUBLIC LAW 109-9-APR.27, 2005.119 STAT.218, 220.

❸ Aritists' Rights and Theft Prevention Act of 2005.PUBLIC LAW 109-9-APR.27, 2005.119 STAT.218, 221.

定罪处罚，其中506（a）（1）（A）对应2319（b）、506（a）（1）（B）对应2319（c）、506（a）（1）（C）对应2319（d）。

此时，如果行为人知道或应当知道该作品是为商业销售而创作，发行该作品或将该作品上传至公众能够访问的计算机网络中，应依照《美国刑法和刑事诉讼法》第2319条第（d）款对其进行处罚。从《美国刑法和刑事诉讼法》第2319条第（d）款第（1）项可看出，构成侵犯著作权罪没有数量或金额的要求，也没有其他限制，即只要行为人在明知该作品是为商业销售而创作的，而发行该作品或将其上传至网络中，法院应当对行为人处以3年以下监禁或罚金或并处。因此，侵犯著作权行为的民事侵权和刑事犯罪的界限是：故意侵犯著作权，主观上知道或应当知道该作品是为商业销售而创作，客观上实施了发行行为或网络传播行为，此为第三种界限标准。

综上所述，2005年《美国作者权利和反盗窃法案》关于侵犯著作权行为规定了如下三种民事侵权和刑事犯罪的界限标准。界限一，行为人的主观心态是故意，并以商业利益或私人经济收益目的实施了侵犯著作权的行为；界限二，行为人的主观心态是故意，且在任何一个180天内复制或发行（包括以电子形式）1份以上版权作品的复制件，该复制件的总的零售价值超过1000美元；界限三，行为人的主观心态是故意，且知道或应当知道作品是为商业销售而创作，仍然发行该作品或通过信息网络传播该作品。

7.4.3.6　2008年《美国刑法和刑事诉讼法》对侵犯著作权犯罪的修订

2008年，美国国会修订了《美国刑法和刑事诉讼法》中关于侵犯著作权犯罪的内容。修订第2319条第（b）款（2）项内容，增加两个条件，即行为构成"重罪（felony）"以及限定在"第（a）款之下"。❶ 对第（c）款第（2）项、第（d）款第（3）项作如上相同的修订，❷ 对（d）款第（4）项进行修订，增加了行为构成"重罪"时的刑罚罚则。❸ 从以上对第2319条的修订可看出，主要是增加了行为构成重罪的情形，将重罪和再犯并列，满足相应条件，应受相应的刑罚处罚。

所以，侵犯著作权行为的民事侵权和刑事犯罪的界限标准与2005年《美国作者权利和反盗窃法案》下的标准一样，也存在三种标准，未发生变化。

7.4.3.7 《美国版权法》下的界限类型

对于侵犯著作权人专有权的行为，《美国刑法和刑事诉讼法》第2319条对《美国版权法》第506条第（a）款第（1）项的三种行为规定了相应的刑罚。

对于著作权法上的违法行为，《美国版权法》也规定了刑事责任。当构成《美国版权法》第506条第（c）款的"欺诈性版权标记"、（d）款的"欺诈性移除版权标记"和（e）款的"虚假说明"时，美国法院应当对行为人均处以2500美元以下的罚金，此三项规定都未规定监禁。《数字千年版权法案》对故意以商业利益或私人经济收益为目的规避技术措施（第1201条）或破坏权利管理信息（第1202条）的行为规定了刑罚。对于初犯，处罚金（50万美元以下）或监禁（5年以下）或并处；对于再犯，处

---

❶ 2008年，《美国刑法和刑事诉讼法》第2319条第（b）款第（2）项规定："（2）如果行为构成第（a）项下的重罪及再犯或后续犯罪，行为人应当被处以10年以下监禁，或本法所规定的罚金，或并处。"PUBLIC LAW 110-403-OCT.13，2008.122 STAT.4263.

❷ PUBLIC LAW 110-403-OCT.13，2008.122 STAT.4263-4264.

❸ 2008年《美国刑法和刑事诉讼法》第2319条第（d）款第（4）项规定："如果行为构成第（2）款下的重罪和再犯或后续犯罪，应被处以10年以下的监禁，本法规定下的罚金，或并处。"PUBLIC LAW 110-403-OCT.13，2008.122 STAT.4264.

侵犯知识产权行为的民刑界限

罚金（100万美元以下）或监禁（10年以下）或并处。❶针对技术措施和权利管理信息上的违法行为，民事侵权和刑事犯罪的界限是：行为人的主观心态是故意，且为商业利益或私人经济收益目的规避技术措施或破坏权利管理信息的行为。从上述内容可知，针对违法行为的入罪并无数额门槛，刑罚较重。

对于侵犯著作权人专有权的行为，美国版权法第506条第（a）款作出如下规定，见表7-1。

表7-1 《美国版权法》及《美国刑法和刑事诉讼法》对侵犯著作权罪的规定

《美国版权法》第506条	《美国刑法和刑事诉讼法》第2319条的条目	《美国刑法和刑事诉讼法》第2319条的构成要素	《美国刑法和刑事诉讼法》第2319条的刑罚[①]	《美国版权法》和《美国刑法和刑事诉讼法》下民事侵权和刑事犯罪的界限
（a）(1)(A)	(b)(1)	180天+10份+2500美元	5年[②]	（注：此情况不能作为界限标准，故留空白。本列下述空白处皆为此意，不再赘述。）
	(b)(2)	（a）款下的重罪，再犯或后续犯罪	10年	—
	(b)(3)	其他情况下	1年	界限一："故意+商业利益或私人经济收益目的"侵犯著作权
（a）(1)(B)	(c)(1)	10份+2500美元	3年	—
	(c)(2)	（a）款下的重罪、再犯或后续的犯罪	6年	—
	(c)(3)	1份+1000美元	1年	界限二："故意+180天+复制或发行（包括以电子形式）+1份+1000美元"

❶ Digital Millennium Copyright Act. PUBLIC LAW 105-304-OCT. 28, 1998. 112 STAT. 2860, 2876.

续表 7-1

《美国版权法》第506条	《美国刑法和刑事诉讼法》第2319条的条目	《美国刑法和刑事诉讼法》第2319条的构成要素	《美国刑法和刑事诉讼法》第2319条的刑罚	《美国版权法》和《美国刑法和刑事诉讼法》下民事侵权和刑事犯罪的界限
（a）(1)(C)	（d）(1)	实施（a）(1)(c)所列行为	3年	界限三："故意+主观知道或应当知道为商业创作+客观实施发行行为或进行网络传播行为"
	（d）(2)	商业利益或私人经济收益	5年	——
	（d）(3)	（a）款下的重罪、再犯或后续的犯罪	6年	——
	（d）(4)	第（2）项下的重罪、再犯或后续的犯罪	10年	——

注：①本表下的刑罚都为"监禁（X年）或罚金或并处"，为表格简洁，下列表格只写出监禁的年数。

②本表格中监禁的时间均为该数以下，为表格简洁，"5年"代表"5年以下"，"10年"代表"10年以下"，以此类推。

通过表7-1发现，界限一针对的是所有的侵犯著作权的行为，在主观上分别满足故意，以及为商业利益或私人经济收益目的即可入刑；界限二针对的是复制和发行（包括电子形式）行为；界限三针对的作品用途是为商业销售而创作的，针对的行为是发行或网络传播行为。三种界限为区分侵犯著作权行为的民事侵权和刑事犯罪提供了标准。

此外，在侵犯著作专有权之外，美国版权法也对著作权法上的违法行为提供刑事保护，包括"欺诈性版权标记"行为、"欺诈性移除版权标记"行为、"虚假说明"行为、规避或破坏技术措施和权利管理信息的行为，前三者仅有罚金刑，后两者包括罚金刑、自由刑或并处，此可为界限四。

技术措施和权利管理信息的违法行为和刑事犯罪的界限是,"故意+商业利益或私人经济收益目的"违法行为,此可为界限五。

7.4.3.8 《美国版权法》下界限的特征

考察《美国版权法》对侵犯著作权罪的规定发现,其在确立侵犯著作权民事侵权和刑事犯罪的界限时,有以下特征。

(1)逐步细化。1897年《美国版权法》开始对著作权提供刑事保护,侵犯著作权行为的民事侵权和刑事犯罪的界限即确立,并历经百年之久。从界限的构成来看,从最初著作权刑事保护要求的"故意"和"营利目的"的要件(1897年),到两种界限(1976年),最后到三种界限(1982年),无论是两种界限,还是三种界限,不同时期也不尽相同。从刑事保护客体范围看,从最初著作权刑事保护的客体仅限于戏曲和音乐作品(1897年),进而扩展到所有作品(1909年)。区分作品的类型和专有行为导致界限的多元(1976年),其基于特定时期对特定作品给予特别保护,但后来著作权刑事保护不在区分作品类型,提供统一保护(1992年),只是基于不同的行为类型,提供不同的刑事保护,最终产生民事侵权和刑事犯罪的不同界限(2005年)。

(2)界限一("故意+商业利益或私人经济收益目的")具有较大解释力。1997年《美国反电子盗窃法》将经济收益定义为收到或期待收到任何有价值的事物,包括收到其他版权作品,由此观之,经济收益具有较大解释空间。此种情况下,单个行为人故意侵犯权利人的著作权,有极大可能落入"私人经济收益目的"的范畴,从而构成侵犯著作权罪,故该界限的确立具有较大的裁量空间。

(3)界限二和界限三针对特定行为量身定做。界限二是为特定行为(即 U.S. v. LaMacchia 案)量身定做。界限三是为打击提前公开作品和影院盗录行为,界限三没有数额要求,刑事打击力度大。为特定行为设定特别的刑罚,也反映了美国版权立法的灵活性。

（4）对违法行为提供刑事保护具有时代特色。《数字千年版权法案》对规避版权技术措施和破坏版权权利管理信息的行为实施刑事制裁。为侵犯著作专有权和违法行为提供符合时代需要的刑法保护，在立法上秉持典型的实用主义特征，即只要对著作权人利益危害较大，便可将其纳入刑事保护的范畴。

（5）自1976年《美国版权法》以来，美国对于著作权刑事责任的修订较频繁。随着数字技术在20世纪90年代的兴起，关于著作权刑事责任的修法速度愈加频繁，在过去15年间，对知识产权提供刑事保护的扩张速度并未遵循线性路径，而是一种明显的加速度，这种加速度大部分是由于现代科技为侵权人提供了成倍的机会，即使这些普通的消费者没有任何特别专长。❶

7.4.3.9 美国的界限类型对我国的借鉴

美国的界限类型对我国侵犯著作权民事侵权和刑事犯罪界限的确立有以下借鉴。

（1）界限的划定能够反映出著作权司法保护的强度。著作权刑事保护力度应维持在合理强度范围内，美国不断提高著作权刑事保护的力度，这与其不断增强的科技和经济实力相匹配，对我国而言，也可借鉴此种保护规律。著作权民事和刑事的保护，不仅需要考虑著作权人的利益，而且应考虑公众获取作品的成本，在"激励—接触"的框架下，需维系作品创作和公众接触成本的平衡。至于何种保护强度处于合理范围，本书认为，仅依靠法学学科的方法是不够的。例如，对于我国著作权刑事犯罪门槛的设置而言，除了采用实地调查的方法外，还应多结合社会学、经济学和管理学等领域的知识和方法以确定最优的刑事犯罪门槛。

（2）刑事犯罪门槛的确立应与刑事司法体系相吻合。美国关于侵犯著作权行为的民事侵权和刑事犯罪的界限标准既有数额门槛（界限二），也

---

❶ MANTA I D. The Puzzle of Criminal Sanctions for Intellectual Property Infringement [J]. Harvard Journal of Law & Technology，2011，24：485.

有无数额门槛（界限一、界限三、界限四、界限五）。在我国语境下，侵犯知识产权罪为结果犯，需要以相应的数额或情节作为入罪标准，一定量的数额是影响侵犯著作权行为的民事侵权和刑事犯罪的界限标准的重要因素之一。考虑到立法者将侵犯知识产权罪作为结果犯，不应当效仿美国无数额门槛的界限标准。

（3）定罪模式存在显著差异。美国和德国等国对侵犯知识产权罪采取"立法定性、司法定量"的方式，即立法仅对行为性质定性，等进入司法程序后，公诉机关再对行为人的行为定量处理，如果数额或情节不严重，公诉机关可能不起诉，或者进行速裁程序，将不严重的行为在进入法院之前处理完毕。在我国，刑事制裁所带来的负面作用较大，若行为人构成刑事犯罪，对其之后的工作带来极大不便，也将影响其家庭成员的职业选择。我国刑法的定罪模式是立法既定性又定量，在整个犯罪体系都采取上述方式的情况下，不可能在侵犯知识产权罪的领域，仿照美国和德国等国家的做法。

7.4.4 著作权刑事保护改革方向

本书认为，我国著作权刑事保护改革应当坚持以下方向。

（1）坚持定量要求。

梳理美国版权刑事保护发现，美国对版权的刑事保护基本无数额门槛，而我国刑法将侵犯知识产权罪作为结果犯，一定的数额或情节是入罪的重要条件。应注意，情节也多通过刑事司法解释转化为确定的数额，理由是因为确定的数额既客观也方便司法实践的实际操作。

（2）坚守以营利为目的的犯罪构成要件。

尽管现实中有部分研究者指出，应当取消以营利为目的的构成要件，但本书认为，基于我国侵犯著作权案件多发的态势以及国民知识产权保护意识有待提高，一旦取消该构成要件，势必将导致大量案件涌入法院。

此外，对非营利性侵犯著作权的行为予以刑事制裁，会加大公众对著作权制度的不满，这一现象在美国的 U.S. v. LaMacchia 案中较为突出。该案中，针对非营利的版权侵权行为，著作权人不愿意要求公诉机关启动刑事追诉，其中既有经济的考虑（非营利的侵权主体一般是个人，赔付能力有限），也有非经济的考虑（考虑公众对著作权人或著作权制度的敌视与对抗行为）。

（3）改造专有权行为。

侵犯知识产权罪的修订急需从知识产权部门法中吸收既有理论资源，不应再出现类似"复制发行"的用语，同时全面修订刑事司法解释，不应再出现将各种样式的行为解释为发行、复制发行，以及复制发行、发行和销售之间的复杂关系。从知识产权部门法的角度来看，此类刑事司法解释不仅没有解决实践中的困惑，反而将问题复杂化了。刑法作为保障法，对于侵犯知识产权罪应当借鉴知识产权部门法已有的、较为成熟的理论成果，同时立法者若认为何种行为应当纳入刑事制裁，应当通过修改刑法文本，而非由最高人民法院和最高人民检察院出台刑事司法解释，典型如《刑法修正案（十一）》出台前刑事司法解释将信息网络传播行为解释为复制发行。所以，针对著作权的刑事保护，立法者应当以著作权法为依据，在专有权概念的使用上保持一致，如若立法者认为何种行为应当纳入刑事制裁，应当以刑法修正案的方式来处理。最高人民法院和最高人民检察院在制定刑事司法解释时，应处于解释刑法文本而非创设刑法规范的地位。

（4）优化犯罪构成。

对于侵犯著作权罪而言，我国刑法的立法方式是从著作权法中 8 类侵权行为选取 6 类作为打击对象，为何立法者认为此 6 类行为在危害性上要比另外 2 类行为更为严重，这仍有待立法资料予以说明。另外，造成此种局面的重要原因即我国著作权法的立法存在问题，即著作权法规定责任承担时，逐条论述各项具体行为，看似面面俱到，实则漏洞较多。本书认为，对于著作权法上责任承担的规定，无须单独列出，只要未经许可实施了受专有权控制的行为即构成民事侵权，若同时损害公共利益的，则应承担行政责任，只是需要单独列出相应的违法行为，如规避或破坏技术措施的行为。最后，刑事立法者将其认为具有严重危害性的行为纳入刑事制裁即可。

（5）对犯罪构成要件进行实质解释。

例如，现行侵犯著作权罪中遗留了一个待解决的问题，即该罪的第5项。本书认为，制作、出售假冒他人署名的美术作品侵犯是他人的姓名权，与著作权无关。所以，当行为人实施了上述行为时，对于侵犯著作权罪的第5项行为应作实质解释，因为侵犯著作权罪保护的法益是著作权，而行为人侵犯的是他人的姓名权，此种行为并不符合侵犯著作权罪所保护的法益，应将其作为出罪处理。

7.5 商业秘密刑事保护的规则再造

1997年3月13日，全国人民代表大会第五次会议主席团第三次会议通过《刑法（修订草案）》，时至此时，立法者才将侵犯商业秘密罪纳入刑法分则第3章第7节的"侵犯知识产权罪"中。❶ 在此之前，如1996年10月10日的《刑法》草案版本中，第192条的侵犯商业秘密罪规定在"扰乱市场秩序罪"中。❷ 对此，在刑法修订草案意见中，国家经济贸易委员会建议将扰乱市场秩序罪中的侵犯商业秘密纳入侵犯知识产权罪中，理由是该罪首先侵犯的是知识产权，而非市场秩序，❸ 1993年《反不正当竞争法》

---

❶ 高铭暄，赵秉志. 新中国刑法立法文献资料总览[M].2版. 北京：中国人民公安大学出版社，2015：717.

❷ 高铭暄，赵秉志. 新中国刑法立法文献资料总览[M].2版. 北京：中国人民公安大学出版社，2015：519.

❸ 高铭暄，赵秉志. 新中国刑法立法文献资料总览[M].2版. 北京：中国人民公安大学出版社，2015：1078.

第 10 条规定了商业秘密的含义，商业秘密具有秘密性、价值性、实用性和保密性四个特征，该法列举了若干不正当的侵犯商业秘密的行为。1997 年《刑法》沿用了 1993 年《反不正当竞争法》的规定，增加了"给商业秘密的权利人造成重大损失"，并以该标准作为罪与非罪的界限。2017 年、2019 年《反不正当竞争法》修订了商业秘密条款，《刑法修正案（十一）》将 2019 年反不正当竞争法中的商业秘密的主要条款纳入其中，将情节严重程度作为侵犯商业秘密行为的罪与非罪的界限。

7.5.1　刑事保护不应介入违约使用商业秘密的行为

对于违反保密义务或违反保守商业秘密的要求而侵犯商业秘密的行为，本书认为，不应将其纳入刑法保护。刑法以处罚故意犯罪为原则，处罚过失犯罪为例外，违约泄露商业秘密应属私法调整，合同双方能够通过事先安排对违约行为进行惩处，如约定损害赔偿责任、确定违约金事项等，没有刑法介入的必要。❶ 违约泄露商业秘密与普通合同违约并不存在特别的不同。❷ 刑法作为保障法，对其他部门法无法有效规制的行为进行惩罚，如果其他部门法可以有效规制，刑法则不应当介入。一般而言，刑法对于私人领域的介入应相当谨慎，原因在于，刑法无法收集到事关双方交易的所有信息，当事人双方能够根据各自所掌握的信息对对方违约或侵权制定相应策略，刑法在无法掌握更多信息的情况下，采取一刀切的方式将导致对私人领域的过度干涉。

在双方有约定的情况下，双方能够通过事先安排来确定对于泄露商业秘密一方的非刑罚方式，如约定损害赔偿金和违约金，而损失的存在不能证明刑罚的合理性，刑法对此种平等主体能够事先预见的市场行为不应过

---

❶ 高晓莹. 论商业秘密保护中的刑民分野与协调［J］. 北京交通大学学报（社会科学版），2010，9（4）：111-112.

❷ 刘科. 中日侵犯商业秘密犯罪比较研究［J］. 中国刑事法杂志，2011（3）：64.

度介入。❶ 当事双方能够决定惩罚的最优解，况且，当当事人预期可能会遭到刑事制裁时，当事人会减少交易的频率，刑法的介入则增加了运用商业秘密的成本。所以，对于违约行为应作出罪化处理。当然，也有研究指出，仍应坚持对违约型侵犯商业秘密的行为入罪，但应当限于恶意行为❷，但主观恶意的认定也将给司法实践带来较大挑战。

7.5.2 细化对商业秘密的刑事保护

除《刑法》第291条之一的商业间谍罪外，我国仅在侵犯商业秘密罪的条款中将所有的侵权行为都纳入刑事打击范畴，没有针对不同的行为、不同的对象（如技术信息和经营信息）施加不同的刑事制裁，刑事制裁的层次性不明显，也进一步影响到刑事制裁的效果。

侵犯商业秘密罪以同一刑种和刑罚幅度规制不同性质和危害性的行为，如仅盗窃但并不泄露则与既盗窃且泄露的危害性当然不同，盗窃与胁迫的危害性又不相同。❸ 是否应当针对不同的行为或对象等制定不同的刑种，也即不应笼统地全部归在一个罪名之下，同时针对不同的危害性，设置不同的入罪门槛。简言之，我国的侵犯商业秘密罪过于笼统，需要进一步根据行为的危害性和行为对象的不同等情形设置不同的入罪条件。

---

❶ 唐稷尧. 罪刑法定视野下的侵犯商业秘密罪［J］. 四川师范大学学报（社会科学版），2003（3）：43.

❷ 贺志军. 法益论下商业秘密刑法保护问题研究［J］. 湖南社会科学，2014（5）：110.

❸ 于改之. 商业秘密的保护与刑事立法［J］. 人民检察，2000（4）：57.

结 论

自 1997 年《刑法》规定侵犯知识产权罪以来，立法者直到 2020 年才通过《刑法修正案（十一）》对该罪予以修订，但《刑法修正案（十一）》仍是小修小补，至今也尚未出台相应的刑事司法解释。其间，知识产权各部门法历经多次修订，知识产权赖以生存的市场环境已发生较大变化。刑法的滞后性、各部门法的多次修订和市场环境的大变革，使得针对侵犯知识产权的行为，往往出现民事侵权和刑事犯罪的重叠与交错。这种边界的模糊使得市场主体无法准确预测自身的行为是民事侵权还是刑事犯罪，廓清二者界限确有必要。

本书以法益侵害说和损害原则为理论学说，在功利主义哲学方法的指导下，以侵犯知识产权罪的刑法解释方法和民刑适用规则为原则，为侵犯知识产权行为的民事侵权和刑事犯罪确立了界限，确立界限是一个过程评价的方法。

在理论学说上，法益侵害原则具有限制立法者刑事立法权，防止立法者借助刑事法律对公民恣意伤害，从而限制国家刑罚权的发动，保证市民社会自由的作用。损害原则更是如此，密尔的损害原则类似于"风能进，雨能进，国王不能进"的界限思维，除非造成损害，否则任何权力或任何人都不能对行为人的自由施加妨碍。但法益侵害原则和损害原则在界定民事侵权与刑事犯罪的界限上存在各自的障碍和不足，而将二者结合起来，可为确立界限提供理论学说。同时，借助功利主义哲学方法来确定何时采用民事救济，何时采用刑事救济，即面对某一项侵犯知识产权的行为，民事手段和刑事手段何者能获得最大利益，便将其作为最优手段。最后，采用侵犯知识产权罪的刑法解释方法和民刑适用规则来确定界限。因此侵犯知识产权行为的民事侵权和刑事犯罪的界限，是一种过程评价方法的结果，即以法益侵害说和损害原则为理论学说，采用功利主义作为哲学方法，采用侵犯知识产权罪的刑法解释方法和民刑适用规则的过程评价方法下的结果。

具体而言，对知识产权的同一概念应作同一性解释；对于构成要件中的重要术语的判断标准应客观化，尽量减少不确定性；优化知识产权各部门法的刑事责任，规定具体的犯罪构成和刑罚；合理改进入罪数额或情节；对于知识产权各部门法存在争议但已形成主流意见的规则，刑法应尊重并采纳，对于知识产权各部门法无争议的问题，刑法应以无争议结论为适用前提。

对于未来侵犯知识产权罪的界限而言，从广度上看，刑事保护应遵循谦抑性原则，保持谨慎性；从深度上看，应以侵犯权利人的核心利益为制裁中心，同时惩罚性赔偿制度将限制个罪深度扩张，而刑事保护对创新的作用将影响侵犯知识产权罪在广度和深度上的确立。在个罪上，对侵犯商标权的犯罪而言，在"类似"商品上使用"相同"或"近似"商标的行为不应纳入刑事制裁的范畴；避免"口袋罪"；对更换他人注册商标并将商品投入市场行为的入罪问题上应谨慎；刑法上"商标使用"应具有"识别商品来源"的功能。对于专利权的刑事保护而言，我国未来不应将侵犯专利权的行为纳入刑事制裁。对侵犯著作权罪而言，侵犯著作权罪仅有极窄范围，仅限于大量复制和销售有商业价值的作品的行为。对于侵犯著作权罪和销售侵权复制品罪而言，不应当取消"以营利为目的"的犯罪构成要件，应参照《著作权法》来改造并优化上述两罪的实行行为，还应对两罪的犯罪构成要件进行实质解释，并妥善处理两罪之间的冲突。对于侵犯商业秘密的犯罪而言，应对其犯罪构成进行改造，不应将违反保密义务或违反保守商业秘密的要求而侵犯商业秘密的行为纳入刑法保护，应进一步细化对商业秘密的刑事保护。

参考文献

一、中文文献

（一）著作类

[1] 王作富. 经济活动中罪与非罪的界限 [M]. 北京：中国政法大学出版社，1993.

[2] 刘春田. 知识产权法教程 [M]. 北京：中国人民大学出版社，1995.

[3] 国家工商行政管理局商标评审委员会. 商标评审指南 [M]. 北京：工商出版社，1996.

[4] 刘春田. 中国知识产权二十年 [M]. 北京：专利文献出版社，1998.

[5] 马克昌. 经济犯罪新论：破坏社会主义经济秩序罪研究 [M]. 武汉：武汉大学出版社，1998.

[6] 赵秉志. 侵犯知识产权犯罪研究 [M]. 北京：中国方正出版社，1999.

[7] 高铭暄. 新型经济犯罪研究 [M]. 北京：中国方正出版社，2000.

[8] 张明楷. 法益初论 [M]. 北京：中国政法大学出版社，2000.

[9] 邵建东. 德国反不正当竞争法 [M]. 北京: 中国人民大学出版社, 2001.

[10] 张明楷. 刑法的基本立场 [M]. 北京: 中国法制出版社, 2002.

[11] 张明楷. 刑法分则的解释原理 [M]. 北京: 中国人民大学出版社, 2004.

[12] 赵秉志, 田宏杰. 侵犯知识产权犯罪比较研究 [M]. 北京: 法律出版社, 2004.

[13] 龚培华. 侵犯知识产权犯罪构成与证明 [M]. 北京: 法律出版社, 2004.

[14] 姜伟. 知识产权刑事保护研究 [M]. 北京: 法律出版社, 2004.

[15] 于改之. 刑民分界论 [M]. 北京: 中国人民公安大学出版社, 2007.

[16] 王志广. 中国知识产权刑事保护研究（理论卷）[M]. 北京: 中国人民公安大学出版社, 2007.

[17] 王志广. 中国知识产权刑事保护研究（实务卷）[M]. 北京: 中国人民公安大学出版社, 2007.

[18] 刘宪权, 吴允锋. 侵犯知识产权犯罪理论与实务 [M]. 北京: 北京大学出版社, 2007.

[19] 黎宏. 日本刑法精义 [M]. 2版. 北京: 法律出版社, 2008.

[20] 吴学斌. 刑法适用方法的基本准则: 构成要件符合性判断研究 [M]. 北京: 中国人民公安大学出版社, 2008.

[21] 陈灿平. 刑民实体法关系初探 [M]. 北京: 法律出版社, 2009.

[22] 张明楷. 罪刑法定与刑法解释 [M]. 北京: 北京大学出版社, 2009.

[23] 刘科. 中国知识产权刑法保护国际化研究 [M]. 北京: 中国人民公安大学出版社, 2009.

[24] 张明楷. 刑法分则的解释原理（上）[M]. 北京：中国人民大学出版社，2011.

[25] 王迁. 网络环境中的著作权保护研究[M]. 北京：法律出版社，2011.

[26] 皮勇. 侵犯知识产权罪案疑难问题研究[M]. 武汉：武汉大学出版社，2011.

[27] 杨正鸣，倪铁. 刑事法治视野中的商业秘密保护——以刑事保护为中心[M]. 上海：上海复旦大学出版社，2011.

[28] 林辰彦，梁开天，郑炎生. 综合六法审判实务——专利法（第一册）[M]. 台北：大追踪出版社，2011.

[29] 林辰彦，梁开天，郑炎生. 综合六法审判实务——专利法（第二册）[M]. 台北：大追踪出版社，2011.

[30] 林洲富. 专利法——案例式[M]. 台北：五南图书出版股份有限公司，2011.

[31] 李铁军. 刑民实体关系论[M]. 上海：上海人民出版社，2012.

[32] 黄洪波. 中国知识产权刑法保护理论研究[M]. 北京：中国社会科学出版社，2012.

[33] 刘伟. 经济刑法规范适用原论[M]. 北京：法律出版社，2012.

[34] 陈卫东. 刑事诉讼法[M]. 北京：中国人民大学出版社，2012.

[35] 杨春然. 刑法的边界研究[M]. 北京：中国人民公安大学出版社，2013.

[36] 雷山漫. 中国知识产权刑法保护[M]. 北京：法律出版社，2014.

[37] 陈兴良. 教义刑法学[M]. 北京：中国人民大学出版社，2014.

[38] 刘秀. 商业秘密的刑事保护[M]. 北京：知识产权出版社，2014.

[39] 储国樑，叶青，等. 知识产权犯罪立案定罪量刑问题研究[M]. 上海：上海社会科学院出版社，2014.

[40] 高铭暄，赵秉志. 新中国刑法立法文献资料总览 [M]. 2版. 北京：中国人民公安大学出版社，2015.

[41] 陈龙升. 专利法（修订三版）[M]. 台北：元照出版有限公司，2015.

[42] 王迁. 知识产权法教程 [M]. 5版. 北京：中国人民大学出版社，2016.

[43] 谢铭洋. 智慧财产权法（修订六版）[M]. 台北：元照出版有限公司，2016.

[44] 于志强. 网络知识产权犯罪制裁体系研究 [M]. 北京：法律出版社，2017.

[45] 曹博. 侵犯知识产权行为的非罪化研究 [M]. 北京：中国社会科学出版社，2018.

[46] 韩立余.《跨太平洋伙伴关系协定》全译本导读（上册）[M]. 北京：北京大学出版社，2018.

[47] 张燕龙. 论美国的版权犯罪刑事责任体系 [M]. 北京：中国政法大学出版社，2019.

（二）中文译著及论文

[1] 约翰·密尔. 论自由 [M]. 许宝骙，译. 北京：商务印书馆，1959.

[2] 边沁. 道德与立法原理导论 [M]. 时殷弘，译. 北京：商务印书馆，2000.

[3] 汉斯·海因里希·耶塞克，托马斯·魏根特. 德国刑法教科书 [M]. 徐久生，译. 北京：中国法制出版社，2001.

[4] 大塚仁. 刑法概说（总论）[M]. 3版. 冯军，译. 北京：中国人民大学出版社，2002.

[5] 牧野英一. 日本刑法通义 [M]. 陈承泽，译. 李克非，点校. 北

京：中国政法大学出版社，2002.

[6] 大谷实．刑法总论［M］．黎宏，译．北京：法律出版社，2003.

[7] 魏德士．法理学［M］．丁晓春，吴越，译．北京：法律出版社，2003.

[8] G. 雅各布斯．刑法保护什么：法益还是规范适用？［J］．王世洲，译．比较法研究，2004.

[9] 杜里奥·帕多瓦尼．意大利刑法学原理［M］．陈忠林，译评．北京：中国人民大学出版社，2004.

[10] 克劳斯·罗克辛．德国刑法学总论（第一卷）［M］．王世洲，译．北京：法律出版社，2005.

[11] 冈特·施特拉腾韦特，洛塔尔·库伦．刑法总论 I——犯罪论［M］．杨萌，译．北京：法律出版社，2006.

[12] 李斯特．德国刑法教科书［M］．徐久生，译．北京：法律出版社，2006.

[13] 西田典之．日本刑法总论［M］．刘明祥，王昭武，译．北京：中国人民大学出版社，2007.

[14] 保罗·戈斯汀．著作权之道：从古登堡到数字点播机［M］．金海军，译．北京：北京大学出版社，2008.

[15] 大谷实．刑法讲义总论［M］．3 版．黎宏，译．北京：中国人民大学出版社，2008.

[16] 罗伯特·诺齐克．无政府、国家和乌托邦［M］．姚大志，译．北京：中国社会科学出版社，2008.

[17] 安塞尔姆·里特尔·冯·费尔巴哈．德国刑法教科书［M］．14 版．徐久生，译．北京：中国方正出版社，2010.

[18] 罗伯特·考特，托马斯·尤伦．法和经济学［M］．6 版．史晋川，董学兵，等译．史晋川，审校．上海：格致出版社，上海人民出

版社，2012.

[19] 斯蒂文·沙维尔. 法律经济分析的基础理论 [M]. 赵海怡, 史册, 宁静波, 译. 北京：中国人民大学出版社, 2012.

[20] 保罗·萨缪尔森, 威廉·诺德豪斯. 经济学 [M]. 19版. 萧琛, 主译. 北京：商务印书馆, 2013.

[21] 中国人民大学知识产权教学与研究中心, 中国人民大学知识产权学院, 《十二国专利法》翻译组. 十二国专利法 [M]. 北京：清华大学出版社, 2013.

[22] 《十二国著作权法》翻译组. 十二国著作权法 [M]. 北京：清华大学出版社, 2011.

[23] 易继明. 美国专利法 [M]. 北京：知识产权出版社, 2012.

[24] 乔尔·范伯格. 刑法的道德界限（第一卷）——对他人的损害 [M]. 方泉, 译. 北京：商务印书馆, 2013.

[25] 乔尔·范伯格. 刑法的道德界限（第二卷）——对他人的冒犯 [M]. 方泉, 译. 北京：商务印书馆, 2014.

[26] 乔尔·范伯格. 刑法的道德界限（第三卷）——对自己的损害 [M]. 方泉, 译. 北京：商务印书馆, 2015.

[27] 乔尔·范伯格. 刑法的道德界限（第四卷）——无害的不法行为 [M]. 方泉, 译. 北京：商务印书馆, 2015.

[28] 乌尔斯·金德霍伊泽尔. 刑法总论教科书 [M]. 6版. 蔡桂生, 译. 北京：北京大学出版社, 2015.

[29] 曼昆. 经济学原理——微观经济学分册 [M]. 7版. 梁小民, 梁砾, 译. 北京：北京大学出版社, 2015.

[30] 埃里克·希尔根多夫. 德国刑法学：从传统到现代 [M]. 江溯, 黄笑岩等, 译. 北京：北京大学出版社, 2015.

[31] 威廉·M. 兰德斯, 理查德·A. 波斯纳. 知识产权法的经济结构

[M].2版.金海军,译.北京:北京大学出版社,2016.

[32] 黄晖,朱志刚,译.郑成思,审校.法国知识产权法典:法律部分[M].北京:商务印书馆,2017.

[33] 罗伯特·P. 莫杰思.知识产权正当性解释[M].金海军,史兆欢,寇海侠,译.北京:商务印书馆,2019.

(三)期刊论文类

[1] 郑成思.专利侵权的刑事制裁问题[J].专利与发明,1983(5):9-11.

[2] 王尚国.关于假冒商标犯罪的几个问题[J].政法论坛,1993(1):21-27.

[3] 田力文.浅谈适用《关于惩治假冒注册商标犯罪的补充规定》的几个问题[J].法律适用,1993(10):7-10.

[4] 高铭暄,赵秉志,鲍遂献.晚近刑事立法中内外法条关系研讨[J].法学研究,1994(1):72-78.

[5] 朱孝清.略论惩治假冒商标犯罪的几个问题[J].法学,1994(2):20-22.

[6] 张兆松.假冒注册商标犯罪若干问题再探讨[J].法学论坛,1995(3):30-33.

[7] 张泗汉.关于侵犯著作权的犯罪的若干问题[J].法律适用,1995(7):6-9.

[8] 陈兴良.罪刑法定的当代命运[J].法学研究,1996(2):10-47.

[9] 徐棣枫.专利权的刑法保护[J].南京大学法律评论,1996(2):161-165.

[10] 马克昌.罪刑法定主义比较研究[J].中外法学,1997(2):31-40.

[11] 刘春田. 商标与商标权辨析 [J]. 知识产权, 1998 (1): 10-14.

[12] 王然. 新刑法关于知识产权犯罪立法的优缺点 [J]. 知识产权, 1998 (4): 37-39, 20.

[13] 周道鸾. 假冒注册商标犯罪的法律适用 [J]. 法学杂志, 1998 (5): 6-8.

[14] 吴永忠, 关士续. 技术创新中的信息问题研究 [J]. 自然辩证法通讯, 1999 (1): 32-39, 80.

[15] 陈其荣. 技术创新的哲学视野 [J]. 复旦学报（社会科学版）, 2000 (1): 14-20, 75.

[16] 周光权. 罪刑法定司法化的观念障碍与立法缺陷 [J]. 学习与探索, 2000 (2): 89-95.

[17] 同满宏. 论创新的本质特征及其社会功能 [J]. 东岳论丛, 2000 (4): 75-76.

[18] 于改之. 商业秘密的保护与刑事立法 [J]. 人民检察, 2000 (4): 55-58.

[19] 陈建民. 试论专利权的刑法保护——"假冒他人专利罪"之研讨 [J]. 科技与法律, 2001 (1): 74-83.

[20] 王作富, 赵永红. 试论假冒专利罪与非罪的界限 [J]. 法学杂志, 2001 (2): 9-12.

[21] 黄章典. 发明专利侵害之除罪化 [J]. 理律法律杂志双月刊. 2001 (7): 10-12.

[22] 高晓莹. 假冒专利罪探微 [J]. 人民检察, 2002 (1): 14-16.

[23] 魏英敏. 功利论、道义论与马克思主义伦理学 [J]. 东南学术, 2002 (1): 140-145.

[24] 储槐植, 张永红. 善待社会危害性观念——从我国刑法第13条但书说起 [J]. 法学研究, 2002 (3): 87-99.

[25] 赵秉志, 许成磊. 侵犯注册商标权犯罪问题研究 [J]. 法律科学 (西北政法学院学报), 2002 (3): 59-73.

[26] 陈兴良. 入罪与出罪: 罪刑法定司法化的双重考察 [J]. 法学, 2002 (12): 31-34.

[27] 周光权. 规范违反说的新展开 [J]. 北大法律评论, 2003 (0): 410-423.

[28] 张明楷. 罪刑法定原则与法律解释方法 [J]. 华东刑事司法评论, 2003 (1): 13-29.

[29] 田宏杰. 论我国知识产权的刑事法律保护 [J]. 中国法学, 2003 (3): 141-152.

[30] 田宏杰. 侵犯专利权犯罪刑事立法之比较研究——兼及我国专利权刑法保护的完善 [J]. 政法论坛, 2003 (3): 77-85.

[31] 唐稷尧. 罪刑法定视野下的侵犯商业秘密罪 [J]. 四川师范大学学报 (社会科学版), 2003 (3): 41-47.

[32] 谢望原, 张雅. 略论中国内地的知识产权刑法保护 [J]. 现代法学, 2003 (5): 56-63.

[33] 张红艳. 管窥假冒注册商标罪的两个问题 [J]. 中国工商管理研究, 2003 (10): 50-52.

[34] 吴志樵. 论功利主义与道义论 [J]. 中共中央党校学报, 2004 (1): 23-26.

[35] 李琛. 质疑知识产权之"人格财产一体性"[J]. 中国社会科学, 2004 (2): 68-78.

[36] 梁根林. 罪刑法定视域中的刑法适用解释 [J]. 中国法学, 2004 (3): 122-133.

[37] 张明楷. 刑法理念与刑法解释 [J]. 法学杂志, 2004 (4): 11-14.

[38] 周少华. "类推"与刑法之"禁止类推"原则——一个方法论上的阐释 [J]. 法学研究, 2004 (5): 58-70.

[39] 陶阳, 徐继超. 论"侵犯专利犯罪"的立法完善 [J]. 科技进步与对策, 2004 (5): 139-140.

[40] 胡云腾, 刘科. 知识产权刑事司法解释若干问题研究 [J]. 中国法学, 2004 (6): 135-147.

[41] 柏浪涛, 谷翔. 假冒注册商标罪疑难问题研究 [J]. 法律适用, 2004 (7): 58-61.

[42] 陈兴良. 知识产权刑事司法解释之法理分析 [J]. 人民司法, 2005 (1): 12-15.

[43] 李晓.《关于办理侵犯知识产权刑事案件具体应用法律若干问题的解释》的理解与适用 [J]. 人民司法, 2005 (1): 16-19.

[44] 宝胜. 创新行为的系统性和创新系统的非线性特征 [J]. 中国科技论坛, 2005 (1): 95-97.

[45] 邓晓芒. 康德道德哲学详解 [J]. 西安交通大学学报（社会科学版）, 2005 (2): 44-47.

[46] 邱玉梅, 罗开卷. 论反向假冒商标行为的刑法规制——兼论假冒注册商标罪的立法完善 [J]. 长沙理工大学学报（社会科学版）, 2005 (2): 48-50.

[47] 陈兴良. 罪刑法定司法化研究 [J]. 法律科学（西北政法学院学报）, 2005 (4): 38-48.

[48] 刘佑生, 屈学武, 周光权, 等. 非法披露商业秘密尚未投产该如何处理？[J]. 人民检察, 2005 (5): 29-33.

[49] 陈志军. 论刑法扩张解释的根据与限度 [J]. 政治与法律, 2005 (6): 109-113.

[50] 肖中华, 涂龙科. 对假冒注册商标罪规定中"相同"的理解

[J]．人民检察，2005（17）：22-25.

[51] 刘宪权，吴允锋．假冒专利罪客观行为的界定与刑法完善[J]．华东政法学院学报，2006（1）：59-66.

[52] 王迁．论著作权法中"发行"行为的界定——兼评"全球首宗BT刑事犯罪案"[J]．华东政法学院学报，2006（3）：57-64.

[53] 刘艳红．走向实质解释的刑法学——刑法方法论的发端、发展与发达[J]．中国法学，2006（5）：170-179.

[54] 单海玲．我国商业秘密刑事救济困境的成因分析与对策研究[J]．法律适用，2006（Z1）：50-54.

[55] 张明楷．立法解释的疑问——以刑法立法解释为中心[J]．清华法学，2007（1）：19-36.

[56] 苏彩霞．实质的刑法解释论之确立与展开[J]．法学研究，2007（2）：38-52.

[57] 张勇虹．侵犯注册商标犯罪的法律适用与缺失[J]．三明学院学报，2007（3）：333-336.

[58] 陈柱钊，王未．侵犯专利犯罪的立法质疑[J]．河北科技大学学报（社会科学版），2007（4）：61-65.

[59] 万国海．罪刑法定之"法"应当涵盖非刑事法律[J]．扬州大学学报（人文社会科学版），2007（5）：104-107.

[60] 张本勇．侵犯知识产权犯罪司法认定若干问题研究[J]．上海大学学报（社会科学版），2007（5）：133-138.

[61] 魏玮．商业秘密刑事保护优先论的思考[J]．知识产权，2007（6）：58-63.

[62] 王冠．专利犯罪立法比较研究[J]．科技进步与对策，2007(12)：11-15.

[63] 莫洪宪，贺志军．国家经济安全视角下我国知识产权之刑事保

护——对"专利侵权罪"增设论之否定[J]．法学论坛，2008（1）：114-120．

[64] 刘明祥．论刑法学中的类推解释[J]．法学家，2008（2）：61-68．

[65] 高铭暄，张杰．国际法视角下商标犯罪刑法适用若干疑难问题探析[J]．江苏警官学院学报，2008（3）：5-12．

[66] 石必胜．论链接不替代原则——以下载链接的经济分析为进路[J]．科技与法律．2008（5）：62-67．

[67] 徐光华．罪刑法定视野下刑法扩张解释的"度"——以扩张解释与类推解释的区分为视角[J]．河北法学，2008（5）：97-102．

[68] 刘四新，郭自力．法益是什么—法社会学与法经济学的解答[J]．浙江大学学报（人文社会科学版），2008（6）：103-111．

[69] 白建军．坚硬的理论，弹性的规则——罪刑法定研究[J]．北京大学学报（哲学社会科学版），2008（6）：29-39．

[70] 陈兴良．形式与实质的关系：刑法学的反思性检讨[J]．法学研究，2008，13（6）：96-111．

[71] 张明楷．刑法解释理念[J]．国家检察官学院学报，2008，16（6）：140-149．

[72] 张泗汉．假冒商标犯罪的若干问题研究[J]．政治与法律，2008（7）：31-36．

[73] 莫洪宪，贺志军．欧盟《知识产权刑事措施指令（草案）》研究[J]．政治与法律，2008（7）：37-44．

[74] 杨靖军，鲁统民．假冒服务性商标不构成假冒注册商标罪[J]．人民司法，2008（8）：54-56．

[75] 吕占江．我国台湾地区新型专利制度的沿革与发展[J]．中国发明与专利，2008（11）：75-79．

[76] 阴建峰，张勇．挑战与应对：网络知识产权犯罪对传统刑法的影响［J］．法学杂志，2009，30（7）：45-48．

[77] 童伟华．日本刑法中违法性判断的一元论与相对论述评［J］．河北法学，2009，27（11）：169-172．

[78] 陈兴良．走向学派之争的刑法学［J］．法学研究，2010（1）：144-148．

[79] 张新锋．侵犯专利权罪之辩驳［J］．电子知识产权，2010（1）：50-54．

[80] 吴情树．京特·雅科布斯的刑法思想介评［J］．刑法论丛，2010，21（1）：456-486．

[81] 周详．建立一座法律解释论的"通天塔"——对实质的刑法解释论的反思［J］．刑事法评论，2010，26（1）：57-83．

[82] 时延安．论刑事违法性判断与民事不法判断的关系［J］．法学杂志，2010，31（1）：93-96．

[83] 何庆仁．刑法保护谁——关于刑法任务的一种追问［J］．刑法论丛，2010（2）：112-136．

[84] 孟庆华．附属刑法的立法模式问题探讨［J］．法学论坛，2010，25（3）：76-81．

[85] 周详．刑法形式解释论与实质解释论之争［J］．法学研究，2010，32（3）：57-70．

[86] 张明楷．实质解释论的再提倡［J］．中国法学，2010（4）：49-69．

[87] 陈兴良．形式解释论的再宣示［J］．中国法学，2010（4）：27-48．

[88] 高晓莹．论商业秘密保护中的刑民分野与协调［J］．北京交通大学学报（社会科学版），2010，9（4）：109-113．

[89] 赵秉志，刘志伟，刘科．关于侵犯商业秘密罪立法完善的研讨 [J]．人民检察，2010（4）：30-35．

[90] 吕新军，胡晓绵．到底是什么阻碍了国家创新？——影响国家创新的制度性因素分析 [J]．科学学与科学技术管理，2010，31（5）：115-120．

[91] 薛静丽．刑罚权的边界与刑法解释 [J]．法律方法，2011，11（0）：347-354．

[92] 刘科，高雪梅．刑法谦抑视野下的侵犯知识产权犯罪 [J]．法学杂志，2011，32（1）：125-127．

[93] 朱铁军．刑法与民法之间的交错 [J]．北方法学，2011，5（2）：48-57．

[94] 陈兴良．形式解释论与实质解释论：事实与理念之展开 [J]．法制与社会发展，2011，17（2）：3-9．

[95] 丁慧敏．刑法目的观转变简史——以德国、日本刑法的祛伦理化为视角 [J]．环球法律评论，2011，33（2）：61-69．

[96] 齐文远，唐子艳．反向假冒商标行为之刑法思考 [J]．现代法学，2011，33（2）：108-115．

[97] 刘科．中日侵犯商业秘密犯罪比较研究 [J]．中国刑事法杂志，2011（3）：60-66．

[98] 侯克鹏．假冒注册商标罪司法认定中若干问题的解读 [J]．湖南广播电视大学学报，2011（3）：80-84．

[99] 郑泽善．法秩序的统一性与违法的相对性 [J]．甘肃政法学院学报，2011（4）：60-70．

[100] 赵运锋．刑法解释立场：在形式主义与现实主义之间 [J]．东方法学，2011（4）：140-148．

[101] 逄锦温，刘福谦，王志广，等．《关于办理侵犯知识产权刑事案

件适用法律若干问题的意见》的理解与适用[J]．人民司法，2011（5）：16-23.

[102] 付立庆．论刑法介入财产权保护时的考量要点[J]．中国法学，2011（6）：133-146.

[103] 陈兴良．侵犯商业秘密罪的重大损失及数额认定[J]．法律适用，2011（7）：32-34.

[104] 高仕银．法益的无限性与有限性——以计算机诈骗行为的分析为例[J]．中国刑事法杂志，2011（12）：16-25.

[105] 于阜民，齐麟．专利权刑法保护：回顾与展望[J]．中国海洋大学学报（社会科学版），2012（1）：92-98.

[106] 高翼飞．从扩张走向变异：非法经营罪如何摆脱"口袋罪"的宿命[J]．政治与法律，2012（3）：37-46.

[107] 袁志、黄海燕．"疑点利益归于被告"的例外及法理分析：以侵犯知识产权刑事案件司法解释中关于"非法经营数额"计算为例[J]．四川理工学院学报（社会科学版），2012（6）：74-78.

[108] 方泉．犯罪化的正当性原则——兼评乔尔·范伯格的限制自由原则[J]．法学，2012（8）：111-121.

[109] 刘伟．经济刑法规范适用中的从属性问题[J]．中国刑事法杂志，2012（9）：37-42.

[110] 吴海燕．密尔《论自由》及其对中国社会转型的启示[J]．浙江学刊，2013（1）：145-150.

[111] 王骏．不法原因给付问题的刑民实像——以日本法为中心[J]．法学论坛，2013，28（3）：140-147.

[112] 张训．口袋罪视域下的寻衅滋事罪研究[J]．政治与法律，2013（3）：36-44.

[113] 和育东，石红艳，林声烨．知识产权侵权引入惩罚性赔偿之辩

[J]．知识产权，2013（3）：54-59．

[114] 袁博．论扩张解释在刑事案件中的应用——以司法实务中疑难案件的审判为视角[J]．政治与法律，2013（4）：146-153．

[115] 肖凤良．从康德到罗尔斯——道义论的历史进路及其理论局限[J]．湖南财政经济学院学报，2013，29（4）：140-144．

[116] 李晓秋．专利侵权惩罚性赔偿制度：引入抑或摒弃[J]．法商研究，2013，30（4）：136-144．

[117] 王骏．违法性判断必须一元吗？——以刑民实体关系为视角[J]．法学家，2013（5）：131-147，179．

[118] 杨帆．侵犯商业秘密罪"重大损失"司法认定的困境、成因及突破——以"刑、民损失"认定区分为切入点[J]．政治与法律，2013（6）：52-60．

[119] 林清红，周舟．深度链接行为入罪应保持克制[J]．法学，2013（9）：152-159．

[120] 王冠．深度链接行为入罪化问题的最终解决[J]．法学，2013（9）：142-151．

[121] 刘霞．评有关功利论与道义论之区别的三种流行观点[J]．哲学研究，2013（12）：102-107，125．

[122] 凌宗亮．销售假冒注册商标的商品罪中"同一种商品"的认定——析缪银华销售假冒注册商标的商品案[J]．中华商标，2014（1）：77-81．

[123] 于志强．我国网络知识产权犯罪制裁体系检视与未来建构[J]．中国法学，2014（3）：156-176．

[124] 劳东燕．刑法中目的解释的方法论反思[J]．政法论坛，2014，32（3）：77-91．

[125] 丁建峰．对法律规则的规范性评价——道义论、后果主义与社

会演化[J]．中山大学学报（社会科学版），2014，54（3）：145-154.

[126] 罗莉．论惩罚性赔偿在知识产权法中的引进及实施[J]．法学，2014（4）：22-32.

[127] 王昭武．犯罪的本质特征与但书的机能及其适用[J]．法学家，2014（4）：65-82，178.

[128] 宋健．划清知识产权刑事司法罪与非罪的界限[J]．中国审判，2014（5）：17.

[129] 崔国斌．加框链接的著作权法规制[J]．政治与法律．2014（5）：74-93.

[130] 贺志军．法益论下商业秘密刑法保护问题研究[J]．湖南社会科学，2014（5）：108-111.

[131] 黄玉烨，戈光应．非法实施专利行为入罪论[J]．法商研究，2014，31（5）：41-49.

[132] 周光权．刑法解释方法位阶性的质疑[J]．法学研究，2014，36（5）：159-174.

[133] 霍文良，张天兴．侵犯商标权犯罪的司法认定[J]．知识产权，2014（6）：29-34.

[134] 杜文俊．财产犯刑民交错问题探究[J]．政治与法律，2014(6)：46-57.

[135] 涂龙科．假冒注册商标罪的司法疑难与理论解答[J]．政治与法律，2014（10）：55-61.

[136] 阳贤文．知识产权犯罪中非法经营数额认定标准[J]．中华商标，2014（10）：69-71.

[137] 徐松林．视频搜索网站深度链接行为的刑法规制[J]．知识产权，2014（11）：26-31.

[138] 王昭武. 法秩序统一性视野下违法判断的相对性 [J]. 中外法学, 2015, 27 (1): 170-197.

[139] 王晓东. 论侵犯商业秘密罪"重大损失"的确定 [J]. 齐鲁学刊, 2015 (4): 86-90.

[140] 广州市中院知识产权庭. 广州法院 2014 年知识产权十大案例 [J]. 法治论坛, 2015 (4): 239-250.

[141] 刘艳红. 形式与实质刑法解释论的来源、功能与意义 [J]. 法律科学 (西北政法大学学报), 2015, 33 (5): 56-65.

[142] 舒媛. 商标侵权惩罚性赔偿适用情形研究 [J]. 法学评论, 2015, 33 (5): 148-151.

[143] 冯晓青, 罗娇. 知识产权侵权惩罚性赔偿研究——人文精神、制度理性与规范设计 [J]. 中国政法大学学报, 2015 (6): 24-46, 159.

[144] 刘亚明. 善之二维: 德性与幸福——功利主义和道义论辨析 [J]. 华中科技大学学报 (社会科学版), 2015, 29 (6): 39-44.

[145] 蒋舸. 著作权法与专利法中"惩罚性赔偿"之非惩罚性 [J]. 法学研究, 2015, 37 (6): 80-97.

[146] 李振林. 假冒注册商标罪之"同一种商品"认定 [J]. 法律适用, 2015 (7): 65-70.

[147] 袁秀挺. 知识产权惩罚性赔偿制度的司法适用 [J]. 知识产权, 2015 (7): 21-28.

[148] 袁博. 论假冒注册商标罪中相同商标的刑法含义 [J]. 人民司法, 2015 (9): 67-70.

[149] 劳东燕. 价值判断与刑法解释: 对陆勇案的刑法困境与出路的思考 [J]. 清华法律评论, 2016, 9 (1): 138-158.

[150] 郑玉双. 为犯罪化寻找道德根基——评范伯格的《刑法的道德

界限》[J]. 政法论坛, 2016, 34 (2): 183-191.

[151] 张鹏. 知识产权惩罚性赔偿制度的正当性及基本建构 [J]. 知识产权, 2016 (4): 102-107.

[152] 孙伟. 假冒专利罪的立法现状与完善 [J]. 人民检察, 2016 (8): 26-28.

[153] 钱玉文, 李安琪. 论商标法中惩罚性赔偿制度的适用——以《商标法》第63条为中心 [J]. 知识产权, 2016 (9): 60-65.

[154] 王迁. 论提供"深层链接"行为的法律定性及其规制 [J]. 法学, 2016 (10): 23-39.

[155] 万勇. 论国际版权公约中"向公众提供权"的含义 [J]. 知识产权, 2017 (2): 33-40.

[156] 马春晓. 法益理论的流变与脉络 [J]. 中德法学论坛, 2017 (2): 98-119.

[157] 刘科. 网络链接行为构成犯罪的定罪思路评析 [J]. 刑法论丛, 2017, 50 (2): 70-86.

[158] 张明楷. 避免将行政违法认定为刑事犯罪: 理念、方法与路径 [J]. 中国法学, 2017 (4): 37-56.

[159] 李宗辉. 论《刑法》专利犯罪制度之体系化重构 [J]. 时代法学, 2017, 15 (5): 14-20.

[160] 徐强. 再论假冒注册商标罪"同一种商品"的认定 [J]. 广西政法管理干部学院学报, 2017, 32 (5): 58-62.

[161] 张昌瑞. 论刑事诉讼制度改革背景下价格认定的证据属性(一) [J]. 发展改革理论与实践, 2017 (7): 61-64.

[162] 李晓秋, 刘少谷. 基于产业政策论专利侵权入刑的可行性 [J]. 西南民族大学学报（人文社科版）, 2017, 38 (8): 109-113.

[163] 曾粤兴, 魏思婧. 我国知识产权刑法保护现存问题分析与完善

[J]．知识产权，2017（10）：82-86，108．

[164] 安雪梅．指导性案例的法律续造及其限制——以知识产权指导性案例为视角[J]．政治与法律，2018（1）：102-115．

[165] 钱玉文，沈佳丹．侵犯商业秘密罪中"重大损失"的司法认定[J]．中国高校社会科学，2018（1）：72-84，158．

[166] 黄何．反思扩大解释与类推解释的区分——"不必严格区分说"之提倡[J]．北京理工大学学报（社会科学版），2018，20（2）：155-162．

[167] 张燕龙．中美比较视野下调整我国版权犯罪门槛的思考[J]．西安交通大学学报（社会科学版），2018，38（3）：86-95．

[168] 于改之．法域冲突的排除：立场、规则与适用[J]．中国法学，2018（4）：84-104．

[169] 刘军华，丁文联，张本勇，等．我国知识产权刑事保护的反思与完善[J]．电子知识产权，2018（5）：86-102．

[170] 李琛．论作品类型化的法律意义[J]．知识产权，2018（8）：3-7．

[171] 王桢．向死而生：我国附属刑法的立法批判与体系重构[J]．天府新论，2019（1）：120-133．

[172] 何萍，张金钢．刑法目的解释的教义学展开[J]．法学论坛，2019，34（1）：76-83．

[173] 简爱．从"分野"到"融合"刑事违法判断的相对独立性[J]．中外法学，2019，31（2）：433-454．

[174] 高铭暄，曹波．保险刑法规范解释立场新探——基于缓和违法一元论的展开[J]．中国应用法学，2019（3）：1-16．

[175] 吴镝飞．法秩序统一视域下的刑事违法性判断[J]．法学评论，2019，37（3）：47-57．

[176] 王昭武. 经济案件中民刑交错问题的解决逻辑 [J]. 法学, 2019（4）：3-18.

[177] 欧阳本祺. 论行政犯违法判断的独立性 [J]. 行政法学研究, 2019（4）：86-99.

[178] 高铭暄. 刑法基本原则的司法实践与完善 [J]. 国家检察官学院学报, 2019, 27（5）：13-32.

[179] 王骏. 不同法域之间违法性判断的关系 [J]. 法学论坛, 2019, 34（5）：64-77.

[180] 黄汇. 商标使用地域性原理的理解立场及适用逻辑 [J]. 中国法学, 2019（5）：80-96.

[181] 贺志军. 刑法中的"假冒他人专利"新释 [J]. 法商研究, 2019, 36（6）：64-75.

[182] 谭洋. 罪与非罪视野下假冒注册商标罪的司法适用 [J]. 决策探索（下）, 2019（8）：47-49.

[183] 田宏杰. 立法扩张与司法限缩：刑法谦抑性的展开 [J]. 中国法学, 2020（1）：166-183.

[184] 万勇. 知识产权全球治理体系改革的中国方案 [J]. 知识产权, 2020（2）：17-25.

（四）学位论文

[1] 邵小平. 著作权刑事保护研究 [D]. 上海：华东政法大学, 2011.

[2] 曹博. 论知识产权侵权行为的非罪化 [D]. 重庆：西南政法大学. 2015.

（五）报纸

[1] 凌宗亮. 销售假冒注册商标的商品罪中"同一种商品"的认定

[N]．中国知识产权报，2013-12-11（008）．

[2] 祝建军．证明商标应是假冒注册商标罪调整范畴[N]．人民法院报，2014-09-18（007）．

[3] 周波．"商标使用"概念在商标法及刑法中的区别[N]．中国知识产权报，2015-07-17（007）．

[4] 孙国祥．经济犯罪违法性判断具有从属性和独立性[N]．检察日报，2017-10-16（003）．

二、英文文献

[1] VERSTEEG R，Rethinking Originality[J]．William and Mary Law Review，1993，34：801．

[2] GOLDSTONE D，TOREN P J．The Criminalization of Trademark Counterfeiting[J]．Connecticut Law Review，1998：31：1．

[3] The Criminalization of Copyright Infringement in the Digital Era[J]．Harvard Law Review，1999，112：1705．

[4] NOONAN C，RASKIN J．Intellectual Property Crimes[J]．American Criminal Law Review，2001，38：971．

[5] GOLDSTONE D．Deciding Whether to Prosecute an Intellectual Property Case[J]．United Stoctes Atlorneys Bulletin，2001，49：1．

[6] HARDY I T．Criminal Copyright Infringement，[J]．William & Mary Bill of Rights Journal，2002，11：305．

[7] LESSING L．The Architecture of Innovation[J]．Duke Law Journal，2002，51：1783．

[8] MOOHR G S．The Problematic Role of Criminal Law in Regulating Use of Information：The Case of the Economic Espionage Act[J]．North

Carolina Law Review, 2002, 80: 853.

[9] GREEN S P. Plagiarism, Norms, and the Limits of Theft Law: Some Observations on the Use of Criminal Sanctions in Enforcing Intellectual Property Rights [J]. Hastings Law Journal, 2002, 54: 167.

[10] GOLDMAN E. A Road to No Warez: The No Electronic Theft Act and Criminal Copyright Infringement [J]. Oregon Law Review, 2003, 82: 369.

[11] Moohr G S. The Crime of Copyright Infringement: An Inquiry Based on Morality, Harm, and Criminal Theory [J]. Boston University Law Review, 2003, 83: 731.

[12] LAUREN E. Abolsky. Operation Blackbeard: Is Government Prioritization Enough to Deter Intellectual Property Criminals [J]. Fordham Intellectual Property, Media and Entertainment Law Journal, 2004, 14: 567.

[13] MOOHR G S. Defining Overcriminalization through Cost-Benefit Analysis: The Example of Criminal Copyright Laws [J]. American University Law Review, 2005, 54: 783.

[14] KWALL R R. Inspiration and Innovation: The Intrinsic Dimension of the Artistic Soul [J]. Notre Dame Law Review, 2006, 81: 1945.

[15] BRIAN M. Hoffstadt. Dispossession, Intellectual Property, and the Sin of Theoretical Homogeneity [J]. Southern California Law Review, 2007, 80: 909.

[16] MENDEZ N. Patent Infringers, Come Out with Your Hands Up: Should the United States Criminalize Patent Infringement [J]. Buffalo Intellectual Property Law Journal, 2008, 6: 34.

[17] PYUN G. 2008 Pro-IP Act: The Inadequacy of the Property Paradigm in Criminal Intellectual Property Law and Its Effect on Prosecutorial Boundaries [J]. Depaul Journal of Art Technology & Intellectual

Property Law, 2009, 19: 355.

[18] BERNSTEIN G. In the Shadow of Innovation [J]. Cardozo Law Review, 2010, 31: 2257.

[19] GREGORY N. Mandel. To Promote the Creative Process: Intellectual Property Law and the Psychology of Creativity [J]. Notre Dame Law Review, 2011, 86: 1999.

[20] IRINA D. Manta. The Puzzle of Criminal Sanctions for Intellectual Property Infringement [J]. Harvard Journal of Law & Technology, 2011, 24: 469.

[21] MICHAEL A. Carrier. Copyright and Innovation: The Untold Story [J]. Wisconsin Law Review, 2012, 2012: 891.

[22] BITTON M. Rethinking the Anti-Counterfeiting Trade Agreement's Criminal Copyright Enforcement Measures [J]. The Journal of Criminal Law & Criminology, 2012, 102: 67.

[23] BUCCAFUSCO C, Jonathan S. Masur. Innovation and Incarceration: An Economic Analysis of Criminal Intellectual Property Law [J]. Southern California Law Review, 2014, 87: 275.

[24] HABER E. The Criminal Copyright Gap [J]. Stanford Technology Law Review, 2015, 18: 247.

[25] GEIGER C. Towards a balanced international legal framework for criminal enforcement of intellectual property rights [J/OL]. Centre for International Intellectual Property Studies Research Paper No. [2023-03-05]. https://ssrn.com/abstract=3009176.